U0573992

教育之事，过于理想走不动，没有理想走不远。为了更好的数学教育早日到来，我们须诗意且智慧地去探寻。

——任勇

· 教育家成长丛书 ·

任勇
与数学学习指导

RENYONG YU SHUXUE XUEXI ZHIDAO

中国教育报刊社 · 人民教育家研究院 组编
任勇 著

北京师范大学出版集团
BEIJING NORMAL UNIVERSITY PUBLISHING GROUP
北京师范大学出版社

图书在版编目（CIP）数据

任勇与数学学习指导/任勇著；中国教育报刊社人民教育家研究院组编. —北京：北京师范大学出版社，2015.10（2024.8重印）
（教育家成长丛书）
ISBN 978-7-303-19126-0

Ⅰ.①任… Ⅱ.①任… ②中… Ⅲ.①中学数学课—教学研究
Ⅳ.①G633.602

中国版本图书馆 CIP 数据核字（2015）第 134607 号

图 书 意 见 反 馈　　gaozhifk@bnupg.com　010-58805079
营 销 中 心 电 话　　010-58802135　010-58802786
北师大出版社教师教育分社微信公众号　　京师教师教育

出版发行：北京师范大学出版社　www.bnup.com
　　　　　北京市西城区新街口外大街 12-3 号
　　　　　邮政编码：100088
印　　刷：北京虎彩文化传播有限公司
经　　销：全国新华书店
开　　本：787 mm×1092 mm　1/16
印　　张：18.75
字　　数：304 千字
版　　次：2015 年 10 月第 1 版
印　　次：2024 年 8 月第 3 次印刷
定　　价：60.00 元

策划编辑：伊师孟　　　　　责任编辑：齐　琳　陈　倩
美术编辑：焦　丽　　　　　装帧设计：焦　丽
责任校对：陈　民　　　　　责任印制：马　洁

版权所有　侵权必究
反盗版、侵权举报电话：010—58800697
北京读者服务部电话：010—58808104
外埠邮购电话：010—58808083
本书如有印装质量问题，请与印制管理部联系调换。
印制管理部电话：010—58806364

教育家成长丛书

编委会名单

总 顾 问：柳　斌　顾明远

顾　　 问：叶　澜　田慧生　林崇德　陈玉琨

编委会主任：杨春茂

编　　 委：（按姓氏笔画为序）

于　漪　　王瑜琨　　方展画　　田慧生

成尚荣　　任　勇　　刘可钦　　齐林泉

孙双金　　李吉林　　杨九俊　　杨春茂

吴正宪　　汪瑞林　　张志勇　　张新洲

陈雨亭　　郑国民　　施久铭　　徐启建

唐江澎　　陶继新　　龚春燕　　程红兵

赖配根　　鲍东明　　窦桂梅　　魏书生

主　　 编：张新洲

副 主 编：赖配根　王瑜琨　汪瑞林

总　序

　　教育是国家发展的基石，教师是基石的奠基者。古人云："国将兴，必贵师而重傅。"兴国必先强教，强教必先重师。党中央、国务院高度重视教师队伍建设。2013 年教师节，习近平总书记在给全国广大教师的慰问信中指出："百年大计，教育为本。教师是立教之本、兴教之源，承担着让每个孩子健康成长、办好人民满意教育的重任。"2014 年，在第 30 个教师节前夕，习总书记到北京师范大学视察并发表重要讲话，指出："一个人遇到好老师是人生的幸运，一个学校拥有好老师是学校的光荣，一个民族源源不断涌现出一批又一批好老师则是民族的希望。"《国家中长期教育改革和发展规划纲要（2010—2020 年）》也明确提出，"有好的教师，才有好的教育"，要"努力造就一支师德高尚、业务精湛、结构合理、充满活力的高素质专业化教师队伍"。"倡导教育家办学"，要创造有利条件，鼓励教师和校长在实践中大胆探索，创新教育思想、教育模式和教育方法，形成教学特色和办学风格，造就一批教育家。"两个一百年"奋斗目标的实现、中华民族伟大复兴中国梦的实现，归根结底要靠人才、靠教育，而支撑起教育光荣梦想的，是千百万的教师。

　　时代呼唤好老师。有一流的教师，才有一流的教育；有一流的教育，才有一流的国家。出名师、育英才、成伟业，是时代赋予我们教育战线的神圣使命。"所谓大学者，非谓有大楼之谓也，有大师之谓也。"好学校、好教育的最重要标准，就是要有好老师。一所学校、一个地区，乃至一个国家，如果教师有理想、有爱心、有学识、有高超的教育艺术，那么即使硬件设施有些简陋，家长、学生也会心向往之。教师是中国梦的奠基者。教师的重要使命，就是为每个孩子播种梦想、点燃梦想，并帮助他们实现梦想。每一间平凡的教室，每一节朴实的课，都不仅是知识的传递，而且是人类文明精神的接续、人生梦想的起航。正是有亿万个孩子梦想的放飞、绽放，中国梦才更加光彩夺目。如果说中国梦最坚实的土壤是学校，那么教师就是最伟大的"筑梦师"，他们用默默无闻、孜孜不倦的智慧劳动，让每一颗年轻的心灵都与中国梦激情相拥。

倡导教育家办学，造就一批好老师，首先要尊重、珍惜我们的本土智慧、本土创造。教育家不是凭空产生的，而是扎根于自己的民族文化土壤，同时吸收人类文明成果，从而创造出独特而生动的教育实践、教育智慧和教育文明。五千年源远流长的中华文明，不但形成了有我们民族特色的教育理论体系，而且涌现出了千千万万优秀的教育家，有被推崇为"大成至圣先师""万世师表"的孔子，有"匹夫而为百世师，一言而为天下法"的韩愈，有"捧着一颗心来，不带半根草去"的人民教育家陶行知，等等。改革开放 40 年来，随着教育改革的不断深入，教育战线涌现出了一大批杰出教师。他们痴情于教育事业，坚守理想信念和教育良知，在三尺讲台上默默耕耘、刻苦钻研，同时以敢为天下先的精神大胆创新，不断进取、不断超越，形成了各具特色的教育思想和教学风格。正是他们的成功探索和实践，创造了具有中国风格的教育经验，丰富了具有中国特色的教育理论宝库。原由教育部师范教育司组织编写，现由中国教育报刊社人民教育家研究院组织编写的"教育家成长丛书"，就是要向这些宝贵的本土创造性的教育经验致敬。

当前，教育领域综合改革正在深入推进，考试招生制度改革的大幕已经拉开，立德树人、培育和践行社会主义核心价值观成为大中小学教育的头等任务。可以预见，中国教育将发生深刻的变革，将从"中国制造"向"中国创造"转变。"没有革命的理论，就没有革命的运动。"没有适合中国土壤、具有中国智慧的教育理论，就不可能为未来的中国教育改革提供有效的指导。我们的教育要向"中国创造"飞跃，必然要首先创造属于我们自己的教育理论，而不是"言必称希腊"或者老是贩卖欧美的教育理论。170多年前，美国思想家、诗人爱默生发表了著名演说《美国学者》，号召美国知识界："我们依赖旁人的日子，我们师从他国的长期学徒期时代即将结束。在我们周围，有成百上千万的青年正在走向生活，他们不能老是依赖外国学识的残余来获得营养。"由此，美国迈入精神立国阶段。

如今，我们也面临与爱默生同样的情形。随着我国GDP已从世界第二向第一迈进，我们要自觉养成强烈的"中国意识"，独立的中国文化品格，并由此去环视世界，去改造本土实践，去创造属于我们自己的精神养料——这在教育界显得尤为紧迫。"教育家成长丛书"，旨在把我们本土教育实践中蕴含的中国智慧提炼出来，从而形成具有时代意义的中国特色的教育话语体系，再以此去观照、引领、改造中国的教育实践，为伟大的教育改革提供经验、理论支持，也为未来的教育家提供丰富、可资借鉴的精神养料。

让我们为中国教育的伟大未来一起努力吧！

2018年3月9日

前　言

　　见证着中国基础教育半个世纪的春华秋实，代表着中国基础教育教学成果的最高成就——"首届基础教育国家级教学成果奖"，闪耀着李吉林、窦桂梅、吴正宪、张思明、洪宗礼、唐江澎、邱学华、于永正、孙双金、薄俊生、龚春燕等一大批优秀教师的名字。而上述这些教师杰出代表恰恰都是《人民教育》"名师人生"栏目中最受读者喜爱的名师，都是"教育家成长丛书"的作者。

　　"教育家成长丛书"（以下简称"丛书"），是在第20个教师节前夕，为了研究、总结、宣传和推广我国众多优秀中小学教师的先进教育思想和鲜活宝贵的教育教学经验，培养造就一大批德才兼备的优秀教师和杰出的教育家，促进教师队伍整体素质的提高，根据教育部党组安排，由师范教育司组织编写的一套凝聚着一大批教育家成长智慧的大型教育丛书。

　　"丛书"自2006年问世以来，不但得到国务院和教育部领导同志的高度重视，而且先后印刷多次尚不能满足广大读者的需求。这其中的奥秘何在？

　　当你翻开"丛书"，每一部著作都讲述着一位教育家成长的故事。这些著作主要从"成长历程""思想概述""课堂实录"和"社会反响"等方面全景式反映其教育思想、教育智慧、专业精神和专业人格的形成过程与教学实践过程。这是教育家成长的基本素质所在。

　　当你沿着教育家成长的足迹走近他们的时候，你会融入这些带有"草根色彩"、扎根中华教育实践大地、充满田野芳香的真实感人的教育故事中。

当你从"丛书"中，从这些当年和自己一样的普通教师，成长为今天受人尊敬的教育家的成长过程中受到启迪，当你触摸着自己的心，把学生的成长和祖国的未来紧紧连在一起的时候，你会真切地感受到教育家离我们并不遥远。

当你用整个身心蘸着自己的生活积累去品味"丛书"中的每一部著作的"成长历程"时，在一位位名师不断学习、不断超越自我、不断超越学科教学的求索足迹中，你会读懂"教育是事业，其意义在于奉献"的丰富内涵。

当你研读"丛书"中的每一部著作的"思想概述"，和每一位名师展开心灵对话的时候，都会深深地感受到，一名教师对教育独立的理解与执着的追求有多么重要。从一名普通的教师成长为受人尊敬的教育家的过程中，你会读懂"教育是科学，其价值在于求真"的深刻含义。透过"丛书"，你会看到一代代教师用爱与智慧塑造民族未来的教育理想。

随着我们从"知识核心时代"走向"核心素养时代"，教师教育教学活动的视野已拓展到人的生存与发展的方方面面。教师要结合自己的教学实践去感悟"教育理念是指导教育行为的思想观念和精神追求"，应该把爱化为自己的教育行为，让爱充盈课堂，触摸到一个个灵动的生命，让爱产生智慧，让爱与智慧在学生心中留下岁月抹不去的美好回忆，让教育者和受教育者都感受到教育的幸福。这是"丛书"给我们的启示，也是每位教师应有的胸怀和视野。

时代呼唤教育家。为了进一步把我们本土教育实践中蕴含的中国智慧提炼出来，从而形成具有时代意义的中国特色的教育话语体系，以此去观照、引领、创新中国的教育实践并在更大范围加以推广，"丛书"将由中国教育报刊社人民教育家研究院继续组织编写，希望能够在更广大教师的心田中播种教育家成长的智慧，从而出更多的名师，育更多的英才，成就中华民族复兴的伟业。这是时代赋予广大教育工作者的神圣使命。如果广大教师能在每位教育家成长、探索教育智慧的过程中受到启迪，形成自己的教育智慧，则实现了我们编辑这套"丛书"的初衷。

"教育家成长丛书"
编委会
2018年3月

目 录
CONTENTS
任勇与数学学习指导

社会反响

附　录

我的成长之路

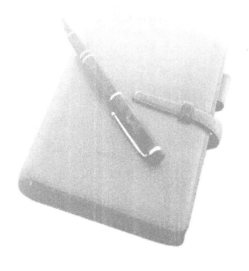

一、成长之路：足与不足

人生之路，是一个不断自我完善的过程。

人生之路，也是伴随着足与不足的过程。

我常感到知足，又喜欢在足中寻找不足；我也常感到不足，又会静下心来，在不足中去感受足。足，是进步，是收获，是成功，是令人快乐的；不足，是缺憾，是失去，是差距，时常会有几声叹息。事情往往就是这样，从一个角度看是不足的，而从另一个角度看已经是很足了；但一味"知足常乐"，姑息缺点，宽恕懒惰，又往往会步入平庸。

足与不足，一切尽在认识自我、战胜自我中。

（一）小时候：足，是学习的快乐；不足，是买不成一个篮球

记忆中，能回忆起最早的事，是作为军人的父亲去部队时，把我扔进了部队的小图书馆，他要让我从小受到书的陶冶。没有多少文化的父亲，在我童年时，对我说了句令我终生难忘的话："路过书店不进去，就等于犯罪。"话中饱含着他们那辈人对知识的渴求和对后生所寄托的希望。

于是，小城的书店里，常有我的身影。记得买的第一本书是0.42元的高玉宝著的《我要读书》，这是一本厚厚的书，不是连环画，是我用少吃14根冰棍省下的钱买的。于是，每逢出差，讲学到一个城市，其他地方去不去关系不大，但至少要去一两家较大的书店；于是，我那不大的书屋里，已有1万余册藏书，我在书海中求知与探索，在知识的田野里耕耘与收获；于是，朋友到我家，总爱在书屋里与我交谈；于是，不少认识和不认识的家长，总喜欢带着他们的孩子到我那书屋坐坐，连我的女儿也喜欢在书屋的另一张办公桌学习，她说："在这里学习效率特别高。"

我读了3年全寄宿制幼儿园，在农村小学读了5年（小学跳了一级），在城里中学读了5年。我兄妹4人，我是长子，父亲对我有一个"严格"的要求，所有的作业必须在学校完成，回家必须干家务。所幸，那时的学习没有太大的压力，我能抓紧时间，快速地在学校里完成所有作业，回家后能有条不紊地干完所有家务。我当

时的感觉就是学习是非常快乐的，干家务也是非常快乐的。读了 10 年书，除了寒暑假，我几乎没有在家做过作业。现在的中小学生，哪有我那时的快乐。

我从小就爱打篮球，有许多玩伴。因为兄妹多，母亲是临时工，家庭经济状况不好，自己没有篮球。每次打球，都要靠玩伴来叫。有时玩伴忘记叫我，误了我打球，一整天都不高兴；有时早早跑到球场，玩伴没来，我又没球打，更是伤心至极；有时玩伴输了球，就有意不让我打；遇到奇数个人，分组不平，我也要等哪个玩伴打累了，才让我打；更多的，要讨好有球的人，如帮提书包，或帮占球场，才可能有更多的打球机会。

为什么会这样，不就是一个篮球嘛？可我就是没有。从初一年级开始，我就想买一个篮球，一个篮球要 8 元钱啊，是父亲月收入的 1/7，父母亲都不让买。于是，我就省吃俭用攒钱，甚至收集牙膏皮、破铜烂铁之类的卖钱，一个铅制牙膏皮可卖 3 分钱，一个铝制牙膏皮可卖 1 分钱，好不容易攒了一些钱，又常常被一些"插队"的事给耽搁了，如要买一本好书，要装一个简易的矿石收音机。比如，冬天放学路上"饥寒交迫"，看见同学买了个包子，自己也忍不住……直到高中毕业，我都没能买成一个球。

（二）长大后：足，是考进了师专；不足，是没考进师大

我的知青岁月

1975 年，我高中毕业后，就响应号召下乡到福建省龙岩县红坊公社农林场"知青点"。那里有 108 个知青，号称"108 将"。知青岁月是非常艰苦的，几乎所有的农活我都干过。农活中最累人的是开春的耙田，在结着薄冰的水田里，赤着脚，双手用暗劲将耙杆随时调整到合适的高度，左手还要牵着套牛鼻的绳，口里吆喝着，连干好几天，一天下来能挣 0.95 工分，一人干一天能拿这个工分是知青点里最高的，一个工分最好的年景值 0.48 元。在知青点干活和插队、回乡都不大一样，因为知青

多，推荐"工农兵"上大学和招工"上调"的人数少之又少，所以大家干活都特别起劲，都想表现好，都想争取上学或"上调"。那时，我们都才十七八岁，瘦弱的身体承受了太多太多。知青点有说不完的故事，我的文笔不太好，否则我能写出诸如《蹉跎岁月》之类的知青文学作品来。

1977年11月初，从我那台简易的矿石收音机里传来了一条令人振奋的消息，我们国家要恢复高考了。离高考只有一个多月的时间了，盼望能读书的我决定回城复习参加高考，但当时正值秋收冬种，很难请假。为了请成假，我想了个歪点子，让好友用柴刀在我不太关键的部位砍上一刀，造成工伤好请假，可是没人敢砍。于是，我索性用漆树枝抽打我的双脚，我以前常犯漆过敏，可这回就是肿不起来，我就用手抓，让它过敏流水流脓。我就这样回了城，复习迎考，终于考上了师专。能考进师专，在我们那个知青点已经是很了不起的事了，我很知足。而三年的知青生活，不仅给了我丰富的人生阅历，更重要的是给了我一种精神，这种精神一直伴随着我，学习、工作和生活中遇到的各种困难，与知青生活比算得了什么！这种精神一直推动着我的整个人生。

实话实说，在我填报的高考志愿中，没有一个志愿填师范类。那时没人指导，因为自己曾当过化学科代表，因为当知青"修地球"，所以第一志愿就填"南京大学地球化学"，现在回想起来觉得很可笑，其他所有的志愿都是化学方面的。仓促复习，高考的成绩是可想而知的。我没有填师范类，却被录取到师专，我没有填数学，却被录取到数学系，我是在不经意中当了数学教师的。

那时能"上调"已是很高兴的事，何况我还能当教师。我很珍惜这个不经意的机会，很用心地教书育人，尽量把自己所有的工作都做到最好，受到师生及家长的好评。然而，"师范专科"这个学历在重点中学是站不住脚的，也是我不满足的，于是就有了漫长的在职提升学历和提升素质之路：函授本科→研究生→骨干教师国家级培训→博士生。这条路的确走了很久，一走就是25年。

"求学"之路，间接地使我形成了较强的自学能力，这种能力又整合成我的几种学习方式：向同行学习，向学生学习，向报刊学习，进修学习，课题学习，学术学习，追逐学习，阶段重点学习，网上学习，传播学习，参观学习，实践学习。

讲了这么多的学习，最重要的学习是什么？

毫无疑问，是终身学习理念下的学会学习。

走进北师大，感悟北师大

（三）后来啊：足，是评上了特级教师；不足，是尚未成为高素质的新世纪育才者

教师要成才，就必须确定目标，并将实现目标的各种因素充分调动起来，持之以恒地奋斗。高尔基认为："一个人追求的目标越高，他的才能就发展得越快，对社会就越有益。"试想，一个数学教师若只满足于当一个教书匠，而没有远大的志向，是绝对不可能成为杰出的数学教育家的。虽然，我们不一定都能成为数学教育家，但我们应当向这个方向迈进，必然会有丰硕的成果。

初为人师，我并没有很明确的目标。当时只有两个想法，一是用真诚的爱心来影响学生、感动学生、教育学生；二是不断提高自己的教学能力，高水平地培养学生。

晓江同学在我们班只待了一天，第二天就到省体工队去了。作为班主任的我，组织班上的学生为他召开了简短的欢送会，同学们说了许多激励的话，我也在其品德、学习、运动水平等方面提了些要求，随后是晚上家访，然后是第二天的送站，其后是长达三年的信件往来。为一个只待了一天的学生做了这么多的事，这就是我的育人观，这就是为了每一个学生的健康成长负责。

育人，我充满爱心。"有爱便有一切"，这是我的育人观的一条最基本的原则。"爱就是教育，没有爱，就没有教育。"爱是打开学生感情大门的钥匙，当学生知道你是真诚地关爱他们时，他们的感情大门、智慧大门就向你打开。数学教育应该是建立在爱上的教育，教师对学生的关爱，对数学的热爱，对科学的崇尚，就会激发起学生对教师的尊敬，对数学的执着探索和对科学的追求。

我想，这就是师德。

当一名教师容易，当一名好教师不易。时代在呼唤师德的同时也在呼唤着师能，而且德能并重才能树立新世纪教师的形象，才能更好地完成高要求的教育教学任务。

"德能并重"，我希望我能做到，我也相信我能做到。

于是，我又有了不断提高师能的教育之旅。

什么是师能？

熟练的教育教学技能，是师能；娴熟的课堂驾驭能力，是师能；灵活机动的教育机智，是师能；人际关系的处理能力，是师能；更新知识学会学习，是师能；不

初为人师

断探索力求创新，是师能；能微机、会电教、善科研，是师能；审美高雅、身心健康，是师能。

我探索，我努力。

会上必修课，是一个层次的师能；不仅会上必修课，而且还会上选修课、上活动课、开各种讲座，是高一个层次的师能。成为教学能手，是一个层次的师能；但要实现高层次的师能，教师还必须成为学者型的教师，即他还必须是一个教育教学的研究者。

我继续探索，我继续努力。

比如，当了校长还一直坚持上数学课；"学习指导课"一上就是18年；至今还坚持上数学奥赛课。1992年，我在哈尔滨参加一个学术会议，大会原定一位专家给哈尔滨市高二学生进行半天的语文学习指导讲座，可专家临时有要事来不了，会议主办方着急死了。有人推荐我去，改讲数学学习指导，我走向讲台，虽然事先没准备，但也讲得较成功。这就是平时"摸爬滚打"的结果，这就是名言所说的"机遇总垂青于为它而准备的人"。

1994年我评上了特级教师，是当时福建省最年轻的特级教师之一。

我很激动但又深感不安，因为时代的发展对教师提出了更高的要求。时代发展到今天，"德能并重"还不够！

你必须有师德，有师能，有师智，有师魂！

师智，就是教师的智慧。

由于教无定法，由于讲台虽小含宇宙，由于我们面对着的是性格各异的学生，所以教学情境多样，所以教学难以预测，所以教学异彩纷呈。

面对瞬息万变的教育情境，准确迅速地作出判断，恰到好处地妥善处理，从而收到理想的教育效果，达到最佳的教育境界，这就是教师的教育智慧。

现代社会，一位优秀教师的智慧必须是精与博的有效结合。在专业技能和理论水准方面，必须力求精深；在人文精神和科研理念方面，必须力求广博；在一般智力结构和特殊的思维品质方面，必须力求合理有效。应变性、直觉性、灵活性、巧妙性、幽默性是教师智慧的表现。

师魂，就是教师的灵魂。师魂是教师综合素质的体现，是教师的人格风范。"经师易找，人师难求"，这里的人师就是指教师的人格风范。为人师者，方可以德育德、以才培才、以学促学、以趣激趣、以情动情、以性养性、以意练意、以行导行。

师之魂，体现在教师的一言一行、一举一动、一点一滴中，既体现了自己的形象，又时时润入学生的心田。

教师的职业是美好的，当师魂达到一定境界的时候，教师才在这种美好的理解和追求中，真切地体验并自然地表现出这种美好。

认识自我、发现自我是成为优秀教师的基础和根本；完善自我、战胜自我是成为优秀教师的关键；实现自我、超越自我是成为优秀教师的永不满足的目标。

（四）而现在：足，是跃上了一个新的平台；不足，是……

我不经意当了教师，当时的想法就是想把所教的学生教得最好，不断地跃上数学教育的新台阶。由于工作的需要，一步一步走来，我当了校长，工作层面就更宽了，跃上了一个新的发展平台。每一个新的岗位，对我来说，都是一次挑战和考验，只有迎上去，主动地接受挑战和考验，实现新的自我超越。

还有不足吗？

时代的发展，对教育提出了更高的要求，对校长也提出了更高的要求。

接受校长培训，要做理想校长

教育专家朱永新认为"理想的校长"应该是：一个能够清晰认识到自己的价值与使命，具有奉献精神和人文关怀的校长；一个珍惜学校的名誉胜过爱护自己的眼睛和自己生命的校长；一个不断追求自己人生理想和办学理念、具有独特办学风格的校长；一个具有海纳百川的宽广胸怀，具有极强的感召力和凝聚力的校长；一个善于协调上下左右关系，能调动一切可以调动的力量以促进学校发展的校长；一个十分重视教育科学研究，并能成为学校教育科研工作出色的组织者和身体力行者的校长；一个能够给教师创造一个辉煌的舞台，善于让每一位教师走向成功的校长；一个能够使学校具有优美的自然环境和浓厚的文化氛围的校长。

我做到了几点？我能知足吗？

教育探索路漫漫，吾将上下而求之。

正当我努力探索学校管理之道时，我被组织上调到市教育局当副局长。

一个更大的平台，一次全新的探索。目标在前方，奋斗在前方。

二、学术之路：探索"学习科学"

我有不少学术界的朋友，但最多的是研究"学习科学"的朋友；我曾应邀到各地讲学，讲得最多的是"学习科学"；我有许多教育科研成果，但最多的是与"学习科学"有关的成果。很多教师认识我，是从"学习科学"开始的；很多学生知道我，是从读我写的"学习指导"的著作或文章开始的；不少家长找我咨询教育问题，也多是"学习科学"方面的；一些专家赏识我，也缘于"学习科学"。如果说，我今天有些成就的话，那么更多地应该归功于研究了"学习科学"；如果问，你今后的研究方向是什么？我会毫不含糊地回答："学习科学。"

我是一位普通的中学教师，我是怎么走上"学习科学"研究之路的呢？

（一）一个偶然的机会，我走上了"学习科学"研究之路

1987年初，我在翻阅《国内外教育文摘》（山西省教育科学研究所、山西省教育学会主办）刊物时，看到一则"小启"，征集"全国第一届学习科学学术研讨会"论文，我写了篇《遵循学生心理规律，搞好初中数学教学》的文章应征，后来我就

参加了这次被称为"我国学习科学史上第一次具有里程碑意义的重要会议"（当时并不知道这些）。在这次会议上，我看到不少专家学者在呼吁成立"学习科学"研究会，他们在积极筹备成立全国以及各地的学习科学研究机构，在探索"学习科学"理论框架、应用框架和分支问题，在优化组合课题攻关小组，在积极研究学习方法及其指导问题等。当时，我对许多问题搞不懂，许多学术名词也是第一次听到，分组讨论时，我搭不上话，只能认真听、拼命记。在返回的列车上，我一直在想，怎样才能为学习科学做点贡献呢？列车快到终点站时，忽然一个念头闪过我的脑海：我想写一些可供开设学习方法课的讲座稿。我在向龙岩一中王力峰老校长汇报会议盛况时，顺便谈了自己的想法。老校长说："你干脆写本书吧，写出来我给你印刷。"说者可能无意，但我却听了进去。

于是，我送走妻儿，一边学习有关理论著作，一边整理自己给初中生做的关于学法指导方面的讲座稿，接着便没日没夜地埋头写起书来。一个月后，当我把一摞整齐的书稿放到老校长面前时，老校长惊呆了，他说："我随便说的一句话，你真的把书给写出来了，《初中学习方法与能力培养》，好，真了不起。"于是，学校印刷了400册白皮书，供初一新生使用，我担任授课教师，上了几节课后，大受学生欢迎；仅存的书被各级领导、教师、家长索要一空；附近的一个县城索性印刷了4 000册白皮书供全县初中生使用；西北工业大学出版社伸出了友谊之手，1988年3月出版了这本书，后来连续印了8年，印数达15万册。当时的教育界各级领导多次对这本书给予很好的评价，学习科学各级学会也多次提到这本书；还值得一提的是，当时全国学习科学研究会筹备会主任林明榕教授，欣然为这本书写了4 000字名为《一门崭新而影响深远的课程》的序言，并鼓励我："年轻人，你写得很有特色，希望你不断进行学习科学的研究与实践，将来一定大有出息。"

（二）一个必然的结果，因为我在"学习科学"研究的道路上没有歇脚

一时间，前来拜访我的人多了；请我去讲学的函件多了；邀我参加学术会议的通知多了；约稿信也多了。我当时在想，一时的成功，是可以通过努力达到的；但长久的成功，没有不懈的努力是达不到的。"鲜花和掌声"只是一时的，要想有长足的发展，没有一定的理论功底和深入实践是不行的。

于是，我一边抓紧时间学习教育科学理论，一边就在学校里搞起教育实验来。

　　我首先根据所在学校的学情，构建了多种模式融合的学习指导实验，即初一、高一的课程式学习指导，初二、高二的交流式学习指导，初三、高三的专题式学习指导，学科教学的渗透式学习指导，课题组的讨论式、咨询式学习指导，还有选修课、活动课、微型课的学习指导和家庭教育中的学习指导等。三年实验下来，获得了一系列成果，我们进行总结，撰写了《普通中学学习指导的理论与实践》一文，在全国学术会议上交流，获一等奖。接着，根据当时学习指导形势发展的需要，我又主编了《高中各科学习方法与能力培养》和《初中各科学习方法与能力培养》两本书，两书颇受各地师生欢迎，我又一次受到学习科学界的注意。

　　曾有一段时间，我以为教育科研与教育写作就是这么一回事了，也多少有点自满起来。随后我以每两周一篇稿子的速度向报刊投稿，然而大量的退稿信也随之而来，无情的现实使我冷静下来，陷入了深深的思索。我逐渐悟出了这样的道理：科学需要默默地探索，长期积累，偶然得之。教育理论如果没有实践的基础，便会失去它的价值，而教育实践如果没有理论作指导，便会导致盲目的实践。必须走理论与实践相结合之路！论文不是"写"出来的，而是不断实践、不断研究、不断探索出来的。

　　走出迷惘，天地一新。于是，我一方面埋头于各类教育理论书籍之中，努力提高自己的教育理论水平；另一方面，置身于课堂和学生之中，不断获得鲜活的第一手材料。丰富的理论与生动的实践有机结合这一教育科研之真谛的获得，使我的"学习科学"研究之路越走越宽，研究范围也越来越广。18 年不断地实践，不断地探索，不断地耕耘，我收获颇多。迄今为止，我已出版《中学数学学习法》《任勇中学数学教学艺术与研究》《中学数学学习指导的研究与实践》等专著 18 部，约 360 万字；主编或合编《初中生心理教育读本》《高中生心理教育读本》《教学艺术探索》等著作 51 部，并亲自撰写 120 余万字；发表《学科学习学初探》《数学全程渗透式学习指导初探》《从影响学习指导的因素谈学习指导的深化》等经验介绍、学习指导类文章 600 多篇，约 200 万字，《试论学习指导多维教育》《论学习策略的教育功能》《学生数学创新能力的培养》等 56 篇论文获国家级、省级奖励；主持或承担全国性课题 7 项，市级课题 3 项，其中 5 项已结题并获全国性奖励；应邀到北京、上海、广东、广西、黑龙江、吉林、山西、山东、陕西、河南、四川、江西、湖南、浙江、重庆、宁夏、甘肃、河北、贵州及福建各地进行全国性、省级讲学 36 场，县、市级讲学 70 场，中小学讲学 150 场，听众约达 45 000 人次，颇受好评。

　　偶然的机会，并非都有必然成功的结果；而必然成功结果的产生，需要探索者抓住机遇、锲而不舍、锐意进取、不断超越才能实现。

（三）"学习科学"研究，助我成长，促我发展

　　加强教育科研，是推动学校教育改革和发展的需要，是全面提高学校教育教学质量的需要，是教育决策科学化的需要，也是提高教师素质的需要。一所学校，只有坚持不断地提高科研品位，才能有长足的发展；一个教师，也只有走教学和教研相结合之路，才能将教育教学工作提高到一个新的境界。长期的实践与探索，使我深深认识到，教育科研是教师的立身之本、发展之本。教育科学研究如此，学习科学研究亦然。

为师不可一日不读书

　　学习科学研究，逼我广学深究。要搞学习科学研究，没有阅读一定数量的教育科学、学习科学、哲学、文化等方面的书籍和杂志是不可思议的。就我来说，25 年来，东买西购，已有 1 万余册教育、数学、文化等方面的书，其中学习科学方面1 500余册，订阅了所有能订到的数学杂志和许多教育杂志、学习科学杂志。要驾驭

教育实践，很大程度上取决于教育理论和学习科学理论的功底。要有理论功底，首先要读名著。你不读《论语》，不读陶行知，不读杜威，不读苏霍姆林斯基，是很难成为教育家和学习科学专家的。其次，要多读学习科学领域里有影响的著作，如《学习论——学习活动的规律探索》（［美］G. H. 鲍尔，E. R. 希尔加德著），《学习论——学习心理学的理论原理》（施良方著），《学习学通论》（林明榕主编），《学习的科学》（董奇著）等；读专业期刊，如《教育研究》《课程教材教法》《人民教育》《教育与学习研究》《教育实验与研究》等。只有抓紧时间广学深研，才能了解科研动态，把握教育、教学的热点难点，借鉴他人经验，把学习科学的研究与实验不断地向前推进。

学习科学研究，促我科学育人。我的每个学生都是我进行学习科学研究的对象，我所在的班级、年级、学校（甚至更大范围），我的每次备课、每次讲课、每次批改作业、每次测验，都是我的"试验田"，我可以在里面不断耕耘，收获。自觉地将实践纳入学习科学研究的轨道，走"教、学、研"之路，必将会成为"研究型"的教师，为探索未来教育教学规律做出新贡献。有了学习科学作理论支撑，基于科学育人的理念，注重学习方法的渗透，我的教育教学水平不断提高。我在初中教学时，两轮（每轮3年）中考我班数学平均分全地区第一，三轮高考我班数学平均分年级第一。我带2000届学生，在高一时，我们开展了丰富多彩的活动课、选修课，数学课每周只排4节，高二仍继续开设各类非必修课，高三迎考的口号是"团结协作，锐意进取，科学迎考，再创辉煌"，尤其突出科学迎考，按学习规律组织复习，结果高考理科全省第一、文科全省第四、数理化成绩均全省第一。这个年级荣获福建省"五一"劳动奖状。2001届、2002届、2003届又均获福建省第一，2004届和2005届文理科均列全省前茅。学习科学研究，使我们尝到了甜头。

学习科学研究，帮我转变观念。与教育发展相适应的观念的形成，是需要教师自身去研究、去体会、去探索，使之与实践结合起来，并有自己的新的体会。学习科学研究，有利于我们快速地学习并吸收先进的教育观念。如从智力因素到非智力因素，从以教师为主体到以学生为主体，从重教轻学到"教、学并举"，从维持性学习到创新性学习、研究性学习，从一般性学习到跟进性学习、自主性学习、综合性学习、多源性学习、转移性学习、高效性学习、超越性学习、集团性学习，等等。只有基于学习科学研究的角度，才会不断有新的收获和体会。

学习科学研究，助我创新实践。教师参与教研与不参与教研，几年以后，两者情况大不一样。后者久而久之就可能对教育教学工作产生一种疲惫感，觉得没有"味道"，教学缺少新意，步入平庸；而前者每天都有新的思考、新的探索，"常教常新"，成为某一领域的行家里手。教书和用心教书是有区别的，基于学习科学研究进行教学就是"用心教"，特别是用心教"学"。

学习科学研究，磨炼我的意志。搞学习科学研究，要理论学习，要构建体系，要制订实验方案，要做文献综述；搞学习科学研究，还要实践（或实验）操作，要统计数据、分析问题、整理资料、撰写报告；搞学习科学研究，要坐冷板凳，要耐得住寂寞，要苦思冥想，要潜心钻研，等等。所有这些，都是要以意志来支撑的。潜心学习科学研究，是很能磨炼人的意志的。但"只有踏踏实实地沉下去，才能潇潇洒洒地浮上来"。

学习科学研究，使我广交学友。"独学而无友，则孤陋而寡闻。"我是数学教师，以往的学友多为数学教育界的学者和教师。自从从事学习科学研究后，学友面扩大了，信息更流畅了，眼界也更开阔了。学习科学学会，是一个多层次、多学科人员参与的学术组织。我首先结识了不少高等院校、教科所、教研室等的师长和学友，我还结识了不少中学教育界的学校领导、各学科教师、教师进修院校的师长和学友。我经常和师长、学友一起探讨教育问题，尤其是学习科学问题，交流科研心得，研究学术动态，拟定合作课题，互赠近期著作，彼此相互勉励。科研的道路上，好友就像一盏明灯，照亮着我前进，激励着我不断向学习科学新高峰攀登。

学习科学研究，引我走向未来名师。一位作者在一部教育科研的著作中这样写道："教师只要在从事教育工作的同时，对教育进行研究，他就不会是一支燃烧之后便什么也没有的蜡烛，而会成为一颗恒星。"我做得还很不够，还远不能成为一颗恒星。但搞了学习科学研究，班级管理上了台阶，数学教学成绩显著，数学竞赛获奖颇多，教育科研成果更突出，得到党、政府和学术团体的很高评价和荣誉。我先后被评为省优秀青年教师、省科技教育十大新秀、市劳模、省优秀数学园丁、省优秀数学教练员、省优秀专家，并享受国务院政府津贴，获苏步青数学教育奖一等奖，还参加了骨干教师国家级培训，还被评为首届全国学习型家庭。我的心情十分激动，同时也感到不安，因为我做得还很不够，我还应该把工作做得更好。"探索者不忘烛光，奋进者感怀路石。"一点点成绩只意味着过去，今后需要我倍加努力去奋斗、去开拓、去创造！

值得一提的是，我的每一次进步，都得到学习科学学会的专家，学者（特别是林明榕、魏书生、董国华等）的充分肯定和热情鼓励。我1992年被破格评上"中学高级教师"后，专家们鼓励我不断努力，向特级教师目标奋进；1994年被评上特级教师后，学习科学学会作了特别的宣传；1995年我被评为福建省优秀专家，董国华老师多次在学术会议上宣传我的"三级跳"，鼓励年轻的学会会员向我学习。总之，我的每一次进步与学会的专家、学者的鼓励是分不开的。

（四）我在"学习科学"领域的研究回顾

我在学习科学领域里的探索与实践已有18年了，这些年来在学习科学的教材编写、理论建设、实验研究和学术传播等方面作了一些探索，为学习科学的发展尽了自己的一分力。

在《教育研究》上发表了文章，就想去中央教科所看看

在教材编写方面，我编著了一本综合性教材《初中学习方法与能力培养》（西北工业大学出版社1988年3月出版），主编了两本分科性教材《高中各科学习方法与能力培养》和《初中各科学习方法与能力培养》（福建少年儿童出版社1990年8月出版），编著了一本专科性教材《中学数学学习法》（西北工业大学出版社1995年8

月出版）。上述 4 部教材，均被中国学习科学学会推荐为全国性试用教材。近年来又主编了《初中生学习指导》《初中生心理教育读本》《高中生心理教育读本》等书，编著了《数学学习指导与教学艺术》（人民教育出版社 2004 年 9 月出版），《高中新课程数学学习法》（鹭江出版社 2005 年 4 月出版），还参与了 8 部学习指导教材的编写工作。上述教材被评为全国性一等奖的 4 部、省级一等奖的 3 部。

在理论建设方面，我撰写了 200 余篇与学习科学有关的论文，其中有不少论文是学习科学在数学教育的应用，如《学科学习学试探》《试论学习指导多维教育》《从影响学习方法的因素谈学习指导的深化》《会学面面观》《作业批改与学习指导》《学习指导与德育渗透》《学习指导的实效性问题》《学科竞赛学习指导的若干原则》《学科学习指导的全程渗透》《学习策略的教育功能》《中学数学学习的特点、原则和迁移》《男女智力差异与数学学习》《谈谈中学数学学习指导教材建设问题》《谈中学数学学习指导的几个问题》《非智力因素与数学学习》等，绝大多数论文被评为全国性学术会议一等奖。

在实验研究方面，1990 年至 1996 年我主持了国家教委教育科研"八五"重点课题"学生学习现状的调查与学习指导研究"的两项子课题研究与实验，一项是"普通中学学习指导的理论与实践"（获一等奖），另一项是"中学数学学习法"（获一等奖）。1996 年至 2001 年我主持了国家教委教育科研"九五"重点课题"中小学'学会学习'研究"的两项子课题，一项是"学习策略教育实验的实践与探索研究"（获二等奖），另一项是"数学全程渗透式学习指导探索"（获一等奖）。实验研究期间，我坚持 18 年在高一（或初一）开设"学习指导课"，还在其他年级开设学习指导讲座，受到好评。目前，我正在积极进行"十五"课题的研究。

在学术传播方面，一是作为福建省教育学会学习科学研究会的秘书长、副会长，协助筹备（或主持）召开了第一至第六届学术年会，培养和发展了一支学习科学研究队伍，这支队伍中 40 岁以下被评为特级教师的就达 8 人。二是应邀到全国各地进行学习科学方面的讲学、培训，上学习指导观摩课，为学生开设学习指导咨询，为信息台和教育网站提供学习指导材料等，讲座的题目有"学生学习指导的理论与实践""中学学习学""当代高中生的心理特征与学习对策""学习科学研究导引""学习指导的操作问题""学习教育的艺术""愿你成为会学习的人""学会学习""学习指导的协同整合""学数学：就这几招"等。

（五）今后的路：深入学习、研究与实践，做高素质的新世纪育才者

高尔基认为："一个人追求的目标越高，他的才能就发展得越快，对社会就越有益。"试想，一个教师若只满足于当一个教书匠，而没有远大志向，是绝对不可能成为杰出的教育家的。虽然，我们不一定都能成为教育家，但我们应当朝着这个方向迈进，就必然会有丰硕的成果。

教师成才，按教师行为划分，有以教师个人的精力、体力、身心的超常付出为基本特征的牺牲型；有以自己的专业实力和优异效果，并通过对教育行为的描述与解释形成较大的影响的专业型；有以学生思想教育和后进生转化为主要成就的情感型。大多优秀教师的行为是全面而综合的，同时又往往有个人的特色。我以为，有所作为的教师，特别是青年教师，首先应"三管齐下"：要有牺牲精神，要有专业功底，要有感情投入。在此基础上，再根据所在学校、学生的情况，根据自己的优势，向着某一方向发展。

与外国友人交流教育教学问题

就我个人成长的情况分析，没有牺牲精神，早就打"退堂鼓"了；没有专业功底，别说搞学习科学研究，恐怕连书都教不好；没有感情投入，教师的教又如何能和学生的学达到某种动态的平衡，如何能教学互动、主体参与。如果说，我有某项优势的话，那就是学习科学研究。正如我前面所说的，"学习科学"研究，助我成长，促我发展。

我以前曾给自己定了个目标是"做全面发展的研究型的人民教师"。随着时代的发展，感到目标还可以再提高一些，改为"做高素质的新世纪育才者"。21世纪的教育将注视着我们这一代人民教师，"当教师就要当一流的高素质的教师"，这是时代对我们的要求。为这"高素质"，教师就要具有崇高师德，具有先进的教育理念，具有合理的知识结构，具有复合教育教学能力，具有科研意识和科研能力，具有健康的身心。

为这"高素质"，我还必须深入学习、研究和实践。学习，主要是进一步学习国内外有关"学习"的重要著作，学习新的学习理论、经验和成果。只有这样，才能站得更高，看得更远。研究，主要是静下心来分析自己这些年的研究心得，继续开发新的研究领域，以自己的微薄之力为学习科学做贡献。实践，就是要继续进行学习科学的实践，在实践中不断探索学习科学的新问题。

21世纪是一个学习化社会的时代。学习对每一个人、每一个国家以至人类未来具有过去任何时代都不可比拟的重大意义。21世纪对学习科学的要求更高，学校和教师面临改革和发展的任务更重，让我们共同努力，不断推进学习科学走向繁荣成熟。

三、发展之路：特级教师要不断超越自我

特级教师是国家为了表彰特别优秀的中小学教师而特设的一种既具先进性、又具专业性的称号。特级教师是师德的表率、育人的模范、教学的专家。可以这么说，特级教师是在中小学教育教学中有特殊贡献的教师。

能评上特级教师，虽非高不可攀，但确实不易。

评上特级教师后该如何进一步发展，这是一个值得探究的课题。

这里有管理的问题，也有自身发展的问题。笔者拟就后一个问题谈点儿看法。

我于 1994 年评上福建省数学特级教师，此后并没有歇脚，而是不断努力，不断取得新成果：

教学：①高中数学 3 轮（每轮 3 年），成绩优异；②中国数学奥林匹克二等奖 3 人，省一等奖 5 人；③开设"学习方法课"，深受学生欢迎。

教研：①新发表论文 476 篇；②新专著 19 部，主编 36 部，参与编写 20 部；③国家级课题 7 项，省市级课题多项。

荣誉：1995 年，福建省优秀专家；1996 年，福建省数学优秀园丁；1997 年，福建省数学优秀教练员；1998 年，享受国务院政府特殊津贴；1999 年，苏步青数学教育奖一等奖；2000 年，参加骨干教师国家级培训；2001 年，全国教育科研重点课题研究先进工作者；2002 年，厦门市先进教育工作者；2003 年，参加第 26 期教育部中学校长培训；2004 年，被评为首届全国学习型家庭；2005 年，参加北京师范大学博士课程班学习；2008 年，北京师范大学兼职教授；2009 年，福建教育学院兼职教授；2009 年，集美大学兼职教授；2011 年，教育部"国培计划"首批专家；2012 年，福建省名校长工程指导专家；2013 年，全国十大读书推动人物；2014 年，全国"书香之家"。

岗位：1986 年，教研室副主任；1990 年，教务处副主任；1992 年，教研室主任；1999 年，校长助理；1999 年，副校长；2002 年，校长；2006 年，教育局副局长。

有人问我："是什么力量促使你在评上特级教师后，仍能取得这么多成果？"

若用一句话来回答，我以为力量的源泉在于"不断地超越自我"。

（一）新的目标——超越自我的方向

评上特级教师并不是追求的终点，应当有新的目标。我在评上特级教师后，曾给自己定下许多目标，其中有一个"十百千工程"的目标：在有生之年，争取主持或负责并完成 10 个市级以上的实验课题（或教育部、省教育厅的子课题），争取出版 100 本书（含专著、主编、合编），争取正式发表 1 000 篇教育文章（提"文章"而不提"论文"，是包含了经验文章之意）。有一个目标，就有了一个前进的方向，就有一种动力，就会逐步逼近目标，所以才有了前面的教研成果。目前，课题已超额完成，出版了 80 部著作（含专著、主编、合编），教育文章发表 936 篇，离"目标"还相距甚远，还要加把劲呀。

我是有信心的。

（二）新的学习——超越自我的基础

教师的成长，离不开学习。教师的学习，除了正规的学习，如师范教育、继续教育、各类进修外，还应抓住各种学习的机会，随时随地地学习，做学习中的有心人。评上特级教师后，还应有新的学习观和新的学习要求。

这些年，我一直在追求学习的新境界。具体地说，我的学习有以下几种方式。

向同行学习。可以向名师学习，也可以向一般教师学习；可以向本校教师学习，也可以向外校教师学习；可以向年长的教师学习，也可以向年轻的教师学习。取人之长，补己所短，改进教法，不断提高自身素质和教学水平。

向学生学习。"师不必贤于弟子"，教师还应开诚布公地向学生承认自己的过失或不足，经常向学生学习。陶行知说："你要教你的学生教你怎样去教他。如果你不肯向你的学生虚心请教，你便不知道他的环境，不知道他的能力，不知道他的需要，

新的校区，新的发展，新的跨越

那么，你就有天大的本事也不能教导他。"可见，向学生学习是多么的重要。

向报刊书籍学习。"要给学生一杯水，教师要有一桶水"，这一桶水从哪里来？很重要的一个途径就是向书本、杂志学习。当然，现在人们说，一桶水不够了，教师要有一条常流常新的大河。不管是一桶水还是一条河，都要求教师不断地充实知识更新知识。我在书海中获知与启智，在书海中探索与创新。

进修学习。我在中学的教学起点是专科生，当时，多少是被一些人瞧不起的，但我不自卑，而是坚持不断地参加各种进修学习，不断提升自己的学历。1986年我读完了福建师大数学本科函授，1999年我读完了福建师大教育硕士（数学教育）研究生课程，2001年我还完成了骨干教师国家级培训。2003年我又完成了教育部中学校长培训中心第26期全国重点中学校长研修班的学习。2005年参加北京师范大学博士课程班学习。进修学习的最大好处是能系统学习，对知识有一个整体的认识，还可以与教师、与同学共同探讨有关问题。

课题学习。从事一项课题的研究，从课题的选题、论证入手，进行文献综述，读他人文章著作，进行课题计划，进行课题实施，还要进行数据的收集，资料的整理，课题的结题等，总之，要经历课题研究和实验的全过程。在完成课题的过程中学习了许多知识，也培养了科研能力。

学术学习。争取机会参加学术会议，可以在学术会议中了解学术动态，进行教育争鸣，还可以在学术会议中获取新的知识。你要参加某个学术会议，不进行某项课题的深入研究是不行的；你还要进行实验，你不研究、不实验就没有发言权。参加学术会议，往往还可以聆听许多大师、专家、同行对这一问题所阐述的观点和发表的真知灼见，你会发现这样的学习观点最新，给你留下的印象也特别深刻。

追踪学习。一是对一类书籍文章的追踪，如中学生研究性学习是一个新课题，我就与京、沪、粤等有关书店联系，追踪这类书籍；同时在报刊中寻找这类文章，占领这类问题研究的制高点。二是追踪几位教育名师，读他们的文章，研究他们的著作，也是有效的学习方法。

阶段重点学习。人生有涯而学无涯，如果没有抓住重点进行学习就可能杂乱无章，形成不了体系。一是按系列学习；二是精于一地学习；三是分层次学习。例如，"创新教育"专题，我是这样从高层往低层学习的：《创新教育》→《脱颖而出——创新教育论》→《创新教育与学科教学整体改革实验指导》→《教师创新行为案例与评议》→《创新教育百例与创新教育百忌》等。这样对"创新教育"就有一个"一览众山小"的感觉。

网上学习。不少教师感慨地说："谁能借我一双慧眼，让我穿越时空，跨越国界？是电脑，是网络。"这是很有道理的。作为当代教师，就应该建立"基于网络的自主学习"模式，学会在网上探索、研究，利用电脑进行资源管理等。

传播学习。讲学是传播的主要形式。要讲学，就要系统钻研、深入实践，这样才有深度，才有新意，对自己的学习与提高很有帮助。另外，一个地方搞一次教研活动，往往请多人讲学，这又是一个学习的大好机会。

实践学习。毛泽东同志说："读书是学习，使用也是学习。"这就是说，通过实践也是一种很有效的学习方式。在实践中可以丰富知识，可以形成技能，可以学以致用，可以检验真理。实践，往往是获得真理的有效途径。

参观学习。有机会，还应该走出去，看看外面的世界，看看人家是怎样办教育的，是怎样教书育人的，是怎样进行素质教育的，是怎样治学的。参观学习能给人一个感性认识，获取一些实用性很强的资料，能和有关人员交流感兴趣的问题，留下较深刻的印象。

教师们可能会问，讲了这么多学习，最重要的学习是什么？

毫无疑问，是终身学习理念下的学会学习。

在信息时代，终身学习将成为整个生活的重要内容和律令，成为人们的一种生活方式，而教师职业又注定在这方面的要求要高于一般人。不知教师们是否注意到一个名词的变化，即"师范教育"正逐步被"教师教育"取代，这等于告诉所有教师"学历社会"的终结，时代的发展要求从"学历社会"走向"学习社会"。

人们不仅要终身学习，还要在这种理念下学会学习。近来，有这样一句话被引用的频率颇高："在未来，你所拥有的唯一持久的竞争优势，就是有能力比你的对手学习得更快。"是啊，无论是为迎接新世纪的挑战，是为肩负时代赋予的使命，还是为成为走向未来的名师，都需要我们学习、学习、再学习。

（三）新的岗位——超越自我的挑战

我评上特级教师前是学校教研室副主任，之后先后担任了学校教务处副主任、教研室主任、校长助理、副校长、校长、副局长。每一个新的岗位，对我来说，都

教育科研，我的发展之本

是一次挑战和考验，只有迎上去，主动地接受挑战和考验，实现新的自我超越。比如，做教研室主任就比较单纯，大约抓十件事：理论学习、组织研讨、课题管理、教育传播、论文评审、学术会议、编辑报刊、资料交流、教师教育、成果登记。而当副校长分管教育教学，面就广了，要抓教育教学的方方面面，如教学常规、高考中考、学科竞赛、课程改革、教育科研、教师教育等工作。后来当了校长，工作层面就更宽了，涉及学校工作的各个方面，时代要求当今校长"懂教学，会管理，善经营"，如何管理好、经营好一所学校，又是一个挑战，你也必须迎上去，不断地学习、不断地实践、不断地探索，不断地开创学校管理和经营的新局面。尤其是担任厦门一中这样一所历史名校的校长，我深感责任之重大，我唯有以极端认真、极端负责的态度，聚精会神抓质量，一心一意谋发展，扑下身子抓落实，办好学校，育好学生，以一流的教育回报人民。

时代赋予名校新的庄严使命。历史名校唯有在深厚的积淀中把握未来跨越发展，唯有在当今蔚为壮观的改革大潮中继续领航乘势而上，才能不断地做强做大，才能把学校越办越好。

2006 年，上级任命我为厦门市教育局副局长。

记得一位教育专家这样说："一个好领导，就是一分好教育。"

我铭记之，我践行之，我心向往之。

（四）新的形势——超越自我的客观要求

时代的发展，对教育提出了更高的要求，对特级教师也提出了更高的要求。

就学校发展而言，如何进一步建立较完整的、符合党的教育方针的、具有优良传统的、科学的教育体系；如何进一步探索一套系统的、符合现代化教育的办学经验；如何进一步创造符合教育规律、有利于学生全面发展的良好领导作风、教风、学风；如何进一步推进素质教育，促进学生个性特长的充分发展，培养一大批综合型人才和特长型人才。

更何况，中国教育面临着许多紧要问题。"减负"，到底减了什么？高考将怎样进行改革？素质还是应试，何去何从？教育体制如何突围？教育观念如何更新？传统与改革，规范与创新，如何把握好"度"？我们能迎接课改对我们提出的全新的挑

与厦门一中校友、国务委员陈至立在一起

战吗？

新形势、新情况，带来的新任务、新问题，都呼唤着我们要有新的思路、新的对策，都需要我们不断超越自我以适应新形势的要求。

就自身发展而言，我们对素质教育的思想观念究竟理解了多少？究竟做到了多少？在教育模式、学习方式正在发生根本变化的今天，我们在转变教育思想、更新教育观念方面应当如何去做？我想，这些都是特级教师要认真思考的问题。

以教师工作的取向为例，特级教师的职业取向，应从工匠式教师向专业化教师发展；其工作定位，应从知识传授向引导创造发展；其进修模式，应从接受式向参与式发展；其成才理念，应从"经师"向"大师"发展。

以对课程改革的态度为例，特级教师应树立与新课程相适应的教学观念。例如，教学不只是课程传递和执行的过程，更是课程创生与开发的过程；教学不只是传授知识的过程，更是师生交流、积极互动、共同发展的过程；要改变重结论轻过程的教学倾向，注重学生探索新知的经历和获得新知的体验；学科教学要以学生的发展为本，服从、服务于学生的健康全面发展。

新的形势，对特级教师提出了新的要求和新的挑战，特级教师唯有不断超越自我、挑战自我，才能不断发展自我，不断走向教育教学的新境界，为教育事业做出新的贡献。

我的教育观

一、我心中的教育

（一）我的教育观

教育是人类伟大的事业，教育的最终目的是育人。作为一名数学教师，不仅要教好数学，成为"经师"，而且更要成为学生成长和身心健康发展的指导者，成为"人师"。还应当有一些教师进一步向"大师"方向奋进，虽然不一定都能成为"大师"，但一路走来，必会有丰硕的成果。

教师的职业道德对每位教师都是十分重要的。"无能"不能当好教师，"无德"不能当教师。师德与师能并重，才能当教师，才能当好教师。课程改革要求教师具有"教育智慧"，教师的教育智慧是课改成败的关键。一个教师要成为教育专家，他还必须有"师之魂"的境界，师魂是教师综合素质的体现，是教师的人格风范。

"爱就是教育，没有爱，就没有教育。"爱是打开学生感情大门的钥匙。当学生知道你是真诚地热爱他们时，他们的感情大门、智慧大门就向你打开。数学教育应该是建立在爱上的教育，教师对学生的热爱、对数学的热爱、对科学的崇尚，就会激发起学生对教师的尊敬、对数学的执着探索和对科学的追求。

数学教育要重视智力因素的核心作用，不断提高学生的智力水平，充分挖掘学生的数学学习潜能；又要重视非智力因素的动力、定向、维持、调节、控制和强化作用，数学教师应努力帮助学生树立远大的理想、浓厚的兴趣、顽强的意志、丰富的情感和刚毅的性格，以激发学生为数学拼搏的豪情。

我们的教学直接面对生命，生命是人的生理的、心理的、社会的、物质的、精神的、行为的、认知的、价值的、信仰的、需要的整合体，因此教学中要最大限度地挖掘学生的情感潜能，提高教学效率。面对生命，上中学数学课就要有激情和诗意，要融氛围之美、数学之美、探索之美、发现之美于数学教学之中。让学生感到数学学习不是一种苦役、一种负担，而是一种需要、一种享受。

"创新是人类进步的灵魂。"随着科学技术的发展和培养人才的需要，现代数学教育越来越重视创新能力的培养。在数学思维中，最可贵的、层次最高的品质是创造性思维。通过数学教育培养学生创新能力是数学教育的一项重要任务。要培养学生的创新能力，教师首先要有创新意识，并不断提高自身的创新能力。

（二）我的名师观

名师，就是知名度高的教师，工作出色，教育效果好，为同人所熟知，为学生所欢迎，为社会所认可，有相当的名气和威望。

名师是有层次的。一个"经师"是可以成为名师的，但我希望名师不仅是"经师"，更是"人师"，再成长为"大师"。

名师是有境界的。崇高师德是名师的基本条件，德能并重是稍高的要求，名师还应有教育智慧，进而走向师魂之境界。师德、师能、师智、师魂乃名师成长的四个台阶。

名师发展学校。名校之所以为名校，其中很重要的一条就是名师云集，就是学术前卫。一批名师的成长，可以影响和带动整个教师队伍素质的提高。名师是一所学校发展的支撑，名师效应也是一所学校的效应。

名校造就名师。在名校里，由于优良传统，由于学校文化，由于成才机制等，有利于名师的成长。名校往往会为教师的发展提供宽广的平台，为教师的成长提供一个自由的环境，成为名师成长的摇篮。

名师要走"学习—实践—研究"之路。不读论语，不读杜威，不读苏霍姆林斯基，是成不了名师的，名师要有终身学习的意识，不断提升自己的素养。名师还要深入实践，因为"真正的名师是在学校里、课堂里摔打出来的"。名师还要善于研究，要走近教育科研，"只有踏踏实实地沉下去，才能潇潇洒洒地浮起来"。教育科研，名师的发展之本。

名师的成长关键在"自我"。认识自我、发现自我是成为名师的基础和根本；完善自我、战胜自我是成为名师的关键；实现自我、超越自我是成为名师的永不满足的目标。

名师要奉献、要求真、要创新。因为"教育是事业，事业的意义在于奉献；教育是科学，科学的意义在于求真；教育是艺术，艺术的意义在于创新"。

（三）我的课程观

一般数学教师的课程观，是指学科课程。新的课程观，是构建数学必修课程

宣读论文

（学科课程和综合课程）、选修课程、活动课程、微型课程和潜在课程的大课程体系，这五类课程按数学素质教育的目标和要求实施。诸种课程具有各自的教育价值，是相辅相成的有机整体，组成一个优化的数学课程结构。学生不仅要上好必修课，还应根据自己的兴趣、爱好，选择其他课程学习，全面培养和发展数学素质。

　　必修课程是实施数学素质教育的主渠道，脱离了这一主渠道，数学素质教育就会落空。在学科课堂教学中，我的做法是：一是精心设计教学内容、教学方法、教学顺序，安排好练习的分量和方式，努力做到课堂教学的节奏紧、容量大、练习精、效率高。二是注意指导学生学习数学的方法，培养学生良好的学习习惯，提高学习效率。三是引导学生积极主动地参与到数学学习的全过程中去，让学生在参与中获知，在参与中提高数学素质。四是充分运用多媒体等现代化教育手段，让数学更直观些、更具体些，充分揭示数学的本质属性，提高教学效率。五是注重"多解"训练和"变式"训练，在"多解"中培养学生思维的广阔性和灵活性，学会"优解"问题；在"变式"中培养学生思维的深刻性和独立性，学会"类化"问题。六是辩证施教，如"通法特法不可偏废，以通性通法为主""可以胡思乱想，但须小心论证""思维要活，格式要死""来自学生的解法往往比老师的解法高明"等。

选修课程有进一步巩固数学知识和拓宽数学视野的作用。我开设的选修课程有数学方法论、数学思维训练、集合论初步、导数及其应用、数学博弈、数学美学、数学学习方法等，还为数学选修课编著出版了《中学数学学习法》《中学数学解题百技巧》《特殊值漫谈》等书。我还对数学选修课教学进行研究，不断改进教学方法，采用多种形式生动活泼地上好选修课。当然，这些选修课有的是面向本年级的学生开设的，也有的是向全校学生开设的。我还鼓励动员学生尽可能多上一些自己爱好的选修课，包括其他数学教师开设的选修课，已有不少学生想上、爱上、会上选修课。

活动课程的内容广泛多样，是完善数学素质教育的重要渠道。数学活动课可分为竞赛类、趣味类、写作类、实用类。我所带的活动小组有数学竞赛培训班（获全国、省奖励 20 余人次），数学兴趣小组（获团中央全国先进小组称号），指导学生撰写数学小论文，数学实用小组等，注重活动课的教学方法与艺术，尽量让学生多活动。活动课一般不需要教材，但有些活动课可适当配一些教材，我编写出版了数学竞赛、趣味数学等方面的教材，对学生活动有一定的帮助。学生在活动中进一步提高数学素质，而这种素质的提高往往是课堂教学所不能达到的。值得一提的是，学术界目前对活动课几个问题还有不同看法，我的研究与实践仅是自家之言。

微型课程，即数学讲座，内容包罗万象，有助于营造数学学术氛围，是实施数学素质教育的辅助渠道。我对数学讲座的艺术有一定研究，积累了 20 多个课题，形成了自己的讲座风格和特色。讲座的课题有：你能学好数学、数学·力量·美、数学的迷幻世界、趣味数学与智力展、生活中的数学、漫话数学猜想、高考命题对数学学习的启示等。数学讲座的趣味性、知识性和科学性，深深地吸引了我班的学生，我及其他数学老师的讲座常常是以我班学生为"基本听众"，班中大多学生是"听讲"积极分子，学生数学素质又在"听讲"中得到升华。

潜在课程对学生的影响是深刻的，重视并充分利用潜在课程以促进学生个性的全面发展，已成为当今课程改革的一个重要趋势，也是实施数学素质教育不可忽视的一环。我在教学中十分重视潜在课程的利用，如注意寓思想教育于数学教学中，办好班级的数学墙报，以数学家的治学精神、优秀生的学习经验、困难生的学习一得对学生进行教育，以教师的师爱和激情调动学生，以自身的人格魅力影响学生，以教师的体态唤起学生，以积极的评价激励学生，全班形成了和谐进取的数学学习气氛，学生的数学素质在这种氛围中又得到充分的发展。

（四）我的教学观

"教需有法，教无定法。大法必依，小法必活"，这是人们已达成的共识。但在现实的数学教学中，大多教师仍采用：由教师讲定义，推公式，讲例题，再由学生解题，教师评判的教学模式。这势必禁锢了学生的思维，扼杀了学生主动发展的积极性。因此，教师应树立新的教法观，让学生主动探索、主动发展，不断提高数学素质。在这方面，我有以下实践。

主体参与。内因是变化的根本，外因是变化的条件。真正认识到学生是学习的主人，是学习的主体。学习是学生个体的自主行动。在教学过程中，只有充分调动学生认知、心理、生理、情感、行为、价值等各方面的因素，参与到学习活动中去，让学生进入一种全新的学习境界，就能充分发挥学生各自的主观能动性，融进自己的主见，主动探索，主动发展。

分层优化。一个班的学生，由于学习基础和认识水平的差异，发展总是不平衡

让数学大师走进校园

的。对于不同程度的学生，可通过多种渠道，如指导预习和复习、适当提问、分层次完成作业，同学帮助、教师辅导等，让他们在原有的水平上得到提高。只有真正树立为学生服务的观点，给予不同层次学生服务的观点，给予不同层次学生以良好的期望，就能提高各类学生的数学素质。

"成片开发"。数学概念，命题（公理、定理、性质、公式），解题等，常常是可以"成片开发"的。我在教学中，以单元结构教学法为主，辅以其他教学方法，整体推进。注重数学知识的纵横联系，揭示其本质属性，让学生整体把握数学知识。在解题教学中，引导学生考虑一题多解，让问题由点构成线；引导学生一题多变，让问题由线构成面；引导学生一题多用，让问题由面构成体。这样，学生就可以多层次、广视角、全方位地认识数学问题。

过程教学。现代数学教学的一条原则叫"过程教学"，就是让学生参与和经历整节课的思维过程，充分体现知识发生、形成的过程，充分挖掘解题的思维价值。其特征是"自主性＋思维性"。试举一例。

游戏引入：①全班学生每人任意写下一个真分数；②分子、分母分别加上一个正数；③新分数与原分数大小关系怎样？

学生结论：一个真分数的分子和分母分别加上一个正数后其值增大。

引出问题（课本上的例子）：

$$已知：a, b, m \in \mathbf{R}^+，且 a < b，求证：\frac{a+m}{b+m} > \frac{a}{b}。$$

一题多解的教学价值：师生共同探索了分析法、综合法、求差比较法、求商比较法、反证法、构造函数法、定比分点法等多种证法，学生在探索后两种证法时进一步体会到数学知识之间的联系，获证时，全班学生笑声四起，他们明白了巧解的奥妙与真谛。

一题多变的教学价值：师生共同探索"变式"，层次深入，共变出 8 个新的命题，"真过瘾！"这是学生们用换元法（有的用增量法）证得"猜想"成立时发出的感叹。

一题多用的教学价值：利用本题的结论，"借题发挥"，可解决多个数学问题，其中包括某年高考最后一题所要证明的不等式。当学生得知，他们无意中解决了高考压轴题时，他们先是惊得目瞪口呆，继而发出会心的微笑。他们感觉到了自身的力量，进一步增强了学好数学的信心。

带学生到日本交流

方法渗透。数学不仅是一种知识，而且具有丰富的思想和方法。我在教学中十分重视数学思想方法的渗透，因为数学学习不仅是数学知识的学习，而且也是数学思想方法的学习。只有注意数学思想方法的分析，才能把数学讲懂、讲活、讲深，才能使学生头脑形成一个具有"活性"的数学知识结构，促进学生数学能力的发展。

问题解决。把问题作为数学教学的出发点，是现代教育的又一条原则。我在教学中，注意设置问题情境，让数学贴近实际，贴近生活，贴近学生活动，逐步培养学生的问题意识，激发学生学习数学的兴趣，学会"数学地思维"。对于一些开放性的问题，提供给学生一种自我探索、自我思考、自我创造的机会，进一步优化学生的数学素质。

（五）我的学法观

在教学实践中，我们深深感到，一个学生要想达到优良的学习效果，单靠教师教得好、教得得法是不行的，学生自身还必须学得好，学得得法。但遗憾的是，在教育理论与实践中，长期以来，教学多研究教，少研究学。实践证明，忽视了学，教也就失去了针对性，减弱了其实效性。

我十分重视对学生进行学习指导，从 1987 年起，坚持每年为高中（或初中）起始年级开设"学习指导课"，对学生进行系统的学法指导，积累了丰富的实践经验，同时，我还结合所教数学学科的特点，在教学过程中全方位、多层次、广渠道地进行学习指导渗透，让"学习指导"像无声细雨时时润入学生的心田。我在几篇论文中已作了许多探索，这里仅就数学学习指导的全程渗透问题作简要论述。

将学习指导渗透于学生制订计划之中。让学生明确制订数学学习计划的好处，要求学生养成制订学习计划的习惯，并具体指导学生制订好学习计划。

将学习指导渗透于学生课前预习之中。要求学生养成坚持预习的习惯，教给学生预习数学的方法，通过多种途径检查学生预习的效果。

将学习指导渗透于学生课堂学习之中。渗透学习数学知识的方法，渗透数学能力的训练方法，渗透数学的思想和方法，渗透具体的解题技巧和解题方法。

将学习指导渗透于学生课后复习之中。要求学生养成先复习后作业的习惯，及时复习巩固知识，教给学生课后复习的方法，检查学生复习的效果。

将学习指导渗透于学生独立作业之中。指导学生掌握科学完成作业的方法，在批改作业中指导学生学习，在讲评作业中渗透数学学习方法。

将学习指导渗透于学生学习总结之中。指导学生对数学知识进行总结，对数学解题方法和技巧进行总结，对数学学习方法进行总结，对自己考试的成败进行总结。

将学习指导渗透于学生课外学习之中。指导学生如何进行数学的课外阅读，如何参加数学竞赛，如何参加数学课外兴趣小组等。

新的教育观、课程观、教学观、学法观是一个有机的整体，四者之间相互联系、相互包容、相互影响、相互补充，在教学实践中应融会贯通合理实施，共同影响和促进学生数学素质的全面发展。

（六）我的教研观

加强教育科研，是推动学校教育改革和发展的需要，是全面提高学校教育教学质量的需要，是教育决策科学化的需要，也是提高教师素质的需要。一所学校，只有坚持不断地提高教育科研品位，才能有长足的发展；一个教师，也只有走教学与教研相结合之路，才能将教育教学工作提高到一个新的境界。

深圳某重点中学在《中国教育报》刊登招聘优秀教师消息，应聘的第二个条件是"能在研究状态下工作"。我在思考这个条件的含义时悟出这样一个道理：教师不能仅停留在娴熟的教学基本功上，要实现最终的事业成熟，教师还必须是一个教育教学的研究者。

我认为，教师只要在从事教育工作的同时，对教育进行研究，他就不会是一支燃烧之后便什么也没有的蜡烛，而会成为在人类历史长河中永远闪光的一颗恒星。

世界上有许多发现，但归纳起来却只有两种：一种是发现外部世界；一种是发现自己。教师开展教育科研，既是发现外部世界的过程，又是发现和创造自己的过程。

的确，每个学生都是你研究的对象，你的班级、年级、学校（甚至更大范围），都可以是你的"试验田"，可以在里面不断地耕耘，收获。学科教学、教育学、心理学、学习科学，这里有多少未探索的领域。自觉地将实践纳入科研的轨道，走"教、学、研"之路，必将成为"研究型"的教师，为探索未来教育、教学规律做出新的贡献。

（七）我的学习观

教师的成长，离不开学习。教师的学习，除了正规的学习，如师范教育、继续教育、各类进修外，还应抓住各种学习的机会，随时随地学习，做学习中的有心人。

京城淘书乐

　　一个教师，没有一定数量的教育、科学、文化书籍和杂志是不可思议的。就我来说，二十几年来，东买西购，已有1万余册数学、教育、文化方面的书，订阅了所有能订到的数学杂志和许多教育杂志。在书海中获知与启智，在书海中探索与创新。听听苏霍姆林斯基是如何谈读书的："读书不是为了应付明天的课，而是出自内心的需要和对知识的渴求。如果你想有更多的空闲时间，不至于把备课变成单调乏味的死抠教科书，那就要读学术著作。应当在你所教的那门学科领域里，使学生教科书里包含的那点学科基础知识，对你来说只不过是入门的常识。在你的学科知识的大海里，你所教给学生的教科书里的那点基础知识，应当只是沧海之一粟。"

　　苏联著名教育家加里宁指出："教师应该首先精通他所教的学科，不懂得这一门学科或对这一门学科知道得不很好，那么他在教学上就不会有成绩。"因此，为师者在自己所教的专业领域的某个层次里应"懂一切"。懂本专业的历史、现状和发展趋势，懂本专业的特点、分析方法的应用，等等。"资之深则左右逢其源"，教师的专业造诣越深，则他们在教学中的回旋余地也越广。德国化学家利希腾贝尔格曾说过："一个只知道化学的化学家，他未必真懂化学。"化学家如此，教师亦然。教师应广泛涉猎人类文化的众多领域，逐步积累广博的知识与技能，加强对相关学科知识的学习，以求触类旁通之功效，做到"一切东西懂一点"。既"专"又"杂"，是时代对教师的要求。教师应抓紧一切机会努力增加知识和技能的储备，以搞活教学工作。

（八）我的成才观

　　教师是培养学生成长的人，而教师自身成长往往被教师自己所忽视。其实，教师自身成长也是很值得研究的问题，可以从多角度、多领域、多层面进行探索和思考。

　　教师要成才，就必须确定目标，将实现目标的各种因素充分调动起来，并持之以恒地奋斗。高尔基认为："一个人追求的目标越高，他的才能就发展得越快，对社会就越有益。"试想，一个数学教师若只满足于当一个教书匠，而没有远大志向，是绝对不可能成为杰出的数学教育家的。虽然，我们不一定能成为教育家，但我们应当朝着这个方向迈进，必然会有丰硕的成果。

　　要实现目标，就要不断地提高自身素质。就知识而言，我认为数学教师的知识结构应是个"工"字形的，像一棵树。广博的相关学科知识（树权），精深的数学专业知识（树干），扎实的基础知识和宽厚的教育科学知识（树根）。

就能力而言，数学教师应具有正确运用数学语言的能力，熟练掌握数学运算的能力，良好的数学思维能力，运用数学思想、方法解决实际问题的能力。构建与目标相适应的素质，是教师成才的基本条件和保证。

教师成才，按教师的行为划分，有以教师个人的精力、体力、身心的超常付出为基本特征的特殊型；有以自己的专业实力和优异效果，并通过对教育行为的描述与解释形成较大的影响的专业型；有以学生思想教育和中下生转化为主要成就的情感型。大多优秀教师的行为是全面综合的，同时又往往有个人特色。我认为，作为数学教师，尤其是青年教师，首先应"三管齐下"，要有牺牲精神，要有专业功底，要有情感投入。在此基础上，再根据所在学校、学生的情况，根据自己的优势，向着某一方向发展。

（九）我的人生观

我奉行"人生在于奉献，在于完善。既要照亮别人，也要完善自我"。

"教师像蜡烛，燃尽自己，照亮别人"，这是人们对教师辛勤劳动、无私奉献的赞美，也是许多教师执着追求的美好形象。我认为，作为一名人民教师，确应"照亮别人"，但未必要"燃尽自己"，因为那是一种多少有点儿遗憾的形象。教师，尤其是广大青年教师，应走"照亮别人，完善自我"之路。

我以为，在"照亮别人"的同时可以"完善自我"。教师要授给学生知识，培养学生能力，教会学生做人，需进行一系列的创造性劳动。在这些创造性的劳动中，教师自身的知识也得到了充实，能力得到进一步发展，人格也更加完善。教师还可以把自己的教学领域作为"实验场"进行教育科学实验和研究，不断获得教育科研成果。古人云："教学相长"，说的就是这个道理。

我还以为，"完善自我"可以更好地"照亮别人"。我们知道，"要给学生一杯水，教师自己要有一桶水、一条河"。为有这一桶水、这一条河，教师唯有不断地吸取新知识，进一步提高教育教学能力，逐步完善自身的政治、道德、心理、审美素质，才能更好地教好学生，更好地适应未来的教育。

愿广大教师能超越那种"燃尽自己，照亮别人"的流泪的"红烛颂"模式，去追求新时期人民教师的新形象。

家和万事兴

此外，我还有"四个一点"：把眼光放远一点，把工作做实一点，把荣誉看淡一点，把金钱看轻一点。有了这"四个一点"，就会安心踏实、以积极进取的精神做好教学工作；就会"甘当人梯，献身教育"；就会排除干扰，耐得寂寞，勤学多思，潜心教研；就会立下"做全面发展的研究型的人民教师"的志向；就会在得意时淡然，在失意时泰然，向着新目标不断奋进。

（十）我的健康观

朱永新教授所著《我的教育理想》，是我近年所读的最好的教育著作之一，是一部融理性、激情和教育哲学于一体的具有创新精神的力作。教育的理念融入了诗的语言，追求理想的激情弥漫在铿锵的旋律里，内在的哲学思辨流淌于动人的呼唤中。

"我心目中的理想教师"共有九个"应该"，我把这九个"应该"打印出来，贴在办公桌前，可以不时地提醒自己。

我心目中的理想教师应该是一个胸怀理想，充满激情和诗意的教师；应该是一个自信、自强，不断挑战自我的教师；应该是一个善于合作、具有人格魅力的教师；应该是一个非常尊重他的同事，非常尊重他的领导，非常善于调动帮助他成长的各方面因素的教师；应该是一个充满爱心、受学生尊敬的教师；应该是一个追求卓越、富有创新精神的教师；应该是一个勤于学习、不断充实自我的教师；应该是一个关注人类命运，具有社会责任感的教师；应该是一个坚韧、刚强，不向挫折弯腰的教师。

一日，我从医务室了解到前不久学校例行组织教师体检，发现不少教师有这个或那个毛病，我希望工会能组织教师们积极锻炼身体，同时广大教师也应树立"健康第一"的理念，自觉锻炼身体。我忽然想到可以借朱永新教授"理想教师"中的

和魏书生老师一起在西安讲学

"应该"来提醒和教育一中的教师，于是，我立刻回到办公室，在九个"应该"中查找。

我找到了吗？我认真看了好几遍，还别说，我还真没找到，还真有点儿遗憾。当时，我就想，再加一个"应该"——应该是一个积极锻炼身体、注意调节情绪，身心健康的教师，那就"十全十美"了。

后来，我又读了一本类似的好书，管建刚老师写的《不做教书匠》，共有八章，分别是：做一名有方向感的教师；做一名有约束感的教师；做一名有责任感的教师；做一名有上进感的教师；做一名有奋斗感的教师；做一名有专业感的教师；做一名有亲和感的教师；做一名有智慧感的教师。我惊奇地发现，这"类似的好书"也患了个"类似的小毛病"——不谈健康！能否加写一章：做一名有健康感的教师？

近期又读一文，感触很深。作者把工作、健康、家庭、朋友、心灵比作五个球，说这五个球只有一个是用橡胶做的，掉下去会弹起来，那就是工作。另外四个球都是用玻璃做的，掉了，就碎了。文章最后写道："五个球都是生命的重要组成部分，而在竞争日益激烈的今天，我们常常因工作之球的高速运转而忽略了其他，忙碌常常成为再合适不过的借口。我们也许无法让生命之球尽善尽美，但我们可以用我们的心，用我们的手，悉心调配生命之球，在工作的同时，让身体健康，让家庭和睦，让朋友幸福，让灵魂高尚。"

《中国教师缺什么》一书把中国教师"缺乏健康"列入其中，在这一章节的标题下有这么一段文字："当前的中小学教师队伍让我们担忧——不是他们缺乏敬业精神，也不是他们缺乏专业修养，而是他们的生存状态。"的确，许多教师存在健康问题，不少教师存在心理问题。

教师的健康是孩子们能够顺利健康成长的前提和保证，教师身心健康都失去了保证，学生的健康全面发展又何从谈起？不仅如此，作为学生发展促进者的教师更重要的角色是人，而不是神，他也有自己的生命价值和需要。

真正到了需要关心教师健康的时候了！谁来关心教师的健康？也许是教育行政部门，也许是校长，但我以为更多的是我们教师自己。

华中师大郭元祥教授在其新著《教师的20项修炼》一书中发出这样的感叹：

健康是任何人都不能从你那里拿走的财富！亲爱的教师们啊，你要是真心热爱你的学生们，你就为他们健健康康地活着！你要是真心热爱教育事业，你就该健健康康地活着！你要是真的关心自己的健康，你就该每天对着镜子朝自己笑一笑。你要做到每年做一次体检，每月听一场音乐会，每周唱一首歌，每天多喝一杯绿茶或酸奶，每小时伸伸胳膊踢踢腿，每分钟都保持乐观阳光的心态！你的健康属于你自己，也属于教育！

教师们，实施你的"阳光体育计划"吧：每天锻炼一小时，健康工作50年，幸福生活一辈子！

二、我的数学教育理想

（一）数学学习指导的理论问题

昨天的文盲是不识字的人，今天的文盲是不会使用先进办公设备的人，那么，明天的文盲呢？联合国教科文组织已经对"文盲"作出了新定义：21世纪的文盲是那些不会主动寻求新知识的人，也就是不会学习的人。

换句话说，只有学会学习，才有资格和能力成为21世纪的新主人。

换句话说，当人类为跨入新千年或雀跃或踌躇的时候，上帝创造的那个纪元其实已经终结，每个人都有机会为自己"创世纪"，但他必须是一个可以把握未来、发掘自我、富于创造的新人类。

换句话说，在未来，你所拥有的唯一持久的竞争优势就是：有能力比你的竞争对手学习得更快。

为了迎接新世纪的挑战，世界各国都在大力进行教育改革。当今教育改革的主旋律是充分激发学生的主动性和积极性，使教学过程从以"教"为中心，转变到以"学"为中心；从知识的传授和学习，转变为学习能力、学习品德的培养和提高，让学生学会学习；从维持性学习，转变为研究性学习和创新性学习。

数学，是中学的一门重要学科。

数学教育的真谛是什么？这是我多年在思考和探索的问题。总的说来，数学教育要着眼于学生的发展，着眼于学生的未来。具体地说，数学教育要尊重和确立学生在教学中的主体地位，要引导学生积极参与教学，要培养学生对问题主动探索、独立思考的积极态度，要引发学生的创新精神和重视培养学生的实践能力。

基于对数学教育上述问题的认识，考虑到当前数学学习指导方面的教育、教学实践活动正处于探索阶段，理论方面的分析和探索还比较薄弱，本文先探讨中学数学学习指导的几个基本问题。

1. 中学数学学习指导的意义

中学数学学习指导既有一般学习指导的意义，但由于数学学习的特殊性，数学学习指导又具有其特殊的意义。因此，中学数学学习指导与一般学习指导具有同等重要的作用，同时数学学习指导又为一般学习指导提供方法和经验。

（1）中学数学学习指导是学生获得数学学习理论的需要

学生获得理论的途径是多种多样的，可以来自直接的经验，也可以来自间接的经验。直接经验推动着人类知识的发展，通过直接经验人类不断从事发明创造，不断发现真理，在探索真理的过程中，直接经验是不可缺少的。但学生的学习，主要是前人的成果，以间接经验为主。人类不可能，也没有必要事必躬亲，通过直接经验获得真理，这将造成人类发展的缓慢。间接经验也有不同的获得渠道，可以通过自学、教师传授、上网查询等形式，在不同的形式中，我们认为学习理

我的书房，我的学生

论获得的最有效途径就是学习指导。因为系统的学习指导，具有如下优点：一是学习指导具有明确的目的性，二是学习指导具有较强的针对性，三是学习指导具有高效性。这些优点充分说明学习指导是学生获得学习理论（包括数学学习理论）的有效途径。

（2）中学数学学习指导是改变学生学习现状的需要

据中国学习科学学会关于学生学习现状调查表明，学生的学习意识较差，对学习是怎么回事，有什么规律性，为什么要讲究科学方法、学生为什么是学习的主体等问题，或是认识肤浅，或是没有考虑过；学生对基本常规学习方法（计划、预习、听课、复习、作业、考试等）没有很好掌握，不知道如何根据不同的课型、个人的不同特点、教师教学特点来采取科学的学习方法，而教师进行学习指导的意识相当淡薄，谈不上教法与学法改革同步进行，更谈不上教师的"教"与学生的"学"达到某种动态的和谐与平衡。如果我们对这种情况置之不理、任其继续下去，仍然让大部分学生在求知的征途上自己探索，以致事倍功半甚至误入歧途，则对学生是一种不负责任的表现。因此，从改变学生学习现状来看，开展有效的学习指导是很有意义的。

（3）中学数学学习指导是提高学生学习能力的需要

据中国学习科学学会关于学生学习能力的调查表明，学生的学习能力（从学生学习意识、学习的理解、学习常规方法、学习习惯、学习心理及自控能力反映出来的能力水平）处于中等偏下水平。开展学习指导，将从学习环节、智力、非智力、学习管理、学习能力等方面对学生进行全面的指导，可有效地提高学生的学习水平，从而促进数学学习。

（4）中学数学学习指导是教法改革深入发展的需要

教与学，是教师与学生矛盾双方对立的统一。教师的"教"是外因，学生的"学"是内因，外因必须通过内因才能起作用。因此，教学效果的好坏，在很大程度上取决于学生的学习态度和学习方法是否科学。但遗憾的是，在教育理论与实践中，长期以来，教学多研究"教"，少研究"学"。实践证明，忽视了"学"，"教"也就失去了针对性，减少了实效性。教育改革的深入发展，呼唤教法改革与学法改革同步进行，注重"教、学并举""教、学一体"，这样既提高了教师"教"的效果，又使学生改变不善"学"的局面，促进数学教学质量的提高。

（5）中学数学学习指导是实施素质教育的需要

应试教育唯分、唯书、唯上，面向少数学生，轻德、轻体、轻学，挫伤学生学习的主动性、积极性和创造性，影响学生素质的全面提高，而素质教育强调"两全一主，七个学会"。"两全"即面向全体、全面提高学生素质；"一主"即主动向生动活泼发展；"七个学会"即学会做人、学会求知、学会劳动、学会创造、学会生活、学会健体、学会审美。其中，"学会求知"就是学会学习。素质教育观下的教师，应当具有新型的人才观、质量观、教学观和学习观，教师不再是知识的源头活水，而应成为学生学习的促进者。数学学习指导正是对这一转轨的积极响应和促进，立足于学生学习和发展的需要，对学生的数学学习进行系统全面的指导，促进学生素质的全面提高。

（6）中学数学学习指导是培养新世纪人才的需要

新世纪是知识剧增的时代，据统计，知识更新的周期在 18 世纪需 80～90 年，19～20 世纪约需 15 年，而今天只需 5～10 年，并且这一周期还会继续缩短，而知识的剧增必将带来产业结构的调整，带来学习方式的改革，这意味着学习者将不可能凭借从学校里获得的知识而一劳永逸，而需要终身学习。如何建立一个不断演进的知识体系，只有学会学习，才有资格和能力成为新世纪的新主人。学习指导将担负起这一重任，为学生终身学习打下良好的基础，使学生有更强的能力去面对未来。

（7）中学数学学习指导是继承和发扬中华学习思想的需要

中华民族文化源远流长，博大精深，大量记载了炎黄子孙的辉煌业绩，充分体现出华夏先哲的无穷智慧和才能。在中华文化宝库中，蕴藏着丰富的学习思想，她是人类文明的精神财富，至今仍有一定的现实意义。如《学记》中说："善学者师逸而功倍""不善学者师勤而功半"；孔子说："学而不思则罔，思而不学则殆"；荀子说："目不能两视而明，耳不能两听而聪"；朱熹说："循序渐进，熟读而精思"等。"观今宜鉴古，无古不成今。"古为今之始，今鉴古以用。今天开展数学学习指导，正是对中华学习思想的继承和发扬。

2. 中学数学学习指导的基础

中学数学学习指导的基础，是开展数学学习指导的前提，似可从学生、教师、家庭和学校几个方面着手进行。

参加中国教育学会第七次全国学术讨论会接受柳斌同志的颁奖

（1）学生数学学习的情况

众所周知，只有了解学生数学学习情况，学习指导才能有针对性，才能收到实效；学习情况的调查，可以为教师确定科学的教育观提供依据，从而避免数学学习指导中的主观主义。数学学习情况的调查，从空间维度看，包括调查学校数学学习情况（课内和课外）、家庭数学学习情况、社会数学学习情况；从主体范围看，包括调查群体的数学学习情况和个体的数学学习情况；从内容方面看，包括调查智力因素、非智力因素、学习环境、数学学习方法、数学学习能力、数学学习过程和数学学习成绩等。数学学习情况调查的方法有访问、座谈、问卷、测验、观察、谈话、个案法等。

（2）教师数学学习指导的意识

可以说，数学教师毫无学习指导的教学是不存在的；也可以说，真正有意识地进行数学学习指导的教师是不多的。为了有效地开展数学学习指导，数学教师要充分认识到数学学习指导的意义，充分认识到教师应做到在教会数学知识技能的同时教会数学学习方法，树立只有教会学生学会学习的教师才是好教师的理念，并能结合数学学科的特点，在学生学习的全过程中，自觉地进行全方位、多层次、广渠道的数学学习指导，让"数学学习指导"像无声的细雨时时润入学生的心田，做既会教"书"又会教"学"的数学教师。

（3）家庭数学学习指导的配合

望子成龙，望女成凤，是每一位家长的心愿。孩子的成人与成才，均基于学习，关心孩子的学习，是父母的重要生活内容；帮助孩子学业成功，是父母的天性。学习指导要充分利用家庭教育的作用，争取得到家长的支持与配合。具体内容包括创造良好的家庭学习环境；督促孩子独立完成作业和预习复习；适当指点学习方法，帮助养成学习习惯；提出恰当的学习目标和要求，并给予鼓励；指导假期数学学习、课外阅读，参加数学奥班或进行数学研究性学习；以身作则，以身示范。当然，家长素质的提高和所作的上述指导，应通过家长学校的学习，或通过自学有关家教文章、书籍，或上网查询获得。

（4）学校数学学习指导氛围的营造

首先，学校应有构建"学习化校园"的理念，学校的组织是学习型组织，学校的教师是终身学习者，学校的学生是讲究学习策略的。其次，学校要建设有利于学习指导的物质环境，营造有利于学习指导的人际氛围，构建有利于学习指导的校园文化生活，健全有利于学习指导的学校管理。最后，数学教师要在所教班级中营造"数学学习场"，包括数学学习的风气、数学墙报的出版与更新、数学教师的精神风貌、学生探究数学的热情等，让班级成为科学的数学学习乐园。

3. 中学数学学习指导的内容

一个学生的数学学习活动可以看成一个大的系统，这个系统按学习活动进行的过程可分为动力系统、执行系统和调控系统三个子系统，三个子系统之间是相互影响、相互作用的。数学学习系统又处于一定的学校、家庭、社会环境之中，随时与外界进行着交流与沟通。上述关系如图 2-1 所示。

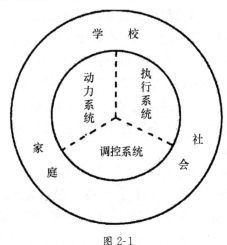

图 2-1

不难看出，这个系统具有动态性和发展性。从上面的中学数学学习系统的分析，可将中学数学学习指导的内容确定为优化学生数学学习的动力系统，强化学生数学学习的执行系统，完善学生数学学习的调控系统。

（1）优化学生数学学习的动力系统

优化学生数学学习的动力系统，主要是指培养学生数学学习方面的求知需要。

学习动力是一种精神力量、意志力量，是一种心理因素。学习动力是学习成功的第一要素，不解决动力问题，再好的智力因素也不能发挥作用，再好的学习方法也难以见到效益。学习动力是在学习过程中不断形成和加强的，不能离开学习谈学习动力。学业的进步，活动的成功，都将对学习动力起到优化的作用。

学习动力按来源可划分为基础力、内驱力、学场力和交合力。基础力，是最基本的学习动力，是各种学习动力的基础。没有这些基础，其他力量便无从产生或者难以维持长久。其中健康的身体是学习动力的物质基础，健康的心理是学习动力的精神支柱，学习需要是学习动力的基本源泉。内驱力是发自学习者自身的、对学习活动起着驱动和加强作用的力量，它决定着学习热情的高低、学习兴趣的深广、学习持久力的大小、学习毅力的强弱等。其中理想和动机是学习动力的引发剂，情绪和情感是学习动力的调节剂，兴趣和爱好是学习动力的增强剂，信心和意志是学习动力的稳定剂。学场力，是学习者所处的外部环境，每个学习者都处在某一特定的学习场中。其中社会风气是影响学习动力的大气候，家庭教育是影响学习动力的小天地，学习环境是影响学习动力的主战场。交合力，是诸种因素交互组合形成维持和推动人们从事学习活动的力量。如性格特征影响着学习动力，学习习惯左右着学习动力，学习品德改变着学习动力等。

中学数学学习指导，首先就要充分利用学习动力原理，逐步优化学生数学学习动力。

（2）强化学生数学学习的执行系统

强化学生数学学习的执行系统，主要是指帮助学生了解数学和数学学习的特点，提高数学学习的执行水平，掌握科学的数学学习方法，培养数学学习策略，发展数学学习能力。中学生在学习过程中，有以下几个学习环节：制订计划—课前预习—课堂学习—课后复习—独立作业—学习总结—课外学习—考试检测等。认识各环节的作用，明确其要求，突出其重点，使学生积极、主动、有效地学习，是提高数学学习效率的重要途径，是数学学习指导的基本内容之一。数学学习方法的指导还包括数学不同内容的学习，即中学数学概念的学习，中学数学命题（公式、定理、法则、性质）的学习，中学数学解题的学习。而数学学习策略，是学生在数学学习过程中达到一定的学习目标，有意识地对自己的学习活动进行加工和监控的操作过程，在一定程度上可表现为学习方法或技巧。但学习策略不同于一般的学习方法。学习方法类似于"战术"，它指在学习过程中，采用某些具体手段去解决相应的问题；而

课题获奖

学习策略则类似于"战略"，学习策略是一个总体概念，它涉及学习背景、学习目标、个人知识、学习计划、学习方法和技能及学习中的自我监控与调节等各种与学习有关的因素。因此，可以认为，学习方法注重的是方法的执行步骤及过程；学习策略强调的是学习的统筹规则思想，即将一些学习方法置于学习情境中，考查影响它们应用范围、应用效果的各种因素及这些因素间的相互关系，从而对这些方法形成全面、系统的认识，在今后类似的学习情境中，自觉主动地在更高层次上运用这些方法。

发展数学能力，是数学学习目标的一个重要组成部分，也是数学学习执行系统中的重要内容。数学能力涉及诸多方面，至少有观察能力、记忆能力、想象能力、思维能力、运算能力、论证能力、运用能力、猜想能力、探索能力、创造能力、自学能力、审美能力等，有效地发展这些数学能力，就能提高学生数学学习的执行能力。

（3）完善学生数学学习的调控系统

完善学生数学学习的调控系统，主要是指提高学生数学学习的心理方面的自我调控水平，使学生正确对待和处理数学学习的问题。

为使学生进入数学学习的更高境界，对数学学习过程中的心理和情感的调控是不可缺少的。人不同于动物的地方是多方面的，其中非常重要的一点是人类作为具有理智的动物，具有极强的调控能力。作为学习者，适应现代社会的飞速发展，形成独立学习新知识、掌握新信息、调整完善自己的知识结构，培养创新精神和实践能力，提高自我调控能力已成为个体的必备素质。

健康的心理和情感对数学学习起着极为重要的作用。如果数学学习始终是心情愉快、精神振奋的，那么，大脑就会处于兴奋状态，智力活动的积极性就会得到充分的调动；反之，如果学习是在焦虑、烦恼、忧郁、惧怕等情绪状态下进行，就会使观察、记忆、想象、思维等知识活动受到压抑，阻碍智力发展。

数学学习中的心理问题是多方面的，数学学习指导的内容之一，就是要防治和排除这些心理障碍，同时适当教给学生心理调控的方法。比如，要对自己充满信心，要为自己创造成功的机会，要学会几种调控情绪的方法（目标转移法、情绪宣泄法、自我安慰法、角色转换法、暗示提醒法等）。

4. 中学数学学习指导的原则

数学学习指导的原则，反映了数学学习指导过程的客观规律，是教师进行学习指导时应遵循的基本要求。制定和贯彻科学的学习指导原则，有利于提高数学学习指导的效果，有利于实现数学学习指导的规范化，有利于学习理论更直接地指导学生实践，有利于从经验中提炼理论精华。数学学习指导原则的依据是哲学、心理学、教育学、学习科学、数学教与学现状、数学学习指导实践的经验等。

（1）学习指导与学生心理发展水平相适应的原则

在人类学习过程中，学习总是受人的身心发展的特征所制约。人的学习既以人的身心发展水平为依据，又促进人的心理发展水平的提高。在学习指导中必须充分考虑到学生的心理发展水平，全面分析学习过程中的心理活动，包括认知心理、情感心理、意志心理和个性心理。

学生的学习与发展不仅取决于认知心理发展水平，更取决于意志心理发展水平。学习的动力来自学生的愿望和需要。在认识过程中，动机、兴趣、情感、意志等心理因素能起到激发或抑制认识活动的作用，影响着认识的进程和效果，只有认识与情感、意志等心理因素协调一致，才能形成一股强大的学习动力。

学习指导的对象是处于身心发展中的中学生，因此适应中学生心理发展特点的学习指导才是积极有效的。例如，抽象思维在其发展过程中，表现出稳定的阶段性，即少年期或初中阶段，主要是以经验型为主的抽象逻辑思维；青年初期或高中阶段，主要是以理论型为主的抽象逻辑思维。任何超越或滞后当前学生思维发展水平的学习指导都难以取得较好的效果，只有立足于充分了解学生心理发展状况，确定学生心理上的最近发展区，因时而教，才能在学生现有水平的基础上得到逐步提高。

（2）理论指导与实践应用紧密结合的原则

为了让学生掌握科学的学习方法，在对学生进行必要的学习指导理论知识传授的同时，指导学生把学到的学法知识转化为自己的实际学习行动，通过实践达到由感性认识到理性认识的飞跃，从而真正掌握科学的学习方法。这就是说，进行学习指导，既要进行理论指导，更要重视对学生进行掌握学习方法的实际训练，只有通过训练，学生才能体验学习方法是否可行和有效，才能转化为能力，养成习惯。

也就是说，教师在让学生了解有关理论的同时，一定要指导学生学以致用。例如，学生了解了提高记忆能力的有关策略后，教师在讲集合的有关概念一节时，对常用的几个数集符号可以让学生用联想记忆法进行加工记忆，R 是英语中 Real（真实的）的第一个字母，Z 是拼音 Zheng（整）的第一个字母，N 是英语中 Natural（自然的）的第一个字母，Q 则联想阿 Q 挨打还有理，通过学用结合，让学生既牢固掌握了知识，又提高了学生运用多种记忆方法的自觉意识，使学生有了较大的收获。

（3）学习指导与教法改革同步进行的原则

美国认知心理学家奥苏贝尔指出，教与学是一件事的两个方面，两者在逻辑上是可以分开来研究的，但在实质上是联系在一起的。教的目的就是促进学生学，教学生学。学习指导绝不是什么"雕虫小技"，而应当成为教学过程的基本活动，在具体的教学实践中受到应有的重视。学习指导的基本思路是，实现教法与学法在教学过程中的科学结合。学习指导的深入开展，必然导致课堂教学结构和教学方式的变革，因而它是各科教学改革的基础。

数学学习指导必须通过教才能实现，学习指导的过程也就是教的过程。学习指导更要重视备学生、备学案，这与备教材、备教法并不矛盾，而是需要较好地统一。学习指导强调坚持以学为主，为学而教，指导学生读书、探索、思考，实现在教师指导下学生由学会向会学的飞跃。

受表彰到教育部

　　值得一提的是，我们重视学习指导，并不能忽视教法，不能简单地提"变教为学"的口号；我们强调学生要自己学习，并不反对教师作必要的讲解与指导，不能简单地提"变讲为学"的口号。

　　（4）集体指导与个别指导相结合的原则

　　学习指导有共性也有个性。不同阶段的学习、不同层次的学生，运用学习方法也不尽相同，即使同一层次的学生由于个性心理特点不同，在学习指导上也不应完全一样。只有当学习方法适应学生的各自特点与各自的知识经验水平时，才能充分发挥学习指导的功效。因此，在坚持集体指导的同时要针对不同学生的实际情况进行个别指导，指导学生选择适合自己年龄和能力、兴趣、气质、性格等方面的个性特点的学习方法。

　　数学教师要研究每一个学生认知、心理、情感等方面的特点，因材施教，帮助学生分析这些因素对学习的影响，充分发挥其中的积极因素，克服和纠正不利因素，从而促进每一个学生得到最大的发展。

　　（5）学习指导与育人相结合的原则

　　教师在学习指导过程中，既要对学生进行学习指导，又要对学生进行有目的、有计划的思想品德教育，并把两者有机地结合起来。实践证明，学习方法能否发挥应有的作用，学习能力能否提高，与学生的学习需要、动机、兴趣、情感、意志、理想、信念、世界观等密切相关。如果不注意解决上述各方面的问题，再好的学习指导也难以转化为学生的学习行动。

学习指导的内容与德育的许多内容是相通的，利用学习指导与德育的这种"相通性"，充分发挥学习指导固有的育德功能，是强化德育、改革德育的一个十分重要的方面。例如，学生的第一学习内动力是：学习需要、学习动机、学习目标；学生的第二学习内动力是：学习兴趣、学习情感、学习意志、学习性格、学习习惯。可见，可以在激发学习动力的方法指导中渗透德育。又如，学习管理包括学习时间、学习环境、学习时机的管理等，这方面的学习指导与德育也有许多相通之处，是渗透德育的大好时机。

数学教师可综合运用各种学习指导模式渗透德育，可以用引趣的方法结合学习指导渗透德育，可利用格言、警句的激励作用发展学生品德，可利用测评的反馈作用完善学生品德，可利用数学家的探索精神和人格魅力陶冶学生品德，等等。

5. 中学数学学习指导的模式

向学生授予学习方法是当今我国教育改革的一大特征，许多中学纷纷开设学习指导课或学习指导讲座，向学生系统地介绍科学的学习方法，取得了可喜的成果。随着学习指导实验的不断深化，对学科进行学习指导越来越被人们所重视，把综合性学习指导与分科性学习指导结合起来，是学习指导发展的一个趋势。要有效地进行数学学习指导，选择什么样的学习指导模式是十分重要的。下面就这个问题作些论述。

（1）对学习指导模式的三点认识

①学习指导模式，是将学习科学理论应用于实践的转化环节。它具有典型性、参照性，便于模仿、便于操作、便于推广。可以使少数人在学习过程中取得的经验变为大多数人的实际行动。

②学习指导模式，是由学习指导的实践经验上升到学习指导理论的转化环节。它所提出的模式框架，既是行为框架又是理论框架。一方面可以用来指导实践；另

一方面又可以通过不断实践在理论上进一步系统化、规范化，从而为学习指导理论的研究不断提供素材。

③学习指导模式的形式有助于学习指导深入发展。学习指导模式是不断发展的，可以而且必须根据不同时期、不同对象、不同学习内容而有一定的变化。指导学生学习，只靠一种模式难以完成学习指导任务。模式与模式之间应是有机的融合、配合、结合使用，才能发挥模式的整体效益，才能使整体效益大于部分之和。

（2）学习指导模式的五种类型

传播教育理念

①讲授类：以宣讲、传授为一类的讲授类，其中包括课程式、专题讲座式。

②交流类：以学生教育学生为一类的交流类，其中包括介绍式、宣传式。

③辅导类：以帮助、支持学生掌握学习方法为一类的辅导类，其中包括渗透式、诊疗式、个别指导式、咨询式。

④领悟类：以领会其精神为一类的领悟类，其中包括规模式、影响式。

⑤活动类：包括学科活动式、综合活动式。

（3）中学数学学习指导的一种综合模式

鉴于我们对学习指导模式的认识，根据学习指导模式的"五类十二式"，针对中学数学学习的特点，我们认为采用一种综合模式对学生进行学习指导，往往能取得较好的教学效果。

综合模式如下。

初一、高一阶段：课程式学习指导；

初二、高二阶段：交流式学习指导；

初三、高三阶段：专题式学习指导；

平时的数学教育：渗透式学习指导。

①初一、高一阶段的课程式学习指导

初一学生因刚进中学，对数学学习缺乏必要的认识，高一进入了一个新的学习阶段。我们认为，在这阶段安排课程式学习指导，向学生系统介绍数学学习方法是十分重要的。具体操作方法有两种：一种是开学第一周的数学课，均不讲课本内容，而是讲数学的学习方法；另一种是开学后的 5～6 周，每周安排一节课专讲数学的学习方法。

②初二、高二阶段的交流式学习指导

初二、高二阶段学生有了一定的数学学习经验，学生中数学学习水平出现差异，此时组织学生进行交流式学习指导，这种"学生教学生"的学习指导，往往会取得令人满意的效果。

交流式包括两种类型。一是介绍式，可请高年级学生，也可请本年级、本班学生，甚至可请低年级学生介绍数学学习体会，值得一提的是，这种学习体会，可以是成功的，也可以是失败的；可以是系统的，也可以是"一得"的。需要介绍人做充分准备，听讲人做好心理准备，虚心向别人学习，改进自己的学习方法，增强自己的学习能力。二是宣传式，即通过自办班（年级）报、手抄报、墙报、黑板报等书面形式进行数学学习的指导，文章均出自于学生之手，有很大的宣传作用。

③初三、高三阶段的专题式学习指导

初三、高三阶段学习紧张，即将进入总复习和升学考试，学生压力较大，这阶段对学生进行专题讲座式学习指导，向学生介绍初三、高三年级各阶段的安排，初三、高三数学总复习的步骤、特点和要求，让学生在总复习前"心中有数"。能针对自己的情况，寻找适合自己的数学学习方法。同时，还可以对学生进行心理素质训练，让学生以较佳的状态参加数学考试。

（4）平时数学教学的渗透式学习指导

中学数学学习指导应重在平时，渗透式学习指导像一条细长的线，可以有机地将课程式、交流式、专题式串联起来，形成新的整体效应。渗透式是在数学教学过程中，有意识地结合教学内容将数学一般的学习方法、数学特殊的学习方法，蕴含在教材中的数学思想方法、数学解题技巧、数学能力培养等，通过点拨、启迪、转化、暗示、默化、举例、类比、归纳等途径来指导学生学习。这就要求指导教师要有强烈的学习指导意识和坚实的学习指导能力，在平时备课、教研中，要备"学法"，研"学法"，这样在教学中才能把握尺度，指导得法。

中学数学学习指导的这种综合模式，虽有三个阶段，只是说在某个阶段有所侧重，不排除其他学习指导模式的介入。中学数学学习指导，究竟以什么模式为好，不同学校、不同地区应有所不同，应根据学校、地区的特点，灵活、创造性地使用模式，发挥模式的奇异功效，把数学学习指导提高到一个新的水平。

6. 中学数学学习指导的教材

要有效地进行学习指导，编写教材是十分重要的问题。结合我编写《中学数学学习法》一书的体会，探讨中学数学学习指导教材建设的几个问题。

（1）关于中学数学学习指导的内容

①在总体上给学生数学学习指导

数学学习指导首先要在总体上给学生一个认识，让学生粗略了解数学，了解中学数学学习中的一些情况。根据中学生的认知水平，我们选择了如下内容：ⓐ数学的特点；ⓑ数学学习的意义；ⓒ中学数学学习的特点；ⓓ中学数学学习的原则；ⓔ中学数学学习的迁移；ⓕ中学数学学习的展望。

我们认为，这部分内容是不可少的，虽然不作深入介绍，但给学生一个总的认识，对学生今后的学习是有好处的。

②在方法上给学生数学学习指导

在方法上给学生数学学习指导，是数学学习指导的最重要的内容。在确定内容时，我们选定了如下内容：ⓐ中学数学各环节（预习、听课、复习、作业、总结、考试）的学习方法；ⓑ智力因素（注意、观察、记忆、想象、思维）与数学学习；

与中国教育学会会长顾明远教授在一起

ⓒ非智力因素（动机、意志、性格、兴趣、情感）与数学学习；ⓓ中学数学不同内容（概念、命题、解题）的学习等。

我们认为，这部分内容要精心编好，这部分内容是教材的核心。但要编好这部分内容又是很不容易的，尤其是非智力因素与数学学习，能够得到的参考资料十分有限，只能根据自己的教学实践逐步探索，尽量把这部分内容编写好。

③在技巧上给学生数学学习指导

学习数学，必然要学习数学的解题技巧，即解题策略和解题方法。数学习题的解题策略是指探求数学习题的答案时所采取的途径和方法，是对解题途径的概括性的认识。而数学问题的解题方法，则是对数学解题策略的具体实施。掌握数学解题策略和解题方法，是提高数学解题能力的基本要求。为此，我们选择了16种中学数学常用的解题策略、6种一般解题方法和36种常见解题方法进行介绍。

我们认为，数学学习指导不能和具体的解题技巧相脱离，尽管一些小册子有介绍这方面的知识，但从教材建设的整体性和系统性这个角度来看，编入这部分内容是必要的，而且我们多从"学法"角度来论述，这与单纯从"技巧"角度来论述是不同的。

④在能力上给学生数学学习指导

数学能力是顺利完成数学活动所必备且直接影响其活动效率的一种心理特征，它是在数学活动过程中形成和发展起来的，并主要在这类活动中表现出来的比较稳定的心理特征。发展数学能力，是数学学习目标的一个重要组成部分。中学数学学习，既要系统掌握知识，又要注意能力培养，而且对能力的要求日益显得重要。如何提高数学能力，已成为提高中学数学学习质量的当务之急。为此，我们选择了12种常见的数学能力的培养方法来介绍。

我们认为，编写这部分内容，一定要牢记读者对象是中学生，所给的"指导"应尽量让学生"可操作"。泛泛而谈，学生收效不大。

⑤在课外学习上给学生数学学习指导

中学数学课外学习，如同课内学习一样重要，它能够广泛地使学生接受新信息，培养学好数学的兴趣，加深巩固数学知识，丰富课余生活内容，促进全面发展。因此，中学数学学习指导还应包括课外学习方面的内容。在确定内容时，我们着重介绍了：ⓐ中学数学课外阅读；ⓑ中学数学竞赛；ⓒ数学小论文和数学小品文；ⓓ中学数学兴趣小组活动（趣味数学、数学建模、数学故事会、数学讲座、数学墙报、数学制作与实践、数学游艺会）；ⓔ数学校本课程；ⓕ数学研究性学习。

我们认为，编写这部分内容应有详有略。重要的和常见的（如ⓐ、ⓑ、ⓒ、ⓕ），则详写；一般的或较少见的（如ⓓ、ⓔ），则略写。

（2）关于中学数学学习指导教材的编写要求

①理论与实践相结合

在教材编写中，我们十分注意把理论与实践统一起来，使中学生能运用学习科学的理论，指导数学学习实践。但在理论介绍时，不对理论作过多的分析，强调实用性。

②宏观与微观相结合

在教材编写中，我们既注意从宏观方面向学生介绍数学的特点、数学学习的意义等内容，开阔学生对数学认识的眼界，又注意在微观方面给学生具体的指导，让学生感到学得懂、用得上。

③方法、技巧、能力相统一

在教材编写中，我们不仅介绍了数学学习方法，还注意介绍了数学解题技巧和数学能力培养。方法中有技巧、能力，技巧中有方法、能力，能力中有方法、技巧，三者相辅相成，相互促进。

④分出层次，选好例题

教材中，我们选入了 250 多个例题或问题，为使教材有更大的适应面，我们注意分层次选择例题，考虑到初、高中学生的区别，讲述的每一个内容都兼顾了两者的不同需要；考虑到一些优秀生的需要，适当选择了一些数学竞赛题；考虑到青少年的特点，选例题时还应注意到例题的趣味性和实用性。

⑤智力因素与非智力因素相结合

第一次进京，就去看北大

数学学习除了强调智力因素外，也不能忽视动机、意志、性格、兴趣、情感等非智力因素的动力作用。在数学学习过程中，非智力因素始终发挥着动力、定向、引导、维持和强化等一系列相互关系的作用。

（3）中学数学学习指导教材体系

①中学数学学习概论

主要内容包括：数学的特点、数学学习的意义、中学数学学习的特点、中学数学学习的原则、中学数学学习的展望等。

②中学数学学习方法

主要内容包括：中学数学各环节的学习方法，智力因素与数学学习，非智力因素与数学学习，中学数学不同内容的学习等。

③中学数学解题技巧

主要内容包括：中学数学解题策略，中学数学解题方法等。

④中学数学能力培养

主要内容包括：中学数学观察能力、记忆能力、想象能力、思维能力、运算能力、论证能力、运用能力、猜想能力、探索能力、创造能力、自学能力、审美能力等的培养。

⑤中学数学课外学习

主要内容包括：中学数学课外阅读、中学数学竞赛、数学小论文和数学小品文、中学数学兴趣小组活动、数学校本课程、数学研究性学习。

7. 中学数学学习指导的层次

学生学习数学的情况是十分复杂的，如果不按具体情况进行学习指导，其效果必然不佳。为了有针对性、高效率地指导学习，就必须按学生层次进行学习指导。根据数学学科特点，可从学生的成绩、年级、性别和个性的角度划分层次进行学习指导。

（1）按成绩划分的数学学习指导

①"优等生"的数学学习指导

"优等生"学习主动，精力充沛，听课专注，作业认真，勤学好问；有自学能力，有独立思考问题和解决问题的习惯和兴趣；兴趣广泛，知识面广；思维有条理、有深度；学习成绩稳定，喜欢钻研新、奇、趣、巧、难的数学问题。"优等生"的数学学习指导，一要严格要求，夯实基础；二要挖掘教材，高于教材；三要课外阅读，开阔视野；四要参加奥赛，提高水平（当然，并不是要求每位"优等生"都参加数学奥赛）；五要研究课题，撰写论文。

②"中等生"的数学学习指导

"中等生"一般都不甘落后，时间抓得紧，但有一些学生不够用功、学习方法不当、学习习惯不好。"中等生"的数学学习指导，一要树立信心，奋力赶超；二要讲究学法，科学学习；三要锻炼意志，勤奋学习；四要活跃思维，注意应变；五要狠抓双基，狠抓中档。

③"中下生"的数学学习指导

"中下生"的数学学习情况比较复杂，有的是基础问题，有的是学习态度问题，有的是学习方法、习惯问题，有的是思维能力、应变能力问题，有的可能是脑神经或身体某部位有疾病，等等。"中下生"的数学学习指导，要区别对待。总的说来，一要端正态度，想学愿学；二要降低难度，落实双基；三要授予学法，逐步会学；四要注意鼓励，增强信心；五要适当补缺，逐步提高。

（2）按年级划分的数学学习指导

①初中生的数学学习指导

初一、初二年级的学生，自控力差；初三的学生，学习的责任感有所加强。初中生的生理和心理特征变化明显，人生观趋向成熟而未成熟。初中生的数学学习指导，应以数学各学习环节（计划、预习、听课、复习、作业、小结、考试）的学习指导为主，辅以非智力因素的动力、定向、引导、维持、调节、控制和强化作用。教学中应注意用引趣的方法上好数学课，注意数学教学的铺垫艺术，注意根据不同的内容适时渗透数学学习方法，逐步提高学生的数学学习水平。

②高中生的数学学习指导

高一学生刚升入高中，有一种新奇感促进自己学好数学；高二学生比高一时成熟了许多，数学能力也有所提高；高三学生数学思维能力和应变能力有了进一步的提高，面临高考，学习上有一定的责任感和紧迫感。高中生的数学学习指导应区别对待：高一以适应为主，高中数学与初中数学还是有一些差别的，适应就显得十分重要，适应的途径主要是多总结、多思考、多联想、多对比，除了继续进行各学习环节的学习指导外，还要注意数学不同内容的学习指导和初步的数学能力训练；高二以深化学习为主，"优等生"以"点拨式"指导其超前思维，"中等生"以"辅导式"指导其从模仿到创造，"中下生"以"个别辅导式"指导其补好基础；高三以全面提高为主，可进行数学总复习学习指导专题讲座，重点介绍不同阶段的数学复习方法，同时还要介绍考试心理调适和考试方法技巧。

（3）按性别划分的数学学习指导

①男生和女性"男生"的数学学习指导

男生和少数具有男性特点的女生共同构成这一层次。这类学生的特点是性格外显，爱蹦爱跳，思维敏捷，灵活多变；但思维不严密，学习较粗心，多半"坐不住"。其学习指导，一要培养浓厚的学习数学的兴趣；二要指导制订好学习计划，严格按计划学习；三要培养静下心来学习的习惯；四要进行学习的规范化训练，提高计算的准确性；五要帮助消除影响其智力发展的不良心理，如草率粗心、作业潦草、有错不纠等。

②女生和男性"女生"的数学学习指导

女生和少数具有女性特点的男生共同构成这一层次。这类学生的特点是"好静"，学习勤奋，守纪听话，作业认真，学习踏实；但应变能力差，思维不活跃，多胆怯畏缩。其学习指导，一要消除思想负担，树立女生也能学好数学的信心；二要多进行变式训练，提高应变能力；三要多方入手，激发学习数学的兴趣；四要多进行智力训练，开发其思维力、想象力和创造力；五要加强男女生数学活动的交往，促进智力互补。

（4）按个性划分层次的数学学习指导

①"活而有序型"的数学学习指导

与英国诺丁汉大学校长、复旦大学原校长杨福家院士在华东师范大学

这类学生才思敏捷，思维灵活而深刻，思维的条理性和逻辑性强，不仅有较强的应变能力，而且思路清晰严密。在学习上的自立能力强。这类人为数不多，重点中学也不过10％左右。

学习策略：ⓐ在认真学好课内知识的同时，注意拓宽知识面。保持广泛的兴趣，同时又要有一定的兴趣中心。ⓑ在注重基础知识的同时，加大能力培养的力度。有了扎实的知识，才能更好地发展能力；能力提高了，可以更好地获取更多的知识。ⓒ注意超前学习，带着问题听课。逐步学会引申问题，寻找多种解题途径，总结解题规律。有条件的可进行专题研究，写成小论文。ⓓ争取参加数学竞赛，争取在数学竞赛中获奖。如不参加竞赛，则可选择一两个有一定深度的数学研究性课题进行研究。ⓔ注意思想品德的完善和心理素质的训练，防止"娇、骄"情绪，力争成为班级的"领头羊"，老师的好助手。

②"活而无序型"的数学学习指导

这类学生思维敏捷而深刻，有独特见解，发现问题敏锐，但思维无规律，缺乏层次和条理性，往往这儿抓一把，那儿抓一把，因而知识不够完整，缺乏系统性，常有漏洞，思维不够严密。

学习策略：ⓐ制订切合实际的学习计划，加强学习习惯的培养，学会在一定时间内认真完成某一项学习任务。ⓑ逐步按层次进行逻辑思维训练。对学习中的"失误"进行思路总结。ⓒ学会有序思维的方法，克服"一看就会，一做就错"的毛病，调整思维方法，着重加强思维严谨性的训练。ⓓ在培养"规律""有序"和"严谨"的过程中，仍保持和发展其"活"，千万不能变"活"为"死"。"思维要活""格式要死"。ⓔ要注意加强意志训练，用坚强的意志战胜学习中的困难（因"严谨"而产生的烦琐性的困难）。

③"仔细严谨型"的数学学习指导

这类学生思维严密，滴水不漏，一步一个脚印，基础知识打得很牢。但这类学生多半是思维深度要差些，开拓力和创造力差一些，女生中上水平者属此类型者多。若考题易，则总分高；若考题难，则居中。总体而言，入二类重点大学者居多。

学习策略：ⓐ大力进行应变能力的训练，注意灵活应用基础知识。可从一题多解、一题多变、一法多用训练入手，逐步深化。ⓑ多进行预防思维定式的训练，从整体上全面考虑问题，从局部发掘隐蔽条件。ⓒ在进行"通解"训练的基础上，适当选择一些"巧解"问题进行训练。通解巧解，不可偏废。ⓓ在培养其应变能力时，要保护和发展"仔细严谨"的习惯，切不可优缺点一起克服掉。ⓔ适当看些数学智力训练、数学能力测试方面的书籍，参加一些智力游艺活动（扑克牌算 24 点，下象棋），"练应变于课外"。

④"不求甚解型"的数学学习指导

"读书不求甚解"是这类学生的特点。他们往往把书一翻，一目三行，看了前头，想当然地推至后头，不深思其细节问题，不琢磨其原理和前后关系，满足于"大概知道"，结果考试上当多，失误多。这类人多半贪玩，坐不住板凳。

学习策略：一是加强毅力训练，学会"静下心来""耐得寂寞"，争取"坐住板凳""踏实学习"。二是在学习上，要加强注意力训练。养成"不放过每个细小问题"的习惯，学会"咬文嚼字"。三是逐步学会科学地读书：粗读—细读—研读，并适当做读书笔记，做到"不动笔墨不读书"。四是克服每个问题在脑子中一闪而过的毛病。掌握思考问题的方法。五是抓好每个学习环节的学习，如计划、预习、听课、复习、作业、小结等。

⑤"凌乱无章型"的数学学习指导

这类学生"乱抓乱学"，无一定程序，无一定规律，这本资料上抓一点，那本参考书上找一找，掌握的知识支离破碎，漏洞很大，分析问题时常遇阻。

学习策略：ⓐ从头抓起，把漏洞抓紧一一补上。新学知识尽量少欠账，及时构建知识体系。ⓑ按知识的认识规律，由易到难、由浅到深、由简到繁、按部就班地学习，使之一步一个脚印。ⓒ注意"以本为本""以纲为纲"，系统地看书，习题集应在有经验的教师或上届学生的指导下，精读一本。有时间再略顾其他。ⓓ注意记好课堂笔记，逐步构建知识体系，学会整理知识，类化问题。ⓔ保持兴趣的广度，适当集中兴趣的范围，做到知识宽而不杂，深而有序。

⑥"故步自封型"的数学学习指导

这类学生思维刻板，因循守旧，总相信自己固有的学习方法，对外来新生事物抵触或反感，总觉得自己的老一套还不错。对问题的见解往往会顽固地坚持，钻进牛角尖出不来。考虑别人的意见不多。这类学生进步较慢，但也不退步，多处于中游。

学习策略：ⓐ打破封闭心理，克服自以为是的思想，学会分析对比，正确的就坚持，错误的及时改正。ⓑ克服思维的僵化性，培养"穷途夺路"的思维方法，加强思维灵活性的训练。ⓒ针对学习上的差错、失误，进行反思、研究，分析产生错误的原因，提出改进意见。ⓓ寻求教师的帮助，多做些讨论性问题，学会辩证看待事物和辩证分析问题。ⓔ适当交友，尤其是交些思维灵活、善于开拓进取的学友，在分析问题、探索问题、争辩问题中改善自身的弱点。

⑦ "傲慢自大型"的数学学习指导

这类学生总是过高地估计自己的力量，欣赏自己的成绩，看不起同学，甚至看不起部分教师。喜欢说大话，成功了大吹一通，失败了也要吹牛。过高估计自己的水平，志愿报得太高。一般而言，这类学生的学习还不错，以中上者居多。

学习策略：ⓐ牢记谦虚是人的美德，"虚心使人进步，骄傲使人落后"，过分骄傲是今天也是未来失败的大隐患。ⓑ要有计划、有目的地去克服傲慢心理，克服主观随意性，坚信成功之路在于虚心。ⓒ多看些科学家、名人虚心学习的事例，学习名人关于虚心学习的格言，以名言、故事激励自己奋发向上，不断进取。ⓓ傲慢人的特点是爱做难题，忽视基础。认识到这点，就应当先抓基础，练就基本功，然后再综合攀登，攻克难题。ⓔ适当保持自信与傲慢是两回事。在谦虚的同时，可适当保持自己的性格和自信心，自信是成功的一半。

⑧ "好大喜功型"的数学学习指导

这类学生不是脚踏实地，而是好高骛远。对自己的要求不切合实际，他们的思

感受一流学校，学习知名校长

想与锁闭、傲慢是不同的，有固执己见的一面。其优点是有理想、有干劲、肯学习，但不是扎扎实实从零开始，而是想一下子看一本书，想一下子上升为"优等生""尖子生"。瞧不起那些细小、被认为是微不足道的知识，专攻高难问题。因此，他们的知识是有漏洞的。

学习策略：ⓐ须知"万丈高楼平地起"，这是学习的规律。学习必须打好基础，一步一步地提高。ⓑ学习要讲求效率，但必须是科学的、切合实际的效率，而不应是空想的效率。ⓒ读些经过艰苦拼搏而成才的科学家的故事，鼓励自己艰苦而踏实地学习。ⓓ落实各学习环节的学习，如坚持预习，认真听课，及时复习，独立作业，有错必纠，善于小结等。ⓔ把远大的理想同脚踏实地的学习结合起来，设立多个小目标，逐步迈向大目标。

⑨"懒惰怕苦型"的数学学习指导

这类学生是思想懒汉，不愿意深思，人云亦云，知道多少算多少，不会的搁一边，不再想问了，作业抄袭多；不愿作艰苦的脑力思维，上课或睡觉，或昏沉沉，经常开小差。"软性作业"少完成，预习、复习不当一回事。

学习策略：ⓐ这是学习态度问题。首先应端正学习态度，树立远大理想，确定学习目标，以目标为动力而发愤学习。ⓑ树立正确的苦乐观，调整自己的学习状态，辩证看待学习中的苦与乐，进一步培养学习兴趣，把学习当作一种享受。ⓒ变"要我学"为"我要学"，要加强意志训练，克服学习中的困难，战胜自我，天宽地阔。ⓓ牢记"业精于勤荒于嬉"的道理。勤，是学习之本；勤，是事业之基；勤，是未来发展的必要条件。ⓔ尽量争取教师的指导，家长的帮助，同学的督促，防止懒惰怕苦再现。

⑩"逆反厌学型"的数学学习指导

由于某些事情引起不顺心。譬如，教师批评了没有想通，受处分不接受教训，或者是对教师或学校有反感情绪等而形成逆反心理。教师说东，他们偏要向西，专门与学校唱反调，故意捣乱。这部分人必然厌学。当然厌学不一定都是逆反心理形成的，有些是由社会的大气候与本身思想的小气候共同形成的，如"读书无用论""读书贫穷论"等，在这些思想的影响下，加上本身人生观不健康而形成厌学。

学习策略：ⓐ搞清自己逆反心理的原因，若是教师的误解，可以通过适当途径解决；若是知识难，可以设法得到教师、同学的帮助。ⓑ要进一步明确学习目的，坚信尊重知识、尊重人才是社会发展的趋势。只有具有丰富的知识和一定能力的人才能立足于社会，迎接挑战和竞争。ⓒ找出厌学的原因，针对厌学原因设法消除厌学情绪，从零开始，奋力赶超。ⓓ正视自己存在的问题，振作起来，下决心改正错误，端正学习态度，以新的形象改变教师、同学的看法。ⓔ珍惜现在的学习机会，尽可能多地获取知识。避免不爱学习的人的纠缠，减少游戏机，（言情、武侠）小说，烟酒等对自己学习的影响。

综上所述，不同心理特征的人，学情不同，适用的学习方法不同，采取的学习策略也不同，教师在指导时要区别对待，让每个学生都能找到适合自己个性特征的学习方法。

8. 中学数学学习指导的实验

怎样的数学学习指导是高效的，是最有普遍推广价值的；哪种方法是低效，或是无效的，应该舍弃，这既不能靠人主观的推断，也不能凭简单的经验总结，而只能通过教育实验才能得出正确的结论。也就是说，只有通过学习指导的实验研究，才能更全面、更准确、更深入地掌握学习指导的基本经验和规律；才能将那些简便

和教师们在一起真快乐

易行的、可操作性的、有实效的学习指导的经验、规律在较大的范围推广，从而将学习指导的研究转化为实际教育效益，为推进素质教育和全面提高教育教学质量服务。这里结合笔者参加骨干教师国家级培训所作的课题"全程渗透式数学学习指导的研究与实验"（下称"全程渗透"），对中学数学学习指导的实验作些简要论述，至于教育实验的更多问题，读者可参考相关书籍。

（1）教育实验的几个基本概念

①教育实验

教育实验是教育科学研究的一种方法，是研究者根据一定研究目的、计划，在控制条件下，对被试（教育对象）施加可操纵的教育影响，然后观测被试的变化及教育效果，以此推断所加教育影响与教育效果之间是否存在因果联系的一种方法。

例如，"全程渗透"一文的"教育统计二"是实验班与对比班关于学生预习的实验统计。在同一个年级选择两个基础大致相同的班级，在实验前对两班学生进行基础测验。根据基础测验成绩，从两班中挑选基础和学习表现相近的 12 对学生，在实验阶段结束时进行效果比较。按原教学进度，两班教学内容一致，教学方法、教学过程基本相同，仅教学要求不同。实验班全程渗透学习指导，对比班则不刻意作此要求。

"全程渗透"是一个多因素教学实验，若是单因素教学实验，就可用下面符号表示：

$$R_1 \qquad Y_1 \qquad X_1 \qquad Y_2$$
$$R_2 \qquad Y_3 \qquad X_2 \qquad Y_4$$

R_1、R_2 分别为实验组和控制组，Y_1、Y_3 分别为实验前测定的成绩，对 R_1 用 X_1（要求预习）教学要求，对 R_2 用 X_2（不刻意要求预习）教学要求，Y_2、Y_4 分别为实验后的测定成绩。在这个实验中，教师、学生、教材、教法、教学过程都是无关变量，只有教学要求是实验变量（自变量）。实验目的就是比较两种教学要求的优劣。实验阶段结束后，经过对后测成绩的统计处理，分析两种教学要求是否有效果上的显著差异，然后推断教学要求与效果（因变量）之间的因果关系。

②教育实验中的自变量

自变量又称为实验变量，是研究者操纵、控制、施加于被试者的教育影响，是实验前假定存在的因果联系中的原因变量。例如，考察两种不同的教材对学生素质提高有无显著差异，教材就是自变量；考察不同的作业时间对学生学习、健康的影响，作业时间就是自变量。

研究者能否成功地操纵实验变量（自变量），是教育实验成功的关键之一。实验变量的操纵是指在实验中使自变量发生合乎要求的变化。操纵实验变量，要做到以下几点。

a. 给实验变量下操作定义，就是规定实验变量的操作程序，使理论观念科学地转化为具体的可控制的操作步骤，便于实验者做严密地合乎要求的操作和观察记录。对于实验中的不同的相互比较的实验变量应该有十分明显的具体的差异，规定其不同的本质特征。如"全程渗透"中的"将学习指导渗透于学生课前预习之中"的实验，给实验变量如下的操作定义：要求学生养成坚持预习的习惯；教给学生预习数学的方法；检查学生预习的效果。实验者根据以上操作定义就可以进行实验了。

b. 对于微型教学实验，如两种教法的比较实验研究，操作定义往往具体为两种不同的教案，按不同的教案进行教学，对同一教学内容按相同的教学要求，写出两种教案。操作性很强，并表现出明显的方法上的差异，教师分别按两个教案上课。

c. 对于实验变量多、规模大、周期长的综合性实验，在实验中操纵实验变量比

厦门一中主办第 13 届全国中学生生物学竞赛

较复杂困难。因此，在实验设计时既要有整体设计的实验方案，又要制订好可操作的实施细则。例如，"全程渗透"实验，就是在设计整体方案后，把整个实验研究分成七个分课题，然后分别制订实施细则，通过实施细则的执行来操作实验因子，无特殊情况，按实施细则执行，这就使实验变量的操纵有了保证。

③教育实验中的因变量

因变量又叫效果变量、反应变量，是实验前假定存在的实验效应。例如，作业时间不同引起的学生学习成绩、健康状况的变化，学习成绩、健康状况就是因变量。因变量的变化，情况一般要选择相应的指标来观测。科学地观测因变量是否随自变量变化、如何变化，这是我们在实验中要收集的重要资料，是论证因果联系的重要依据。

教育实验中科学地观测因变量是教育实验成功的关键之一。观测就是观察和测量，是实验过程中收集材料的主要途径。实验中的观察是在控制条件下的观察，是对因变量的感知并作如实记录的过程，完全在对被试的行为反应作定性描述。测量是按一定的法则，对被试的行为反应作定量描述。观测可按以下三个步骤进行。

第一步，确定观测指标。就是解决"观"什么、"测"什么的问题，确定用哪些指标来反映某一因变量的变化。不同的实验，理论假说不同，研究目标不同，观测目标也应不同。一般说来因变量指标应满足以下条件。

a. 关联性：指标与研究的目的和研究对象的特征性相关联。例如，"尝试教学与学生思维能力发展的关系"的实验，设置的指标应能测出思维能力的变化。

b. 鉴别力：指标能较敏感地鉴别出被试者的个别差异，较好地反映自变量变化引起的因变量变化。

c. 客观性：即指标的解释不以研究者或被试者的主观意志为转移，以客观指标（测验分数、身高、体重等）为主，以主观指标（学生反映、教师判定等）为辅。

第二步，准备观测工具。确定好指标以后，就要确立观测手段，准备观测工具。主要包括以下方面。

a. 准备表格：当观测指标为被试者明显的外在行为表现时，主要采用观察和评判的方式，这就需要观察和评判的记录表格。记录表应该能容纳尽量多的原始资料；为便于进一步加工整理，应规定主试指导语或发问提纲及统一的记录方式。

b. 选择与编制量表：一般测量人的心理品质变化情况应选用已有的量表或自己

编制量表，这包括智力测验量表、人格量表、态度量表等，研究者要根据需要而定。

c. 编制试卷：即考试命题。基本步骤是确立测验目的，制订测量目标，编制测验蓝图，试题选择排列，预测分析。

第三步，实施观测。要编制一份观测计划，安排好观测次数时间，观测人员的分工，观测人员的培训，观测环境的要求等。在实施观测过程中要注意消除主观因素的影响，使观测对所有被试者都客观、公正。

④教育实验中的无关变量

无关变量是影响因变量，但又不是自变量或因变量。教育实验中的无关变量很多，如环境变量中的班集体状况、学生家庭状况、教学条件、教师水平、师生关系等，时间变量中的教学时间的长短，测试时间的安排等都是对实验结果影响较大的无关变量。

例如，不同教法的教学实验中，教法 X_1、X_2 就是自变量。两种教法，使学生对所教内容掌握程度就是因变量。而在这个实验中，教材的性质及难度、教学时间的长短、教师的业务水平、教学能力和教学态度、学生的学业基础、学生的智力水平和复习时间、有无家庭辅导等都可能影响学习效果，但又不是自变量和因变量。它们就是该实验的无关变量。

控制无关变量的影响是教育实验成功的关键之一。实验中要控制好无关变量，首先研究者要明确自己研究的实验中有哪些无关变量，哪些是主要的无关变量（因为教育是复杂的社会现象，影响教育实际结果的变量很多，很难对所有的无关变量都加以严格控制），然后根据无关变量的性质特点，选择适当的控制方法。

常用的控制方法有以下三种。

a. 消除法。消除法就是把无关变量从实验情境中消除掉。

如教育实验中作为无关因子的室外噪声之类的物理因素的干扰，可以使之从实验中消除。但教育实验中的一些无关变量，是很难消除的。而且过多地使用消除法，必然会使实验情境失去"自然性""现实性"，与正常的教学情境差距太大，使被试者情绪受到影响，从而严重干扰实验进程，故消除法在教育实验中的应用是有限的。

b. 平衡法。这种方法是在分组比较实验中，使所有无关变量都以同一水平，同时作用于实验组和对照组。在一些教材教法实验中，常使实验组、对照组的被试数目、基础、智力、能力等都基本对等，教学内容相同。目前教育实验多采用此法来控制无关因子，平衡法具有组织形式简单、因果逻辑明了、不受时间限制、适应教育周期长的特点。平衡法也有它的局限性，因为施加于实验组和对照组的诸多无关的变量，很难做到完全相同。用平衡法时，就是尽量做到对于实验组和对照组无关变量的作用基本相同。

c. 抵消法。在一个教法实验中，按表 2-1 安排实验程序。

表 2-1

班　　级	实　验　安　排	
甲　班	X_1 教法	X_2 教法
乙　班	X_2 教法	X_1 教法

由于两种教法在两个班中先后进行了实验，抵消了两个班被试基础因素、不同教师的水平、态度因素、家庭因素等无关变量。

了解了变量的概念后，我们可以说，教育实验的过程就是实验者在控制无关变量的条件下，操纵自变量，观测因变量，明确自变量和因变量之间因果关系的过程。因此教育实验成败的三个关键就是：ⓐ成功地操纵自变量；ⓑ有效地控制无关变量；ⓒ科学地观测因变量。

（2）中学教育实验的组织形式

教育实验主要有单组实验、等组实验和轮组实验三种组织形式。

①单组实验

单组实验，就是随机抽取一组，先后施行不同的实验因子。无关因子在实验过程中保持不变，根据观察实验对象发生的变化判定实验因子的效果。基本模式为：

(RG)　Y_1　　　X_1　　　Y_2　　　X_2　　　Y_3

RG 表示随机抽样配成的实验组，对被试总体来说具有较好的代表性。X_1、X_2 为两种比较的实验因子，Y_1 为初次观测的数据，Y_2、Y_3 为两次实验因子作用后的观测结果，通过 Y_1 与 Y_2，Y_1 与 Y_3 以及 Y_2 与 Y_3 的差异比较，来判定两种实验处理的优劣。

例如，要比较两种不同教法的教学效果的优劣，选择一个较有代表性的样组 (RG)，先进行成绩测定（Y_1），选好适当的教学内容，用第一种教法（X_1）进行教学，结束后进行效果测定（Y_2），然后再选择和上次内容难易相当的教学内容，用第二种教法（X_2）进行教学，结束时再进行成绩测定（Y_3），比较两次测验的结果（Y_2 和 Y_3），分析比较两种教法的优劣。

扩大优质教育资源，办好人民满意教育

单组实验，简单易行。实验在同一组内完成，教师、学生、家长等无关变量相同，这是单组实验的优点，但是，单组实验有明显的缺陷。ⓐ有关教材教法的实验很难使前后教学的内容难度相等，前后两次测验的难度也往往难以相同；ⓑ前一次的实验处理对后一次的实验处理会产生影响；ⓒ随着儿童身心的发展、知识的增长，被试者对实验材料的接受能力在增强，这必然会影响学习成绩，这种"时序效应"，单组实验中是很难消除的。鉴于以上缺陷，对于单组实验结果的解释必须慎重。

②等组实验

等组实验，这种实验的基本模式是：

（RG_1）　　　　Y_1　　　X_1　　　Y_3

（RG_2）　　　　Y_2　　　X_2　　　Y_4

RG_1 和 RG_2 分别代表两个等值组，即被试各方面都相同的两个被试组。例如，教法实验，两个被试组的学习基础、教师水平、教学进度、测试标准及教学环境等都保持一致。X_1、X_2 分别代表两种不同的实验处理（如两种不同的教法）。Y_1、Y_2 分别代表两个组施行实验处理之前所接受的同样测量结果（即前测结果），Y_3、Y_4 分别代表两个组施行实验处理之后所接受的同样测量结果，即后测结果。实验结束时，通过对 Y_1 与 Y_2、Y_3 与 Y_4、Y_1 与 Y_3、Y_2 与 Y_4 进行比较来反映两种处理的优劣。

如果等组中一个组接受实验处理 X（如一种新教法）称为实验组，另一组不接受实验处理（用原教法）称为控制组或对照组，其基本模式为：

	前测		后测
(RG_1)	Y_1	X	Y_3
(RG_2)	Y_2	—	Y_4

等组实验的优点如下。

a. 用等组平衡的方式能有效地控制无关变量。

b. 对照组与实验组分别接受实验处理可以避免两种实验处理的互相干扰。

c. 可以有效地避免"时序效应"，由于两组被试的身心发展都随年龄的增长而改变，"时序效应"对两个班产生的影响是相同的，适应了教育实验周期长的特点。

d. 相对于单组实验来讲，可以缩短实验周期。

由于等组实验有上述优点，使得它能够成为目前教育实验中应用较多的一种组织形式。但在教育实验中要组成两个各种基础都相等、无关变量影响也相同的等组是很难的，所以等组的组成是相对的，等组的优点也只能是相对的。

③轮组实验

轮组实验，是将单组比较和等组比较结合起来，让两组被试者同时接受不同的实验处理，经过第一轮实验之后，测量两组的实验效果，再将两种处理轮换对调进行第二轮实验，经过与第一轮相同的时间，再次测量两组的教学效果，然后将测量结果进行比较。基本模式为：

G_1	X_1	Y_1	X_2	Y_3
G_2	X_2	Y_2	X_1	Y_4

和《人民教育》总编辑傅国亮先生在承德避暑山庄

G_1、G_2 分别代表两个实验组，前面没有"R"表示两组不一定是等值组。其余符号含义与前文相同。

轮组训练实验的优点如下。

a. 不必设立等组，解决了等组实验中难以配置等组的困难。

b. 通过轮换，抵消了无关变量的干扰。

c. 对两个样本来说，前后两次实验的影响，"时序效应"的影响也是相等的。所有这些使轮组实验的结果较单组和等组实验更为可靠。

但轮组实验也有其不足，主要表现为以下两点。

a. 实验周期长，对两组被试分别进行两次实验处理，实验时间拉长了。

b. 要准备两个教学内容，并且使它们的性质、难度基本相同，且检测指标和难度基本相同，这也比较难做到。

（3）中学教育实验的一般程序

教育实验的一般程序如下。

①确定实验课题

除按确立一般课题的要求外，对于实验研究在确立课题时还要提出实验假设，也就是说研究者除对问题的性质、研究的内容、研究的价值、研究的可能性等进行通盘考虑外，还要对研究的问题给出一个初步的答案，即假设，据此来设计项目，通过实验研究来验证这个假设。

②制订实验计划

建立了假设以后，就要开始着手制订实验计划，一般来说，实验计划应明确如下内容。

a. 实验项目名称、研究人。

b. 实验目的、实验假设及它们之间的逻辑关系。

c. 实验的组织类型，即采用单组、等组还是轮组实验。

d. 实验对象的确定。

e. 明确实验因子（自变量）及其操纵方法。

f. 明确因变量及其测定方法。

g. 明确无关变量及其控制。

h. 实验条件的分析及准备，包括仪器、设备、记录表、经费、环境等主客观条件要分析清楚。

i. 实验时间和步骤的安排。

j. 实验资料的收集方法。

③实施教育实验

制订好教育实验计划，就应严格按计划实施，实施中除要注意实验因子的操纵和无关因子的控制外，还要注意以下两点。

a. 防止"霍桑效应"。

"霍桑效应"：美国社会心理学家梅奥曾在芝加哥西方电气公司的霍桑工场进行一次实验。实验过程中发现，不管工作条件如何变化，工人的工作效率都很高。究其原因，主要是心理因素所致。工人意识到自己是在做实验，因而情绪格外高涨，从而提高了工作效率。心理学家把这种实验对象意识到自己工作学习的特殊性，产生光荣感而造成的学习工作效率的提高现象，称为"霍桑效应"。教育实验中一定要防止被试受暗示或新异刺激而使结果失真的现象发生。

b. 及时准确地观察、测量和收集资料，并作出初步分析。

④整理实验资料

把收集到的资料分类、列表、制图、进行定性和定量分析。

⑤分析实验结果

分析实验结果是否支持实验假设，是否能确定自变量和因变量间的因果联系，分析时，要特别注意忠于客观事实，不能弄虚作假，实事求是地分析结果，看通过实验得到什么新的认识、新的结论。

⑥撰写实验报告

把实验研究过程和结果用报告的形式写出来即为实验报告，一般包括：ⓐ题目；ⓑ问题的提出；ⓒ实验方法与过程；ⓓ实验结果；ⓔ分析与讨论；ⓕ附录与参考文献。

9. 全程渗透式数学学习指导的研究与实验

渗透式学习指导是我国近几年来广大教育工作者在学习指导改革实践中共同潜心探索而创造出来的一种学习指导模式。由于它具有易操作、与教学同步、能联系学科具体问题、能联系学生的实际等优点，因而受到师生的欢迎。应该说，毫无渗透学习指导的教学是不存在的，也正是因为这一点，为防止学习指导走过场，我们

沟通：用思想交流，用真情互动，用心灵沟通

有必要对渗透式学习指导进行深入的研究与探索，使渗透式学习指导更好地服务于"教会学生学习"这一目的。本文就数学全程渗透式学习指导的有关问题作些论述。

（1）全程渗透式学习指导概述

①渗透式学习指导模式

渗透式学习指导是把学习指导渗透到学习过程的各个环节之中的一种模式，在学习指导中是经常采用的且效果较好的一种模式。所谓渗透式，实指学科渗透式，是指教师以强烈的学习指导意识为前提，密切结合学科教学，把学习指导渗透到学生学习的各个环节之中，提高学生学科学习能力的一种学习指导模式。

②学习环节的概念

前述中多次提到"学习环节"，如何确定各个学习环节？

学习活动是一个完整的学习系统，它在进行过程中是由一个个相互联系、前后衔接的环节构成。其中任何一个环节的活动，如果脱离了整体，或者与整体不协调，就会削弱整体的效果。要全面有效地提高学习效果，就必须认真研究学习活动的各个环节。根据认识论的原理，事物的发展是循序渐进、由浅入深、由表及里、由此及彼的，因此我们确定学习环节时，必须根据循序渐进的认识论，根据学习过程的理论。学生学习的基本过程是经历从感知阶段到理解阶段再到运用阶段的过程，这个学习过程为确定学习环节打下基础。根据上述原理，学习环节的过程是：制订计划—课前预习—课堂学习—课后复习—独立作业—学习总结—课外学习。

③数学全程渗透式学习指导

在各种学习指导理论与经验书籍和论文中，对渗透式学习指导模式虽都强调了"渗透到学生学习过程的各个环节"，但在论述实施时，几乎无一例外地仅研究了"紧密结合课堂教学进行渗透"。我们认为，渗透式学习指导，既然是"渗透到学生学习过程的各个环节"，则理应包括课堂教学以外的学习环节的学习指导。为了区别起见，我们称渗透于学生学习计划、课前预习、课堂学习、课后复习、独立作业、学习总结、课外学习等环节的学习指导为全程渗透式学习指导。强调"全程渗透"，旨在强化教师（尤其是科任教师）在教学过程中全方位、多层次、广渠道地进行学习指导渗透，让"学习指导"像无声的细雨时时润入学生的心田。

上了中央电视台的节目

（2）全程渗透式学习指导的实施

①将学习指导渗透于学生制订计划之中

a. 让学生明确制订学习计划的好处。应告诉学生，制订学习计划，可以激发学习热情，可以帮助同学们合理地安排时间，可以督促同学们实现既定的学习目标，可以磨炼人的意志，可以帮助同学们提高学习成绩。待晓之以理后，教师便可导之以行了。

b. 要求学生养成制订学习计划的习惯。"凡事预则立，不预则废。"学生一旦养成了制订学习计划的习惯，不仅对他们今天的学习有帮助，而且对他们将来的学习和工作也是十分有益的。

c. 指导学生制订好学习计划。制订学习计划的目标要具体，要切合实际，要科学安排时间，要突出自己的特点，要突出重点也要照顾一般等。在制订学习计划时，要指导学生讲究学习策略，帮助不同层次学生制订数学学习策略。同时要求学生尽量按学习计划完成学习任务。

②将学习指导渗透于学生课前预习之中

a. 要求学生养成坚持预习的习惯。数学知识一环紧扣一环，坚持预习就能跟上正常的学习。应告诉学生，预习可以培养自学数学的能力，可以帮助同学们提前思考、解决数学问题，可以提高听课效率，可以提高笔记水平，可以改变被动学习数学的局面，防止在学习数学时跟不上队而失去信心。学生养成坚持预习的习惯，不是一件容易的事，教学中应注意经常检查，树立典型，鼓励学生持之以恒。

b. 教给学生预习数学的方法。学生光有坚持预习的热情，没有预习数学的方法还是不行的。教师可结合教学内容，教给学生预习的方法。例如，要了解数学教材的特点，抓住重点预习；掌握预习步骤；养成"不动笔墨不读书"的习惯；适当演算课本上的习题。总之，不能空泛地要求学生预习，而应教给学生可操作的预习方法，这在低年级尤为重要。

c. 检查学生预习的效果。检查预习效果，有利于促进学生坚持预习，科学预习。检查的方法是多样的。例如，要求学生将课本打开，看看是否有画（画层次、画要点、画疑难），有批（眉批、旁批、尾批），有练（完成书上简单的练习）。又如，课堂提问某些预习内容，让学生参与讲课，适度的课前练习等。

③将学习指导渗透于学生课堂学习之中

听课是学生学习的主要形式，因此在课堂教学中渗透学习指导是经常采用的一种做法。

乌镇石桥

a. 关于数学概念的学习方法的渗透。概念是数学学习的起点，只有正确形成概念，方能掌握和运用数学知识。我们要求学生理解概念要深刻，掌握概念要牢固，运用概念要灵活。以"理解概念要深刻"为例，教学中注意渗透：通过概念的形成来深刻理解数学概念；通过分出层次来深刻理解数学概念；通过概念的变式来深刻理解数学概念；通过对比来深刻理解数学概念；通过特例来深刻理解数学概念；通过概念的具体化来深刻理解数学概念；通过概念的推广来深刻理解数学概念；通过知识系统来深刻理解数学概念等。

b. 关于数学命题的学习方法的渗透。数学命题主要指公式、定理、法则、性质。以公式教学为例，可渗透下列学习公式的注意点：注意公式的引入；注意公式的推导；注意公式的串联；注意公式的变式；注意公式的演变；注意公式的特例；注意公式的几何解释；注意公式的记忆；注意公式的成立条件；注意公式的应用；注意公式的推广；注意公式的推导中所揭示的思想方法等。

c. 关于数学解题的学习方法的渗透。学习数学，关键之一是学会解题，解题教学是渗透数学学法的有效途径。这里，一是要求学生掌握数学解题的格式与要求；二是学习不同题型（选择题、填空题、解答题等）的解题方法；三是学习解题思路的探索方法；四是学会解题后的反思。

d. 关于数学思想方法的渗透。结合解题教学，应注意渗透数学思想方法。如复数问题的数形结合思想，函数问题的极限思想，三角问题的变换思想，几何问题的补形法，数列求和的换序法，方程问题的换元法等。数学思想方法的渗透需要长时间潜移默化的影响，才能使学生有所领悟。

e. 关于数学能力培养的渗透。如何提高学生的数学能力，已成为提高中学数学学习质量的当务之急。数学能力的培养有一个渐进的从低级到高级的过程，教师在渗透时应注意把握好尺度。例如，运算能力就有一个"正确运算—迅速运算—合理运算"的过程。此外，还应注意数学能力培养的具体要求，如观察能力的培养，不能笼统地提要善于观察，而应具体渗透观察数字、观察外形、观察结构、观察整体、观察局部、观察结论、观察全题、观察图形、观察特值、观察规律等方法，以寻求解题途径。

f. 关于数学课堂学习方法的渗透。怎样上好数学课也是课堂教学应渗透的内容之一，如做好准备，迎接听课；高度集中，专心听课；抓住重点，认真听课；多方配合（听、看、想、做、记结合起来），高效听课；大胆发言，积极听课；区别类型，灵活听课等，均可在教学中适时渗透。

④将学习指导渗透于学生课后复习之中

a. 要求学生及时复习巩固知识。应告诉学生，数学课上的 45 分钟常常是在紧张中度过的，许多问题难以在课堂上进一步分析和研究。课外及时复习就能及时、有效地弥补听课中的不足，学生也有时间充分地、从容地、全面地、细致地回想教师讲的所有内容，深入思考某个问题，这对学习是大有好处的。让学生逐步养成课后及时复习的好习惯，做到先复习后作业。

b. 教给学生数学课后的复习方法。课后复习，教师可指导学生从以下四个方面入手。一是从回忆对照中发现问题，即先不看书和笔记，凭自己的回忆，把一堂课的内容过一遍，然后再和书、笔记相对照，常常可以发现一些问题，针对这些问题复习思考，效果较好。二是从知识结构上提出问题：为什么要引入这些概念？定义中有哪些关键用语？公式（或定理）是怎么推导的？这样便于加深理解和记忆。三是从不同侧面设想问题：例题还有别的解法吗？命题可以推广吗？公式可以逆用吗？这是一种创造性思维，是一种很有用的学习方法。四是从相互比较中发掘问题，如新旧知识的比较，易混知识的比较，对立知识的比较，类似知识的比较等，这样的比较，能更深刻全面地理解和巩固知识。

c. 检查学生数学复习的效果。教师要有检查学生复习效果的意识，可通过小测、课堂提问、检查课本和课堂笔记、课堂练习等方式进行。例如，教师可以提问学生："你能简述某某定理的证明思路吗？""昨天讲的最后一题，同学们回去思考后，还有新的解法吗？这道题目还可以推广吗？解题方法有规律可循吗？"把要求学生复习、教给学生复习方法、检查学生复习效果有机结合起来，就能激发学生的复习兴趣，提高复习效果。

⑤将学习指导渗透于学生独立作业之中

a. 教给学生科学地完成作业的方法。几乎每节数学课，教师都会布置作业。指导学生科学地完成作业，是教师应注意的事。完成作业的要求通常有：掌握步骤，正确解题；思维要活，格式要"死"；限时作业，提高速度；有错必纠，弥补缺漏；一题多解，一题多变等。

b. 在批改作业中指导学生学习数学。作业批改是数学教师渗透学法的很好途径。批改作业时可以发现学生具体的错误所反映出的学习方法、知识缺漏、学习态度等方面的问题，教师可通过批语，指导某些内容的学习方法，纠正错误或指出学习态度问题。教师也可对学生的巧解妙证、作业工整、正确率高等给予表扬。

c. 在作业再生中提高学生学习数学的主动性、积极性。"数学再生作业"就是在教师批改作业的过程中，发现错误并不直接修改，而是通过符号、提示、质疑、重做、"还原"、强化、借鉴、另解、引申、论文等方法，暗示其错误或错误的性质，或给出探索方向，由学生自己动脑动手，找到正确的答案，总结解题规律和解决新的问题。

⑥将学习指导渗透于学生学习总结之中

鲁迅故里

a. 关于数学知识的总结。总结数学知识，可引导学生从以下两个方面进行：一是全面整理，编织成网。比如，学完圆锥曲线，可指导学生设计这样一张表，横行分别写上椭圆、双曲线、抛物线；纵行分别写上定义，焦点位置，坐标，标准方程，图形，辨认 a、b（或 p）的方法，参数 a、b、c 的关系，顶点坐标，对称轴方程，焦距，准线方程，渐近线方程，离心率 e，焦半径长，过曲线上点$(x_0，y_0)$的切线方程，已知斜率为 k 的切线方程，通径，作图方法，光学性质，参数方程，极坐标方程。把表中的空格填完后，就是一次系统的总结，这张表便于对比、区别和类比。二是专题整理，深化学习。专题有知识型和方法型之分。知识型的如"复数的几何意义及其应用""函数最值问题"等；方法型的有"反证法与同一法""分类与讨论"等。

　　b. 关于数学解题技巧的总结。数学解题技巧是解题方法的具体实施，主要可引导学生从习题归类着手。例如，研究涉及"至少有一个"的问题，得出这类题的解题规律：一是设法把"这一个"具体地找出来（有时要分几种情况讨论）；一是用反证法证明不可能一个都没有。研究列方程解应用题时，就可将应用题分为和倍差倍问题、等积变形问题、行程问题、流速（风速）问题、比例分配问题、劳力调配问题、工程问题、浓度问题、数字问题、时钟问题、年龄问题、几何问题、增长率问题等，探索每类问题的解题技巧。

　　c. 关于数学学习方法的总结。引导学生在数学学习中，应注意学习方法方面的总结提高。一是善于发现自己在学习中存在的问题。可通过复习、考后分析、自我检测来发现，通过和优秀生的学习进行比较，或通过学习报纸杂志介绍的学习经验来寻找自己存在的问题。二是要采取相应的措施明确学习动机、端正学习态度、改进学习方法、调整学习计划等，从而提高学习效率，达到学习目的。三是要及时总结自己在学习上的经验，并加以总结提高，更好地把握今后的学习活动。四是要认真学习别人在学习上的先进经验，在学习过程中，转化为自己的东西。

　　⑦将学习指导渗透于学生课外学习之中

　　中学数学课外学习，如同课内学习一样重要，它能够广泛地使学生接收新信息，培养学好数学的兴趣，加深巩固数学知识，丰富课余生活内容，促进学生全面发展。课外学习有无指导，效果大不一样。

　　a. 关于数学课外阅读。教师应鼓励学生积极参加数学课外阅读活动，指导学生选择深浅适中的数学课外读物，指导学生掌握阅读数学课外读物的方法，提倡学生做读书笔记，积极参加学校和社会组织的写读后感和讨论活动。

　　b. 关于数学竞赛。数学竞赛的学习指导，是一种特殊的学习指导，可引导学生注意五个方面的要求：一是课内打好基础；二是注意超前学习；三是加强专题训练；四是研究各类赛题；五是提高心理素质。

　　c. 关于数学兴趣小组。中学数学兴趣小组活动内容十分丰富，涉及面较广，教师可引导学生抓住机会积极参加数学兴趣小组活动，如撰写数学小论文（或小品文）活动，趣味数学（数学游戏）活动，数学故事会，数学讲座，数学墙报，数学制作与实践活动，数学游艺会活动等。

（3）数学全程渗透式学习指导的几项教育统计与分析

统计对象：实验班，高一（2）班 49 人；控制班，高一（某）班 49 人。

实验方法与过程如下。

a. 实验自变量及其操作方法。在实验班进行数学全程渗透式学习指导，在控制班则不刻意要求。

b. 实验因变量测定方法。具体见各实验设计。

c. 无关变量的控制。两班学生综合水平和数学水平相当，科任教师水平无明显差异（近 5 年所教班级数学成绩相当）。

①教育统计 1：学生制订计划与学习成效关系分析

实验设计：在寒暑假放假前，分别布置假期学习任务如下。ⓐ完成一定量的数学作业；ⓑ提交一篇与数学有关的研究性学习小论文；ⓒ预习下学期第一章前三节内容。

开学初第一周分别检查：ⓐ制订学习计划情况调查统计；ⓑ研究性学习小论文；ⓒ课堂测试学生所预习的新课内容。

统计结果如下。

a. 关于制订学习计划情况的调查统计（参见表 2-2）。

表 2-2　学生制订数学学习计划情况调查统计

班　级	坚持计划	偶尔计划	无 计 划	Σ
实验班	40（21.5）	8（14）	1（13.5）	49
控制班	3（21.5）	20（14）	26（13.5）	49
Σ	43	28	27	98

（表中括号内的数据为理论频数 f_e，后继统计，此项略）。

$$X^2 = \sum \frac{(f_0 - f_e)^2}{f_e} = 69.24, \, df = (3-1)(2-1) = 2, \, \chi^2_{(2)0.05} = 5.99。$$

因为 69.24＞5.99，所以 $p < 0.05$。

结论：实验班与控制班制订学习计划呈显著差异，即实验班制订学习计划情况明显比控制班好。

b. 关于研究性学习小论文（参见表 2-3）。

表 2-3　学生提交论文情况及获奖数

班级	提交人数	一等	二等	三等	表扬	缺交	Σ
实验班	46	4	6	9	27	3	49
控制班	36	1	2	5	28	13	49
Σ	82	5	8	14	55	16	98

$X^2 = 11.21$，$df = 3$，$\chi^2_{(4)0.05} = 9.49$。

因为 11.21＞9.49，所以 $p < 0.05$。

结论：实验班学生研究性学习情况比控制班好。

c. 关于新课测试（参见表 2-4）。

表 2-4　实验班与控制班 12 对基础相似学生的学习效果比较

对号编号	1	2	3	4	5	6	7	8	9	10	11	12	总分	平均分
实验组 X_1	100	96	94	85	80	79	74	70	68	68	66	61	941	78.42
控制组 X_2	94	90	89	84	82	70	66	75	60	63	54	56	883	73.58
$D = X_1 - X_2$	6	6	5	1	−2	9	8	−5	8	5	12	5	58	4.83
D^2	36	36	25	1	4	81	64	25	64	25	144	25	530	

$t = 3.55$，$df = 12 - 1 = 11$，$t_{(11)0.01} = 3.106$。

因为 3.55＞3.106，所以 $p < 0.01^{**}$。

分析与讨论：

由于实验班学生能按教师的要求认真制订学习计划并养成习惯，即使在假期，他们也能像平时上课一样制订好学习计划，有了学习计划并能认真执行，就能有效地完成学习任务。控制班由于没有要求一定要制订学习计划，学生在学习上缺乏计划性，影响了学习的成效。在平时的观察、家访、材料分析中，我们也发现实验班学生的学习大多数是"有序"的，而控制班学生"有序"的学习还不多。

上述统计表明，制订学习计划与学习成效呈正相关。

②教育统计 2：课前预习与学习成效关系分析

a. 关于课前预习情况的调查统计（参见表 2-5）。

表 2-5　学生课前预习情况调查统计

班　级	每天预习	经常预习	偶尔预习	不预习	Σ
实验班	31	10	8	0	49
控制班	11	10	20	8	49
Σ	42	20	28	8	98

$X^2 = 22.66$，$df = 3$，$\chi^2_{(3)0.05} = 7.81$。

因为 $22.66 > 7.81$，所以 $p < 0.05$。

b. 关于限时学习新材料的测试（参见表 2-6）。

实验班和控制班分别选取 12 对基础相似（高一入学时数学成绩相当）的学生，限一节课阅读高二新知识（数列部分内容），然后用一节课测试，满分 50 分。

表 2-6　12 对基础相似学生限时学习新材料效果比较

对号编号	1	2	3	4	5	6	7	8	9	10	11	12	总分	平均分
实验组 X_1	49	48	42	39	39	37	36	38	41	25	30	28	452	37.67
控制组 X_2	42	40	39	30	42	30	32	32	30	26	29	21	393	32.75
$D = X_1 - X_2$	7	8	3	9	-3	7	4	6	11	-1	1	7	59	4.92
D^2	49	64	9	81	9	49	16	36	121	1	1	49	485	

$t = 3.997$，$df = 11$，$t_{(11)0.01} = 3.106$。

因为 $3.997 > 3.106$，所以 $p < 0.01^{**}$。

c. 关于大信息量阅读能力的测试（参见表 2-7）。

给定大信息量数学阅读题编制成试卷，选取另一组 12 对基础相似学生限一节课答卷，满分 50 分。

表 2-7　12 对基础相似学生限时阅读学习效果比较

对号编号	1	2	3	4	5	6	7	8	9	10	11	12	总分	平均分
实验组 X_1	47	45	38	43	42	37	33	42	39	38	30	29	463	38.58
控制组 X_2	39	42	31	40	35	41	33	36	29	40	21	20	407	33.92
$D=X_1-X_2$	8	3	7	3	7	−4	0	6	10	−2	9	9	56	4.67
D^2	64	9	49	9	49	16	0	36	100	4	81	81	498	

$t=3.490$，$df=11$，$t_{(11)0.01}=3.106$。

因为 $3.490>3.106$，所以 $p<0.01^{**}$。

分析与讨论：

表 2-5 显示实验班课前预习情况比控制班好很多，这是有意渗透的结果。表 2-6 显示实验班学生由于预习能力强进而自学水平高，对新知识的获取能力强，这是长期坚持预习的结果。表 2-7 是大信息量阅读能力测试，只有基于平时预习的功底，才能在短时间内获取信息、处理信息、解决问题。

上述统计表明，坚持课前预习与学习成效呈正相关。

③教育统计 3：课堂学习与学习成效关系分析

a. 关于课堂学习能力的调查统计（参见表 2-8）。

给出一定判断数学课堂学习能力的标准，统计课堂学习能力有关数据。

表 2-8　学生课堂数学学习能力情况调查统计

班　级	会创新地学	会策略地学	会　学	学　会	不会学（不愿学）	$\sum$
实验班	6	8	30	5	0	49
控制班	1	3	23	18	4	49
$\sum$	7	11	53	23	4	98

$X^2=16.11$，$df=4$，$\chi^2_{(4)0.05}=9.49$。

因为 $16.11>9.49$，所以 $p<0.05$。

b. 关于学生课堂学习成效评价分析（参见表 2-9）。

设计表 2-9，由市教研室数学科同志牵头组成评价组，对实验班和控制班就同一教学内容（三角函数的求和求积问题）学生课堂学习成效进行评价，实验班得 92

分，控制班得 78 分，成绩差异 14 分，经统计检验，有显著差异。

表 2-9　学生课堂学习成效评价　　　　班级_____教师_____时间_____

指标 等级	学习 兴趣	课前 准备	听课 能力	回答 问题	课堂 笔记	思维 状态	参与 学习	师生 互动	练习 效果	课堂 氛围
A 10 分										
B 8 分										
C 6 分										
D 4 分										
E 2 分										
总分						评委签名				

c. 注重数学思想方法和注重数学能力的测试（参见表 2-10）。

请市教研室命两份侧重数学方法和能力的试卷，分两次分别对两班进行测试，成绩见表 2-10。

表 2-10　侧重数学思想方法和数学能力测验成绩比较

班　级	第一学期测试		第二学期测试	
	方法	能力	方法	能力
实验班	40.1	38.4	42.5	40.4
控制班	37.3	36.6	33.7	31.1
第一学期全班大样本 u 检验，无显著差异； 第二学期全班大样本 u 检验，呈显著差异。				

分析与讨论：

鉴于课堂学习中学习指导的渗透，表 2-8 显示实验班与控制班学生课堂数学学习能力有显著差异，实验班学生课堂数学学习能力强。表 2-9 是专家组对两个班级的课堂学习成效的评价，评价表明经课堂学习指导渗透的学生，其课堂学习成效明显好于不刻意渗透学习指导的控制班。表 2-10 是侧重数学思想方法和数学能力两方面测验，亦显示出课堂学习指导的成效。

上述统计表明，坚持课堂学习指导渗透与学习成效呈正相关。

④教育统计 4：课后复习与学习成效关系分析

a. 关于课后复习情况的调查统计（参见表 2-11）。

表 2-11　学生课后复习情况调查统计

班　级	每天复习	经常复习	偶尔复习	不复习	Σ
实验班	38	6	3	2	49
控制班	9	16	20	4	49
Σ	47	22	23	6	98

$X^2 = 35.58$，$df = 3$，$\chi^2_{(3)0.05} = 7.81$。

因为 $35.58 > 7.81$，所以 $p < 0.05$。

b. 关于课后复习能力的调查统计（参见表 2-12）。

给出一定判断数学课后复习能力的标准，统计课后复习能力有关数据。

表 2-12　学生数学课后复习能力情况调查统计

班　级	会创新地复习	会策略地复习	会复习	不太会复习	不会复习	Σ
实验班	5	9	33	2	0	49
控制班	1	4	25	16	3	49
Σ	6	13	58	18	3	98

$X^2 = 19.5$，$df = 4$，$\chi^2_{(4)0.05} = 9.49$。

因为 $19.5 > 9.49$，所以 $p < 0.05$。

c. 关于课后复习与学习成效的测试（参见表 2-13）。

由笔者对实验班与控制班 12 对基础相似的学生讲授两节（连堂）新课（三角方程），不告诉学生是否复习（实验班学生肯定会复习，控制班未必），不告诉学生第二天测试。第二天临时宣布对"三角方程"知识进行测试，获得如下数据（参见表 2-13）。

表 2-13　实验班与控制班 12 对学生课后复习与学习成效比较

对号编号	1	2	3	4	5	6	7	8	9	10	11	12	总分	平均分
实验组 X_1	100	76	92	67	83	79	100	72	81	64	90	87	991	82.58
控制组 X_2	90	80	76	58	78	80	92	66	67	51	82	81	901	75.08
$D=X_1-X_2$	10	−4	16	9	5	−1	8	6	14	13	8	6	90	7.5
D^2	100	16	256	81	25	1	64	36	196	169	64	36	1 044	

$t=4.342$，$df=11$，$t_{(11)0.01}=3.106$。

因为 $4.342>3.106$，所以 $p<0.01$**。

分析与讨论：

表 2-11 显示实验班课后复习情况比控制班好很多，这也是有意渗透的结果。表 2-12 显示实验班数学复习能力明显优于控制班，这是坚持课后复习的结果。表2-13 显示实验班与控制班课后复习与学习成效相关高度显著，没有长期的课后复习，是达不到这种水平的。

上述统计表明，坚持课后复习与学习成效呈正相关。

⑤教育统计 5：独立作业与学习成效关系分析

a. 关于学生完成作业情况的调查统计（参见表 2-14）。

表 2-14　学生完成作业情况的调查统计

班　级	限时完成作业	按时完成作业	基本完成作业	偶尔缺交作业	经常缺交作业	Σ
实验班	11	34	3	1	0	49
控制班	6	26	10	5	2	49
Σ	17	60	13	6	2	98

$X^2=10.97$，$df=4$，$\chi^2_{(4)0.05}=9.49$。

因为 $10.97>9.49$，所以 $p<0.05$。

b. 关于学生完成作业水平的调查统计（参见表 2-15）。

给出一定的判断完成作业水平的标准，统计学生完成作业能力的有关数据。

表 2-15　学生完成作业水平的调查统计

班　级	会创新地完成作业	会策略地完成作业	会科学地完成作业	会完成作业	完成作业有困　难	Σ
实验班	5	6	10	27	1	49
控制班	1	3	6	33	6	49
Σ	6	9	16	60	7	98
$X^2 = 8.84$，$df = 4$，$\chi^2_{(4)0.05} = 9.49$。 因为 $8.84 < 9.49$，所以 $p > 0.05$。						

c. 关于作业水平与考试水平的相关性研究（参见表 2-16）。

对 10 位学生 10 次数学作业暗中登记成绩（满分 100 分），求得每位学生平均分。研究这 10 位学生作业水平与考试（学期考）水平的相关性。

表 2-16　学生作业水平与考试水平的相关性研究

学生序号	1	2	3	4	5	6	7	8	9	10
10 次作业平均分	100	94	90	87	84	80	75	70	65	60
期考成绩	93	90	91	84	86	80	76	74	60	57
其皮尔逊积差相关系数是：$r = 0.97$，$f = 10 - 2 = 8$，$\gamma_{(8)0.001} = 0.8721$。 因为 $|\gamma| > |\gamma_{(8)0.001}|$，所以 $\gamma = 0.97^{***}$。										

分析与讨论：

表 2-14 显示实验班学生完成作业情况好于控制班。表 2-15 显示完成作业水平实验班与控制班无显著差异，我校是重点中学，学生完成作业水平普遍较好，控制班班主任和数学教师在这方面的要求也是极其严格的。表 2-16 显示作业水平与考试水平相关高度显著。

上述统计表明，指导学生科学完成作业与学习成效呈正相关。

⑥教育统计 6：学习总结与学习成效关系分析

a. 关于学生学习总结情况的调查统计（参见表 2-17）。

表 2-17　学生学习总结情况的调查统计

班　级	每单元总结	偶尔总结	不总结	Σ
实验班	36	11	2	49
控制班	14	18	17	49
Σ	50	29	19	98

$X^2 = 23.20$，$df = 2$，$\chi^2_{(2)0.05} = 5.99$。

因为 $23.20 > 5.99$，所以 $p < 0.05$。

b. 关于学生总结能力的调查统计（参见表 2-18）。

给出一定的判断总结能力的标准，统计学生总结能力的有关数据。

表 2-18　学生学习总结能力的调查统计

班　级	总结能力很强	总结能力强	总结能力中	总结能力弱	不会总结	Σ
实验班	8	21	12	6	2	49
控制班	2	10	21	9	7	49
Σ	10	31	33	15	9	98

$X^2 = 13.33$，$df = 4$，$\chi^2_{(4)0.05} = 9.49$。

因为 $13.33 > 9.49$，所以 $p < 0.05$。

c. 关于总结水平与考试水平的相关性研究（参见表 2-19）。

就 10 位学生高一数学 4 次单元总结评分，与其考试（期考）水平的相关性进行研究。

表 2-19　学生总结水平与考试水平的相关性研究

学 生 序 号	1	2	3	4	5	6	7	8	9	10
4 次总结水平平均分	92	90	87	81	80	75	70	68	66	60
期 考 成 绩	86	80	84	90	89	77	74	60	58	62

其皮尔逊积差相关系数是：$r = 0.88$，$f = 10 - 2 = 8$，$\gamma_{(8)0.001} = 0.8721$。

因为 $|\gamma| > |\gamma_{(8)0.001}|$，所以 $\gamma = 0.88^{***}$。

分析与讨论：

表 2-17 显示实验班学生学习总结情况明显好于控制班，实验班学生"总结意识强"。表 2-18 显示实验班"总结能力强"。表 2-19 显示学生数学总结水平与考试水平相关高度显著，这也验证了"学习总结是一种很好的学习方法"之说。

上述统计表明，学习总结与学习成效呈正相关。

⑦教育统计 7：学生课外学习与学习成效关系分析

a. 关于学生课外阅读情况的调查统计（参见表 2-20）。

表 2-20　学生数学课外阅读情况调查统计（高一学年内）

班　级	读 6 本以上	读 3～5 本	读 1～2 本	读 0 本	Σ
实验班	12	23	10	4	49
控制班	2	10	29	8	49
Σ	14	33	39	12	98

$X^2 = 22.85$，$df = 3$，$\chi^2_{(3)0.05} = 5.99$。

因为 $22.85 > 5.99$，所以 $p < 0.05$。

b. 关于学生参加各类数学课外小组的统计（参见表 2-21）。

表 2-21　学生参加各类数学课外小组的统计

班　级	A 参加市数学奥班人数	B 参加校数学奥班人数	C 参加校数学活动小组人数	D 听数学讲座人数	E 不参加上述活动人数	Σ
实验班	5	9	12	20	3	49
控制班	3	8	12	17	9	49
Σ	8	17	24	37	12	98

$X^2 = 0.8$，$df = 4$，$\chi^2_{(4)0.05} = 7.81$。

因为 $0.80 < 7.81$，所以 $p > 0.05$。

注：参加 A，必参加 B，C，D；参加 B，必参加 C，D；参加 C，必参加 D。不重复统计。

c. 关于学生数学课外知识的测试比较（参见表 2-22）。

请市教研室教研员编拟一份测试卷，试卷内容基本上不考虑课内所学知识，涉及数学课外知识、数学智力问题、数学游戏、数学悖论、生活中的数学、逻辑与对策问题等，统计测试分数进行比较。

表 2-22　学生数学课外知识的测试比较

班级	≥90分	80~89分	70~79分	60~69分	50~59分	40~49分	30~39分	Σ
实验班	4	9	16	10	7	3	0	49
控制班	1	6	14	10	8	7	3	49
Σ	5	15	30	20	15	10	3	98

$X^2 = 6.25$，$df = 6$，$\chi^2_{(6)0.05} = 12.59$。

因为 $6.25 < 12.59$，所以 $p > 0.05$。

分析与讨论：

表 2-20 显示实验班学生数学课外阅读情况明显好于控制班，实验班学生"有意课外阅读"。表 2-21 显示实验班与控制班在参加数学课外小组方面无显著差异，主要原因是学校的数学课外活动丰富，各类学生均有"选择"的余地，只不过实验班学生的层次稍高些。表 2-22 显示学生数学课外知识的测试情况，实验班与控制班无显著差异，按理说实验班阅读量大，但阅读与测试之间的关系如何尚待进一步研究。

上述统计表明，就目前情况看，课外学习与学习成效相关不显著。

⑧教育统计 8：数学全程渗透学习指导与学习成效关系分析

a. 实验班与控制班高一学年成绩比较，如图 2-2 所示。

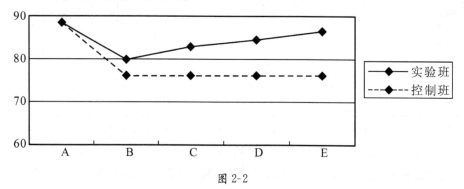

图 2-2

A：高一入学成绩；B：高一（上）半期考成绩；C：高一（上）期考成绩；

D：高一（下）半期考成绩；E：高一（下）期考成绩。

b. 实验班与控制班高一学年合格率、优秀率比较（参见表2-23）。

表2-23 高一学年考试优秀率（%）、合格率（%）比较

班级	高一入学成绩		高一（上）半期考		高一（上）期考		高一（下）半期考		高一（下）期考	
	合格	优秀	合格	优秀	合格	优秀	合格	优秀	合格	优秀
实验班	100	75.8	96.4	47.3	90.1	38.6	98.1	50.5	96.6	48.3
控制班	100	75.9	92.5	41.6	85.3	33.6	92.4	43.4	89.7	39.5

注：按百分统计，60分以上合格，85分以上为优秀。

c. 实验班与控制班高一学年成绩差异统计（参见表2-24）。

表2-24 高一学年成绩差异统计

班 级	高一入学成绩	高一（上）半期考	高一（上）期考	高一（下）半期考	高一（下）期考
实验班	132.6	79.6	82.7	84.4	86.3
控制班	132.9	76.6	75.6	75.9	76.2
成绩差异	−0.3	3.0	7.1*	8.5**	10.1**

注：高一入学成绩满分为150分。成绩差异经统计检验，有显著差异用 * 表示；有非常显著差异的用 * * 表示。

分析与讨论：

上述统计表明，数学全程渗透式学习指导一年的实验取得一定的成效，实验班学习成绩随着实验的不断深化越来越高于控制班，其差异经统计检验也从无显著意义，到有显著意义，又发展到有非常显著意义。实验班学生的合格率、优秀率也越来越高于控制班。

事实上，从平时的观察和前面几项的统计看，实验班的班风、学风、课堂氛围、学习积极性、数学思维水平、数学方法意识等，明显好于控制班。

随后，实验班师生满怀信心地进入新一轮的实验。

（4）对数学全程渗透式学习指导的认识

①渗透式学习指导要贯穿于学生学习的各个环节

数学教师能注意渗透学习指导者本就不多，而这些教师又大多是在课堂教学中进行渗透。我们认为，学习指导应需要有更多的教师自觉参与，参与渗透式学习指导的教师，应在学习的各个环节中渗透学习指导，对学生实施全方位、多层次、广

西部讲学途中

渠道的学习指导渗透。

②渗透式学习指导要以课堂教学为主要途径

渗透主要体现在课堂教学之中，遵照"确定渗透点—结合教学渗透—落实训练"结构进行。在备课时，根据学生理解知识的程度，掌握学习方法的情况，确立在哪个部分渗透什么学习方法。在讲授知识内容的同时将以往学习方法上反映出来的问题和知识内容特有的学习方法，进行有针对性的具体的正确引导。

③渗透式学习指导要求教师要有强烈的渗透意识

教师应做到在教会学生知识技能的同时教会学习方法，树立只有教会学生学会学习的教师才是好教师的观念，自觉将渗透式学习指导纳入学生学习的全过程。

④渗透式学习指导要求教师要有一定的指导学生学习的能力

教师要自觉地学习科学理论和指导学生学习的技巧。教师在"指导"中，应有所"指"，更要注重"导"，要让学法真正成为学生自主学习的工具。教师在渗透和提示学法后，还要加强定型训练，同时注意迁移。在教学中，渗透学法不能急于求成，应由简单到复杂，循序渐进。教师指导应具体明了，这样便于学生操作。渗透式学习指导也不能全由教师包办，也可在教学中不断引导学生发现摸索自己的学习方法和总结他人的学习方法。

⑤渗透式学习指导要把握渗透时机、渗透方式、渗透范围、渗透深度等问题

渗透式学习指导是结合学科教学进行的，所以有个时机问题，恰当选择渗透点，不失时机，精心渗透。渗透的方式是多样的，在不同环节中，渗透方式不同，在同一环节中，也有不同的渗透方式。只要能将渗透内容清澈透析出来的方式，都可以采纳。教师在渗透指导中要有自己的独到设想，要有创造性。渗透指导要注意范围和深度问题，渗透某种方法，往往不是一次完成的，要让学生真正掌握，还应有一个过程。教师也有一个过程，教师应逐步扩大渗透范围和深度，使渗透指导的节奏有层次地进行。

⑥渗透式学习指导可适当与其他学习指导配合使用

渗透式学习指导模式，只是学习指导模式中的一种，有它的局限性。因此，教师应注意适当与其他学习指导模式配合使用。学习指导形式上有"五类十二式"，其系统图如下。

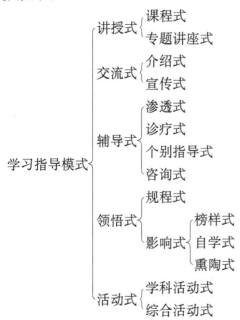

学习指导可选择某种模式为主要模式，但模式应该有机地融合、配合、结合使用，相互照应，发挥模式的整体效益。

（二）影响学生数学学习的因素分析

学生的学习成绩是教师和学生共同追求的目标，但影响学生学习的因素并不仅仅在教育，它涉及诸多方面的因素，本文从实用性和便于叙述的角度出发，将影响学生数学学习的因素分为智力因素、非智力因素、教学因素、环境因素、学法因素、性别因素六个方面并进行论述。

1. 影响学生数学学习的智力因素

关于智力和智力的结构，学术界的说法不一。本文的论述，采用燕国材先生的界定：智力不是什么神秘莫测的东西，而是人们在认识客观事物的过程中所形成的认识方面的稳定心理特点的综合；而这种"综合"足以保证人们有效地进行认识活动。智力的结构如图 2-3 所示。

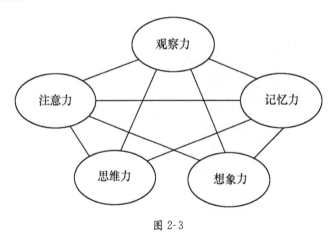

图 2-3

这五种基本因素在智力结构中互相影响、相互促进、彼此制约。

（1）注意力对数学学习的影响

①注意及其分类

注意，心理学著作把它表述为：注意是心理活动对一定对象的指向和集中。它具有两个显著特点：指向性和集中性。指向性是指人在某一瞬间，他的心理活动选择了某个对象，而离开了另一些对象。集中性是指人的心理活动或意识指向某个对象时，它们会在这个对象上集中起来。如果说注意的指向性是指心理活动朝向某个对象，那么集中性就是心理活动在一定方向上的强度和紧张度。心理活动的强度越大，紧张度越高，注意力就越集中。

心理学著作一般都把注意分为无意注意和有意注意两种。相对于没有自觉目的的无意注意来讲，有意注意是一种有自觉目的的注意；而从是否需要作出意志努力来看，有意注意又可分为两种类型：一种是不需要作出什么意志努力的有意注意；另一种则是需要作出一定意志努力的有意注意。前者可称为非意志注意，后者则称为意志注意。注意的分类可列表如下：

$$注意\begin{cases}无意注意\\有意注意\begin{cases}意志注意\\非意志注意\end{cases}\end{cases}$$

②注意在学习中的意义

注意是学习的重要条件，而分心则是学习的大敌。注意，从不同角度对学习产生重要影响。

在学习中，我们有很多知识是通过无意注意的渠道获得的，而我们的系统知识主要是通过有意注意的渠道获得的。确切地说，应当把无意注意和有意注意交替运用，从而提高学习效率。

从注意的品质看，一是注意的范围，注意范围大的人，他的阅读速度就快；反之，他的阅读速度就慢。二是注意的稳定性，注意稳定性强的人，可以在较长的时间内连续不断地进行学习，这样就能保证获得丰富而系统的知识；反之，他所获得的知识就必然会零碎不全，杂乱无章。三是注意的分配，注意的分配和集中既矛盾又统一。要注意集中，就一心不可二用；要注意分配，就一心必须二用（甚至三用、四用）。二者能否统一，关键在于学习者是否掌握了一定的技能和技巧。四是注意的紧张性，一定的注意紧张，能高度专注于当前的学习任务，避免各种干扰，提高学习效率，但过分紧张就会使人精疲力竭。五是注意的主动性，注意的主动性是学习的主动性、积极性的一个必要的组成因素。有了注意的主动性，就会及时地去从事学习活动，就会珍惜时间，不断获取更多的知识。

③注意与数学学习

大数学家高斯边专心致志地思考着数学问题，边走回到自己的家门，他敲门后

比海洋大的是天空，比天空大的是心胸

听到里面仆人隔着上锁的大门回答："主人不在家。"高斯转身就走，边走边自言自语地说："好！我下次再来！"显然，一个人居然把自己的家当成了别人的家，路过家门不入，足以证明他的注意力高度集中在数学问题上！无独有偶，我国著名数学家陈景润也有类似的故事。他专心钻研数学难题，竟忘了时间，被锁在图书馆里过夜之事，就是他注意力高度集中，事业上成功的生动说明。

有位教师曾用"一个三棱柱拆成三个体积相等的三棱锥"的画图问题做过一个实验：教师对其中一个班什么也没有提醒，结果全班 52 人中，有 34 人画不出来，只有 18 人画出来，其中还有 6 人的答案有些小毛病。对另一个班提醒学生把注意力集中到三棱柱的一个固定的顶点上，把它看作拆成的三个三棱锥的公共顶点，结果全班 48 人中，25 人全对，18 人对了大部分，只有 5 人画不出来。（读者不妨也画画看）

为什么提醒学生注意后，画图的效果好？原因是他们已把心理活动集中指向三棱柱的某个固定顶点和三棱锥的形象上去了，容易找到解题路径。这个实验的理论根据就是心理学中的注意规律。

某数学家在谈论数学时说："要搞数学，你就得把整个身心放进去，从各个方面学习它，夜以继日地摆弄它，并把点点滴滴的精力都用于理解它。"搞数学研究，需要注意力高度集中；进行数学学习，也需要注意力高度集中。听数学课，要专心致志，积极思维；读数学书，要字字见于书，入于目，发于心；做数学题，更要集中精力，抓住解题的关键点，探求解题途径；对于一些繁杂的数学运算，更要认真仔细，正确、迅速、合理地进行解答。

反过来，数学学习活动有助于培养我们的注意力。英国哲学家、科学家培根说："如果一个人轻浮，易于分散精力，在需要集中注意力时不能保持注意力，那么数学可以帮助他克服缺点，因为在数学中，谁要是在思想上稍微开了一点儿小差，那么整个证明就得重新开始。"

教育家把注意力比作"通向知识宝库的门户"，你不打开它，知识的阳光就无法透进心灵，智力也将得不到发展，学会集中注意力，是数学学习成功的关键。

④数学注意能力的培养

a. 明确学习目的。在学习中，为了能够较长时间地保持注意，就必须明确某一学习活动的总目标，以及达到这一总目标所安排的每一个步骤的具体任务。一个人对学习的意义越清楚，完成任务的愿望越强烈，意志越坚定，他的注意力就越集中和稳定。

b. 培养学习兴趣。强烈的兴趣能使注意力高度集中。然而，中学生并不是对自己所要掌握的东西都感兴趣。特别在学习某门功课越学越吃力时，就会感到厌烦。俄国教育家乌申斯基说："在学习中，并不是所有的东西都是有趣的，一定有，而且应当有枯燥无味的东西。应当教导儿童不仅去做有趣的事，而且要做没有趣味的事，即为了完成自己的责任而做的事。"因此，要培养注意力，就必须克服学习中的厌烦心理，用坚强的意志来学习，逐步增加对学习的兴趣。罗素 11 岁时开始学习几何，他回忆这段时光时说："这是我一生中的一件大事，我想不到世界上有什么东西会这样有趣。"正是这种兴趣，促使他专心致志地研究数学，成为杰出的数学家。

c. 加强意志锻炼。在学习中，我们常常会对一些自认为枯燥无味的东西不予以注意，也常常会遇到富有吸引力的刺激分散自己的注意。在这种场合下就需要一个人具有坚强的意志，使自己去注意。例如，用坚强的意志去指挥学生学习不感兴趣的学科；有意锻炼学生在纷扰的环境中学习等。一句话，只有意志坚定的人，才会成为注意的主人；反之，意志薄弱者，就会成为注意的奴隶。

不到长城非好汉

d. 尽量避免分散注意力的因素。学生应当养成"闹中求静"的学习本领。但一般地说，在学习中，选择良好环境，尽量避免分散注意力的因素，可以提高学习效率。例如，做好课前准备，能更好地集中注意力；准备工作不充分，往往是分心的重要原因。又如，学生在家学习，要为自己设计一个学习的"小天地"，桌子要放在窗户右边看不见外面和家中其他东西的地方；如果和兄弟姐妹同用一间学习室，要背对背，或中间放置屏风、书籍、布帘等隔开，以免互相干扰；"小天地"要离家中的会客室、电视机、电脑远些，以免受到影响。再如，桌前的墙壁上、桌上的玻璃板下切不可布置得太华丽，更不要一边学习一边听收音机。光线的阴暗、座位的不适等都会分散注意力，应当注意避免。

e. 养成注意习惯。注意力培养的重要途径之一，就是要养成任何时候都不能不注意地学习这一习惯。这不是浪费精力，而是提高学习效率所必需的。注意的习惯是多方面的。比如，在学习一开始，就能立即投入集中注意；在学习进程中，仍能始终保持高度注意，不让其分散；遇到困难，能马上动员自己的意志力量，强使自己去注意学习；学习快结束时，仍能使注意保持紧张状态，有始有终，决不虎头蛇尾等。北宋历史学家司马光，小时候一度贪玩，别的同学把课文读熟出去玩，他还没读熟。以后，他把门插上，把窗帘放下，关在房里逼自己静心读书，不读熟不出去。久而久之，便养成了潜心钻研的习惯，终于成为当时博古通今、知识渊博的人。

f. 用科学的方法保持注意力。在一个问题上集中精力久了，人就会感到疲劳，甚至昏昏欲睡，降低注意效率。这时就应当休息一下，或轻微地活动一下，或转换学习内容，使原来的脑细胞休息，另一部分脑细胞兴奋起来，这将使注意力保持得更久。学校里的课间休息就是这个道理。也可以把看、读、写、做、思结合起来，交替进行。学会科学地分配注意力也是十分重要的。上课时，我们既要听讲，同时又要记笔记，就是注意的分配和集中的表现。要注意集中，就一心不可二用，正如我国战国时期思想家、教育家荀子所说："目不能两视而明，耳不能两听而聪。"要注意分配，就一心必须二用（甚至三用、四用），又正如荀子所说："知而有异"，必须"同时兼知之"，所以在学习中既要善于集中注意，有时也需要善于分配注意。

g. 执行合理的作息制度。该认真听课了，有的学生却很疲惫，原来他昨晚看电视看得太晚了；该开始解题了，有的学生还没有开始审题，原来他还想着刚才在室外游戏的情形。不严格遵守作息制度，是注意力分散的一个原因。该活动的时候活动，该休息的时候休息。这样，到了该学习的时候，注意就很自然地转移到学习上，学习即可开始。

h. 适当的文体活动。文体活动要求身体各器官的活动密切配合起来，以适应活动的需要。有益的适当的文体活动，有助于学生身心的健康成长，可以陶冶情操，锻炼意志，可以使学生在紧张的学习之余，得到积极的愉快的休息，消除疲劳，恢复体力，保证学习时注意力集中，精力充沛，从而提高学习效率。

（2）观察力对数学学习的影响

①感知、观察、观察力

我们认识客观世界是从感觉和知觉开始的。感觉是人脑对直接作用于感觉器官的客观事物的个别属性的反映，而知觉则是人脑对直接作用于感觉器官的客观事物的整体属性的反映。感觉为我们提供事物的颜色、形状、气味等个别的物理或化学的属性；知觉则使我们能够了解事物的意义和外部关系。

观察与观察力基本上是相同的，如果说有一点不同的话，简单地说观察力就是观察的效力。具体地说，观察力是在有目的的计划以及有思维积极参加的感知过程中，逐渐形成的一种比较稳固的认识特点。可见，观察力是智力活动的门户，是智力活动的源泉。

②观察在学习中的意义

观察是人们认识世界的门户。要发现和探索大自然的奥妙，需要观察；进行文学艺术创作，也需要观察。达尔文曾对自己作了这样一个评价："我既没有突出的理解力，也没有过人的机智；只是在觉察那些稍纵即逝的事物并对其进行精细观察的能力上，我可能在众人之上。"俄国著名生理学家巴甫洛夫也很重视观察，在他的实验室的墙上，贴着醒目的大条幅："观察、观察、再观察！"我国明代著名医生和药物学家李时珍撰著《本草纲目》，记载药物 1 892 种，附方 11 096 则，就缘于他能"搜罗百氏、旁征博引"地总结前人的成果，以及不辞辛苦、深入实际、有目的、有计划地进行观察。"如果要创作，第一须观察。"这是鲁迅对青年文学爱好者的教导。俄国文学家契诃夫也指出："作家务必要把自己锻炼成为一个目光敏锐、永不罢休的观察家。"艺术大师罗丹在其遗嘱中告诫青年："所谓大师就是这样的人，他们用自己的眼睛去看别人看过的东西，在别人司空见惯的东西上能够发现出美来。"

上述事例说明了观察在科学研究和文学艺术创作中的重要作用。同样，学习也离不开观察。实践证明，学生观察力的强弱对学习的好坏有直接影响。例如，在语文识字教学中，两个字的字形、写法只有细微差别，观察力较强的学生就能看出来，如果某同学的观察力较强，他就可以抓住现实生活中的大量题材，感到很有东西可写，对人物、景物、事物的描写就会细致深入、具体生动。反之，观察能力较差的学生往往感到无内容可写，写不具体，或就事论事、干巴空洞。在数学学习中，观察力强的学生，在教师用实物演示或图形说明某一概念时，能抓住本质，看到数量变化的关系，理解概念的实际意义。可见，观察能力对于学习是多么重要！

③观察与数学学习

对于学习来说，观察是获取知识、提高能力的门户，是智力发展的基础。高斯之所以能在 10 岁的时候就能超乎常人，很快地算出 $1+2+3+\cdots+100=5\,050$，就是因为他首先观察到这个算题的特点。

观察，从数学上来说，就是有意识地对事物的数与形的特点进行一番直觉上的认识。数学解题虽然与物理、化学、生物上的实验不同，但也需要透过现象去认识本质，需要抓住问题中数与形的特点，找出其内在的联系和规律。要想提高自己的解题能力，就得训练自己善于观察。

观察是中学数学学习方法中最基本的方法。在学习中，了解观察的意义，掌握观察的特点和作用，是决定观察质量的前提。恰当地运用观察，对培养观察能力，提高学习效果有重大意义。

数学概念的形成，命题的发现，解题方法的探求，都离不开观察。数学概念是

无限风光在险峰：龙脊梯田

现实世界的事物和现象的数量关系和空间形式的基本属性在人们头脑中的反映，很多由观察直接得来。数学中的定理、公式等，都是数学对象属性之间关系的反映，认识这些关系，很多也都是从数学对象的直接观察或测量得来的（如勾股定理）。就数学的基础而言，公理的确定就是首先通过观察事物的运动变化，再通过抽象概括才得以形成的。

观察能力不强的学生，审题时看不清题意，解题时找不到突破口；学习概念时不能掌握实质，因而影响学习成绩的提高。可见，观察对数学学习是十分重要的。

例如，解方程 $|x+1|+\sqrt{x-2}=2$，此题按常规解法来解，过程十分冗长。若注意观察题目结构，可知 $x-2\geq0$ 即 $x\geq2$，于是 $|x+1|\geq3$。这样左边$\geq3>2$，故原方程无解。这样我们直接通过观察就能得到解题的结果了。

又如，当 $a=\dfrac{4}{\sqrt{5}-1}$ 时，求 $\dfrac{1}{2}a^3-a^2-2a+1$ 的值。本题若把 $a=\dfrac{4}{\sqrt{5}-1}$ 代入求值，甚为麻烦。若能通过观察，从 $a=\dfrac{4}{\sqrt{5}-1}=\sqrt{5}+1$，得 $a-1=\sqrt{5}$ 这一隐蔽条件，将 $\dfrac{1}{2}a^3-a^2-2a+1$ 析出 $a-1$ 的二次幂，解法极为简便（解题过程留给读者完成，答案为1）。

再如，解方程 $(\sqrt{2+\sqrt{3}})^x+(\sqrt{2-\sqrt{3}})^x=4$。乍一看来，这题好像很复杂，不知从何下手。仔细观察，不难发现 $\sqrt{2+\sqrt{3}}$ 与 $\sqrt{2-\sqrt{3}}$ 互为倒数，令 $y=(\sqrt{2+\sqrt{3}})^x$，则原方程化为 $y^2-4y+1=0$，进一步可求得 $x=\pm2$。

（3）记忆力对数学学习的影响

①记忆及其分类

所谓记忆，就是过去经历过的事物在我们头脑中的反映。这种过去的经历，既可以是我们感知过的事物、思考过的问题、体验过的情绪，也可以是我们采取过的具体行动。

记忆是一种心理过程，它包括记忆、保持、回忆或再认三个基本环节。根据信息加工的观点，如果把人脑看作一台高效能的大型电子计算机组的话，人的记忆也可以说是一个信息输入、编码、储存和提取的过程。

记忆，按其目的性的程度或采取什么样的方法，可以分为如下几种。

$$
记忆\begin{cases} 无意记忆 \\ 有意记忆\begin{cases} 机械记忆 \\ 意义记忆 \end{cases} \end{cases}
$$

无意记忆是指没有自觉目的，不需要任何意志努力，也没有采用任何记忆方法的一种记忆。有意记忆是指具有自觉的，有时还需要作出一定的意志努力，并需要采取一定记忆方法的一种记忆。有意记忆又可分为两种，一种是机械记忆，如记电话号码、人名、地名、时间、元素符号等；另一种是意义记忆，如记一篇课文的内容，记一首诗、一个公式等。

在学习中，要把机械记忆和意义记忆结合起来。一方面，在机械记忆时，尽可能把它意义化，有助于记忆效果的提高。例如，要记住河北省的简称"冀"，河南省的简称"豫"，就可以联系其历史根源。再如，要记住日本富士山的高度（约 12 365 英尺），就可以把它和一年的月份 12 与天数 365 联系起来。另一方面，在学习中，有意义的材料占多数，理解了这些意义后，不仅容易记，而且不易忘记。因此，学习中应当以意义记忆为主，机械记忆为辅，扬长避短，结合运用。

②记忆在学习中的意义

记忆是积累知识的仓库。俄国军事家苏沃洛夫说："记忆是智慧的仓库，要把一切东西迅速地放到应该放的地方去。"如果把学习比作一座工厂,那么记忆就是这座工厂的原料仓库。记忆能为学习活动提供的原料越多,我们的想象力就越丰富,越富有创造性,我们的思维活动就越活跃,越富有灵活性。反之,一切学习活动将无法进行下去。

在科技迅猛发展的时代,新知识、新词语、新方法层出不穷,记忆成为十分重要的问题。人的记忆能力究竟有多强?美国麻省理工学院科学家的一份报告这样说,假如你始终好学不倦,那么,你的脑子一生储蓄的各种知识,将相当于美国国会图书馆藏书的50倍。该图书馆现藏书量为1 000多万册。也就是说,人脑的记忆容量相当于5亿本书籍的知识总量。既然人脑具有如此巨大的记忆储量,为什么普通人的记忆效率却很低?这是因为人们只用了脑力的1/10,科学的记忆方法还有待人们进一步去发掘和掌握,同时还要与遗忘作斗争。

记忆能力提高了,学习效率必然提高。解题时忘了公式,就会影响解题速度;读书、写作时忘了字词的读音、写法或意义,就必须查字典、词典从而花费时间;听课时,记不住旧的知识,就会影响新知识的学习;记不住必要的知识,在考试中屡遭失败的事例更是常见。总而言之,没有记忆,就没有学习;要提高学习效率,就必须重视提高记忆能力。

③记忆与数学学习

在数学学习中,我们反对不注意理解的死记硬背,但并不是不要记忆。数学知识的锁链是环环相扣的,没有对旧知识的记忆,就谈不上对新知识的理解;没有对已学过的若干概念、定理、公式、法则的理解和记忆,对它们的应用也将化为泡影。

在数学学习或研究中,采用机械记忆方式是没有多大意义的,而应当学会数学记忆。数学能力并不和记忆能力成正比,但这并不意味着记忆对数学无关紧要。我们在学习数学的过程中,能够记忆足够的定义、定理、公式、法则,以及处理一些问题的原则和方法,是学好数学的前提条件之一。

良好的记忆品质,有助于开阔解题思路。我们常常可以看到,对于同一个数学问题,我们往往可以用不同的思路得到不同的解法,而所有这些解法都以一定的记忆为前提。由于学过的各种知识在我们头脑中的印象深刻程度不同,因而得到了不同的解法。而有的学生可能竟连一种解法也想不出,就因为他对有关各种知识的印象是十分淡薄的。这就说明了数学思路是否开阔,与我们对所学知识的记忆程度有

"多元智能理论"的参与式培训

密切关系。

良好的记忆品质，还可以帮助我们形成解题技能。数学学习过程中遇到的某类问题，概括并保持这种问题类以及各类的解法模式便是一种重要的数学记忆模式。

请看下面两类题组。

题组一：

解方程：$\sqrt{3x+2y-1}+|2x+3y-4|=0$；

解方程：$(x^2+1)(y^2+4)=8xy$；

设 $5x^2-4xy+y^2-4x+4=0$，求证：$\log_x(2x+y)=3$；

设 a，b，c，d 是非零实数，且 $(a^2+b^2+c^2)(b^2+c^2+d^2)=(ab+bc+cd)^2$，求证：$\dfrac{a}{b}=\dfrac{b}{c}=\dfrac{c}{d}$。

题组二：

若 $ad \neq bc$，求证：$(a^2+b^2)(c^2+d^2)>(ac+bd)^2$；

已知 $ax+by+cz=p$，且 a，b，c 中至少有一个不为零，各字母均为实数，求证：$x^2+y^2+z^2\geqslant\dfrac{p^2}{a^2+b^2+c^2}$；

已知 a，b，$c\in\mathbf{R}$，$a+2b+3c=6$，求证：$a^2+2b^2+3c^2\geqslant6$。

题组一尽管形式各异，但有经验的同学都会唤起"记忆"，利用非负数性质进行解答。题组二虽形式各异，但结构是一致的，即所证不等式均可变形为 $B^2-4AC\leqslant0$ 的形式，所以是一个类型问题，其解法模式就是增设辅助函数构造二次方程进行证明。

（4）想象力对数学学习的影响

①想象及其分类

所谓想象，就是人脑在已有表象的基础上加工改造形成新形象的心理过程。如果说，知觉的形象是反映眼前的事物，记忆的形象是再生过去的事物，那么，想象的形象则既是过去的、现在的，也是将来的。

根据产生想象时有无目的，可把想象分为有意想象和无意想象两大类。有意想象又可分为再造想象、创造想象和幻想。

无意想象是没有自觉目的、也不需要作出任何努力的一种想象。例如，一个人在所谓"走神"的时候，也就是这种想象最活跃的时候。通常人们所说的"想入非非""胡思乱想"，就含有无意想象的成分。梦也是一种无意想象。科学家、艺术家的灵感有时是由无意想象而触发的。一百多年前，德国著名化学家凯库勒对苯分子结构百思不得其解。有一次，他坐在马车上，不知不觉进入梦乡。他梦到许多原子排成队，扭动着，像一条条狂舞的银蛇，突然，一条蛇把头蜷曲上来，咬住自己的尾巴，就在这时，凯库勒醒了，他朝思暮想的苯分子结构问题就这样解决了，因为他悟出了苯的分子结构是环形的，就像首尾相接的一条蛇。

有意想象是一种有自觉目的，有时还须作出一定努力的想象。它在学习中的作用是不可忽视的。有意想象包括再造想象、创造想象和幻想。

再造想象就是根据某些形象的、语言文字的描述，在我们的头脑中构造出现实

在香港和校友在一起

存在的，但从未见过的事物的形象。例如，工人在建筑房屋之前，看了建筑图样，在头脑中产生建筑物的新形象；没有到过长城的人，根据图片、电影及文字介绍等，可以在头脑中"看到"它，甚至有"身临其境"之感，都是再造性的想象。再造想象在学习中有着重要意义。例如，在学习几何时，我们可根据平面图形想象出立体、断面和某些动态的形象：学习地理，可想象出山川、河流等自然界的形象；学习历史，可想象出古代生活的情境；学习语文，可由课文的内容想象出一幅幅图画来，从而更好地体会课文；就是上体育课，也可以根据教师的示范动作再造出相应的形象。

创造想象就是根据已有的形象，在头脑中构造出前所未有的新形象。例如，文学作品中主人公的形象、新发明的机器的结构形象，都是创造性的想象。创造想象是创造性劳动和革新的基础，在教学中要重视培养学生的创造性想象力。

幻想是创造想象的一种特殊形式，人们对未来生活的希望和向往常常以幻想的形式表现出来。列宁说："幻想是极其可贵的品质。"科学的幻想常常是发明创造的先导。今天的幻想，明天就可能成为现实。

②想象在学习中的意义

想象在人的社会实践中起着重要的作用，在文学艺术创作和科学发明中占有特别重要的地位。没有想象力，就没有李白"飞流直下三千尺，疑是银河落九天"的千古名句；没有想象力，就不可能有微积分理论的诞生。可以说，没有想象力就没有艺术，没有想象力就没有科学。例如，雕刻家的头脑中首先要有雕刻的想象，然后把这个想象构成的映象体现在大理石上，如果没有这种想象，他就不可能进行创作。有人评价唐代著名诗人王维的诗是"诗中有画"，他的画是"画中有诗"，他之所以能够达到这样的境界，一个很重要的原因是他有丰富的创造性想象能力。爱因斯坦说："想象力比知识更重要，因为知识是有限的，而想象力概括着世界上的一切，推动着进步，并且是知识的源泉。"严格地说，想象力是科学研究中的实在因素。

想象渗透在中小学生学习生活的各个方面，是学生完成学习任务必须具备的心理品质，特别是在发展思维、形成概念中，想象更具有重要作用。例如，小学算术中的应用题，没有想象就不能形成解题思路；高中的立体几何，没有一定的空间想象力，就不容易形成立体概念；学习化学，如果不利用想象去认识各种微观粒子，就不能理解微观粒子的运动、结构和性质；学习语文，如果不能想象出课文中的人物形象，就很难理解课文；写作文，如果没有一定的想象构思能力，就很难下笔，就是写出来也很空洞干巴。中学的物理课更是如此，一些抽象的东西，如光、电、磁、场、波、原子能的热核反应等，都需要在一定教学手段的配合下，通过想象去理解，以形成概念；有了这些概念才能进行更深入的思维。总之，不论学习哪一科，对知识的理解和科学概念的形成，都要借助于想象力。所以，想象力是学习者必须具备的一种重要能力。

③想象与数学学习

心理学研究表明：在问题、情境具有很多不明确的地方，正是想象充分表现其力量所在。虽然解数学题的过程主要服从于思维规律，但在探索解题途径的阶段，则要更多地依赖于想象。

想象是以原有表象或经验为基础创造新形象的心理过程。想象力在数学学习或研究中都是非常重要的。因为数学中有不少数量关系和空间形式是无法凭借感官直接感知到的，如对无穷大和无穷小的认识，因为它超过了可见范围的空间延伸和分裂,就需要我们有较强的想象力。立体几何中空间图形的构成以及它和实物的相通就要有较强的想象力;同样,研究平面图形包括平面几何图形、解析几何中的图形以及代数、三角中的函数图像的作图、图形变换、数形结合等问题,也要靠我们有较强的想象力才能完成;没有想象,就不可能发明微积分。就连趣味数学题,也充满着想象。例如,用 6 根火柴棒拼成 4 个等边三角形。不少同学在平面上苦思冥想,毫无办法,有的同学从平面到空间,通过想象,搭成一个正四面体,完成了这道题。又如,有一个正方体,它的表面涂满了红色,在它每个面上切两刀,可得 27 个小正方体,而且凡是切面都是白色的,问小正方体中三面红的有几块?两面红的呢?一面红的呢?各面都是白色的呢?如果每面切 3 刀,情况又怎样呢?

一个想象力强的学生,在解题时,一般思维敏捷、灵活,思路开阔,能"一题多解"和"一题多变"的。

让我们再共同来研究下面这道趣味数学题:如图 2-4 所示,有同样大小的立方体木块堆放在房间的一角,一共垒了 10 层,这 10 层看不见的木块共有多少个?

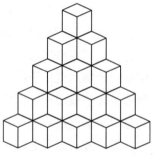

解此题,需要空间想象能力。我们这样来思考:第 n 层看得见的木块下有 $n(10-n)$ 个看不见的木块,故看不见的木块总数为 $1\times(10-1)+2\times(10-2)+\cdots+10\times(10-10)=165$。

图 2-4

难怪有位科学家认为:"的确,数学家所表现出的创造性的想象力在任何方面都没有被超越过,甚至没有被赶上过,并且我愿冒昧地说,甚至不曾在其他地方被接近过。"寥寥数语,把想象对数学研究的重要作用说得甚透。

一位数学家也说过:"数学的运动能量不是推理而是想象。"英国现代数学家布罗诺夫斯基在题为《想象的天地》的演讲中指出:"所有伟大的科学家都自由地运用他们的想象,并且听凭他们的想象得出一些狂妄的结论,而不叫喊'停止前进'!"

(5)思维力对数学学习的影响

①思维及其分类

心理学一般都把思维的定义规定为:思维是人脑对客观事物间接的和概括的认识过程。它是在感知的基础上,利用脑中储存的知识经验,通过客观事物的表面现象，对客观事物的本质与内在规律进行间接概括的认识过程。

思维的种类颇多，根据思维过程凭借对象或思维形态的不同，可将思维分为动作思维、形象思维和抽象思维。

$$思维 \begin{cases} 动作思维 \\ 形象思维 \\ 抽象思维 \end{cases}$$

动作思维的特点在于解决问题的任务是直观的，以具体的形式提出来，解决的方式是实际动作。例如，在实验过程中，仪器发生故障，就要动手去检查，并排除故障。在学习物理、化学、生物等学科时，要善于利用动作思维。我们平常所说的手脑结合，实际上就是动作思维与抽象思维的结合。

形象思维的特点是利用已有的直观形象去解决问题。例如，儿童虽然也能算出"3＋4＝7"，但他们头脑中常常想的是"3个苹果加4个苹果（或别的什么东西）"。音乐家、画家、作家、诗人、演员在创造性活动中，具体形象思维起着很大作用。我们在学习中，也要善于运用形象思维，不仅语文、地理、英语等学科的学习要利用形象思维，而且数理化等学科的学习也常常要借助形象思维。例如，解数学应用题就可以用图示法帮助分析。

抽象思维的特点是，解决的问题是理论性质的，因此要运用抽象的概念和理论知识。例如，论文的写作，运用数学符号、概念、公式、法则进行计算，推导和求证都属于抽象思维。

在学习中，我们的思维总是在某一思维的主导之下，几种思维共同配合而发生作用。所以，学习中应自觉地运用各种思维，以便提高学习质量，收到预期效果。

②思维在学习中的意义

思维是人的学习活动的核心。人类认识客观事物，学习基本知识，掌握基本规律，进行创造发明，都离不开思维。坚持不断思考，是事业成功的重要基础。爱因斯坦说："学习知识要善于思考、思考、再思考，我就是靠这个方法成为科学家的。"牛顿说："思索、继续不断地思索，以待天曙，渐渐地见得光明……如果说我对世界有些微贡献的话，那不是由于别的，只是由于我的辛勤耐久的思索所致。"爱迪生说："我平生从来没有做过一次偶然的发明。我的一切发明都是经过深思熟虑、严格试验的结果。"

思维在学习中具有特别重要的意义。孔子说："学而不思则罔，思而不学则殆。"意思是说，只学习，不思考，就会迷惘无知，得不出结果；只思考，不学习，就会疑惑不解，思不出结论。思维在学习中的作用具体表现在以下三个方面。

一是通过思维可以更好地理解知识。无论学习什么知识，都必须深刻地理解它，而要做到这一点，就非进行独立思考不可。例如，学习数学，正如杨乐、张广厚所说："数学是一门着重于理解的学科，在学习中要防止死记硬背、不求甚解的倾向，一定要勤分析，多思考。"

二是通过思维可以更好地巩固知识。学习任何知识，都必须牢固地掌握它，而要做到这一点，也非积极开展思维不可。苏联教育家加里宁说："问题不仅要记得，而且主要的是要懂得。"苏霍姆林斯基也说："为了取得牢固的知识，还必须进行思考。"

三是通过思维可以更好地运用知识。我们所学的知识，必须在运用中才能加深理解和牢固掌握，各种能力也只有在运用中才能充分表现和综合提高。运用的一个重要方面是学会运用已有的知识和能力去解决不熟悉的问题。

③思维与数学学习

学习数学，离不开思维。数和形的种种内在联系和相互关系，特别是它们的本质属性和科学规律，仅仅依靠观察和想象是难以认识的，只有通过思维才能深刻理解，牢固掌握。

我们常常看到，许多数学学得很好的学生，很少靠死记硬背和"题海战术"来应付考试，但他们成绩却往往出众。究其原因，就是他们的数学思维水平比一般同学高出很多。

思维是人脑对客观事物的本质和规律性关系的概括与间接的反映，数学思维是人脑对客观事物的数量关系和空间形式间接的、概括的反映，是一种用文字和符号构成概念、判断、推理的心理过程。

由于数学学科本身所具有的特点，人们几乎公认：数学是训练思维的体操，数学是思维的工具，数学是进行思维训练的载体。无怪乎苏联数学教育家斯托利亚尔把数学教育定义为数学思维活动。没有任何一门学科能像数学那样为学习它的人们提供了大量进行思维训练的机会。

培养思维能力需要数学，数学学习需要思维。数学的高度严谨性决定了学习数学要求概念准确、判断推理严密、结论精确，这些都与逻辑思维有紧密联系。良好的数学学习过程是我们受到逻辑思维熏陶和操练的过程，发展逻辑思维能力又有助于我们自觉地深刻地理解和掌握数学知识。据闻外国企业家请数学系毕业生去管理工厂时这样说："我需要的是你的数学脑袋，而不是你的数学知识。"这从一个侧面说明数学对思维发展的重要作用。

数学的高度抽象性决定了学习数学有利于发展学生的抽象思维能力；反之，要学好数学又必须相应地具有抽象思维能力。我们不妨从"哥尼斯堡七桥问题"来领会这种关系。

18世纪时，在东普鲁士的哥尼斯堡城河上建有七座桥，这七座桥连接着城堡河两岸和河中的岛（图2-5）。人们经常在那里散步。有人提出这样一个问题："怎样可以一次走遍七座桥，而且每座桥只走一次，最后回到出发点。"人们屡次尝试着，并热烈地讨论着，但是既没有人尝试成功，也没有人说出不可能成功的充足论据。数学家欧拉听到这个问题后就猜想，那样的走法也许是不可能实现的。开始，他细心地把所有可能的走法列成表格，逐一检查哪些是满足要求的。然而这种解法要对 $7! = 7 \times 6 \times 5 \times 4 \times 3 \times 2 \times 1 = 5\ 040$ 条路线逐个进行检查，太烦琐了，那么有什么简单巧妙的办法来证明自己的猜想呢？欧拉运用了神妙的想象力和天才的创造力，运用抽象思维，用点 A，B，C，D 分别代表河中的岛和河两岸的地区，用连接两点的线代表连接两个地区的桥。于是"七桥问题"便抽象成"一笔画问题"了（图2-6），这样研究起来方便多了。

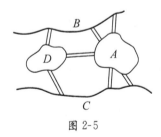
图 2-5

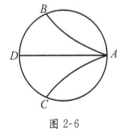
图 2-6

2. 影响学生数学学习的非智力因素

学术界关于非智力因素的界定，尚无一致的意见。为了便于叙述，为了与前述智力因素界定和谐统一，这里仍采用燕国材先生的界定。他认为："非智力因素是一个相当广泛的综合性的概念。它有广义和狭义之分。从广义的角度说，凡是智力因素（注意力、观察力、记忆力、想象力、思维力）以外的一切心理因素，甚至道德品质都是非智力因素。从狭义的角度看，我们只把动机、兴趣、意志、性格、情感五个心理因素包括在非智力因素之内。"我们这里采用非智力因素的"狭义说"。

数学学习除了强调智力因素外，也不能忽视动机、兴趣、意志、性格、情感等非智力因素的动力作用。在数学学习过程中，非智力因素始终发挥着动力、定向、引导、维持和强化等一系列相互联系的作用。

（1）动机与数学学习

①动机与学习

心理学把为朝着某一目标进行，以满足个体需要的内部动力称为动机。动机是其他非智力因素的前提。一个人有了活动的动力，并且有所活动，才有可能产生对事物的兴趣，诱发其情绪情感，才能有所谓的意志品质与性格表现。

学习动机是对于学生的学习起推动作用的心理因素，是直接推动学习活动的内部动力，是人们对学习的一种需要。一个人在学习活动还没有开始时，学习的目的就已经在头脑中形成了。根据学习目的就会作出计划，指导行动，以最终实现自己的学习目的。这种促进学生去学习的那种心理动因，就是学习动机，它是一种内在的力量，它决定学生为什么要达到那个学习目的。

动机对学习行为起着决定性的作用。心理学家认为，一个人的学习成绩主要受两方面因素的影响：能力和动机。用公式表示，学习成绩＝F（能力×动机），即学习成绩是能力和动机的函数。动机影响学习成绩的原因主要有：动机引发学习行为；学习动机指引学习活动朝着一定的方向前进；学习动机调节着学习的强度。

学习行为对动机具有反作用。美国心理学家奥苏伯尔说："动机与学习的关系是典型的相辅相成的关系，绝非一种单向性的关系。"这说明持续的学习可以强化动机。尤其是学生的成就动机往往与这个学生的学业成绩有关，学业成绩好的其成就动机就高。这就启发我们，在教学中，应充分让学生体会到学习成就的喜悦，以此来强化其学习动机。

学习动机与学习效果的关系非常密切。在一般情况下，学习动机与学习效果是一致的。崇高的学习动机可以产生强大而持久的动力，正如斯大林说的："只有伟大的目的才能产生伟大的力量。"确立了正确的学习动机的学生，就能把学习看成一种神圣的社会职责，因而学习方向明、干劲足、意志坚、标准高，学习效果好。相反，不正确的动机所引发出来的学习积极性则十分脆弱，往往经不起成功、困难和挫折的考验，学习目标小，学习效果差。但是，当动机过分强烈、超过一定限度时，人往往处于紧张的情绪状态，降低学习效率，影响正常的学习活动，反而学习效果差。

②数学学习动机的培养

a. 明确数学学习的意义，树立远大理想

随着我们知识、经验的增加和世界观的逐步形成，我们更加意识到学好数学的社会意义，数学已经成为现代化社会中每个人必备的知识，是学习各种专业知识的重要基础和工具；数学可以训练、发展人的思维；数学方法是探索、发现问题的主要方法。我们的学习服务于未来社会生活、生产、科研的需要，这便产生了间接的远景性的学习动机（远大理想），它将有利于提高我们学习的自觉性、主动性。

近景性的学习动机（具体目标）也将发挥其推动数学学习的作用，当我们了解到所学知识产生的背景和后继学习的作用时，当我们解决了数学上的疑难时，当我们取得好成绩得到教师的好评、同学的称赞时，这种动机对数学学习会产生直接的兴趣。

远大理想和具体目标结合起来，就会产生一种强大的动力，促使我们自觉地、持久地保持数学学习的积极性。

b. 读点儿数学史，激发学好数学的豪情

课堂学习之外，读点儿数学史，可以再现数学发展的进程和数学家的形象，使我们从中汲取力量，得到教益。当我们了解到我国数学在过去曾有过光辉的成就，当前许多情况表明我们在数学领域中仍将有无限美好的希望时，就能激发学习数学的动机，产生一种崇高的时代感、爱国感和社会责任感，增强学习的自觉性；当我们读到数学家的生平经历和光辉成就以及数学家严谨的治学、坚强的毅力、科学的方法时，就会产生一种崇敬感，砥砺为数学献身的志向，激发为数学拼搏的豪情。

下面让我们一起读一读关于欧拉的故事吧：

欧拉28岁时，为了计算一个彗星的轨道，连续工作几天几夜，由于劳累过度，右眼失明，沉重的打击并没有使他停下数学研究，59岁时欧拉的左眼也失明了。眼睛看不见，他就口述，由他的儿子记录，继续撰写数学论文。1771年彼得堡发生大火，欧拉的住宅被烧，双目失明的欧拉虽然被人从火海中抢救了出来，但是他的藏书及大量的研究成果都化为灰烬。接二连三的打击并没有使欧拉丧失斗志，他双目失明后在黑暗中整整工作了 12 年，欧拉的坚强毅力是后人学习的楷模。

读完这个故事后，读者有何感想呢？

c. 培养学习数学的好奇心和兴趣

好奇心是数学学习的强烈动机之一，一般说来，数学的奥妙世界可以引起人们极大的好奇心，这是一种内部的激发。实践证明，富有学习兴趣的学生常常会废寝忘食、津津有味地学习，并从中得到很大的满足；缺乏学习兴趣的学生，则常常把学习当作一种负担，感到厌倦和苦恼，可见，学习兴趣是推动学生学习的一种实际的内部动力。

陈景润的老师给他讲了著名的"哥德巴赫猜想"，这颗"数学王冠上的明珠"引起了陈景润极大的好奇心和兴趣，激励着他数十年如一日，如醉如痴地学习和研究，终于取得了辉煌的成就。这一事实充分说明，培养学习数学的好奇心和兴趣是增强数学学习动机的有效方法，因此，中学生要充分利用人类拥有的好奇心和趣味因素增强学习动力，迸发数学学习的热情。

d. 适当开展学习竞赛

学习竞赛的实质是竞争，适当开展学习竞赛是增强数学学习的有效方法之一。这是因为，在学习竞赛中通过成功与失败的刺激，不仅有助于学生发现自我、提高自我实现的需要，而且通过相互竞争，学生的自尊、声誉、成就的需要更为积极和活跃，学习的兴趣和克服困难的毅力也随之增强，所以大多数学生在学习竞赛中学习效率会明显提高。

在学习竞赛中，要注意"胜不骄，败不馁"，取得成功不能骄傲自满而停步不前，应该更加努力，形成良性循环。成绩不理想时，应对失败和挫折有个正确的态度，要有不甘心失败、卧薪尝胆，以求东山再起的精神。

自我竞赛（建立成绩跟踪表、制订小目标等）也是增强学习动机、激励学习者积极学习的一种方式，这种竞赛是中学生用自己的今天与昨天的竞赛，是可以经常进行的一种竞赛。

e. 以成就激发数学学习动机

不少心理学家近年来特别重视对成就动机的研究，强调成就动机在学生学习中的作用。所谓成就动机，是一种以高标准要求自己，力求取得活动成功的动机，是个人获得成就的一种需要，一个学生总希望在自己的数学学习中获得更大更多的成绩，这是推动学生学习的主要动力之一。

为成就所推动的人，乐于学习，富有竞争精神；乐于接受各种挑战，勇于克服困难，具有顽强拼搏精神，当我们攻克一个个数学难题，当我们取得良好的学习成绩得到老师、家长、同学的称赞时，我们就会更加努力学习，保持良好的学习动机。每个人都有取得成就和获得别人认可的愿望，这种心理反应在学习上尤为强烈。对一个成绩平平的学生来说，哪怕获得了点滴的成功都是激动人心的。他们会在师长的鼓励声中和同学羡慕的眼光里大大地激起自己的学习动机，并努力保持，直至获得最后的成功。曾有一位来自农村的男生，在初一、初二年级时一直成绩平平，他自己也曾戏谑地说自己不是一块读书的"好料"，学习动机不强烈。在初三上学期的一次学科竞赛中，他"意外"地取得了好成绩，因此受到了赞扬，获得了动力。这位学生从此奋力苦读，终于考进了一所国家级重点中等职业学校，后来成为汽车维修方面的高技能人才。可见，在学习动机中，成就动机占有重要的位置。

（2）兴趣与数学学习

①兴趣与学习

心理学一般认为，兴趣是人积极探究某种事物的认识倾向。兴趣这种个性心理倾向一般总是伴随着良好的情感体验，当一个人对某种事物发生了兴趣，他就会对该事物表现出特别地关注，大胆地探索，积极地从事与此有关的活动。

兴趣对学习的影响主要表现在以下四个方面。

第一，学习兴趣具有定向作用。一个人学什么，不学什么，在哪些方面用功，在哪些方面不用功，常常是由他的学习兴趣来决定的。特别是志趣，更可以决定一个人的进取方向，奠定其事业的基础。

第二，学习兴趣具有动力作用。学习兴趣不仅可以定向，而且可以成为巨大的学习推动力。也就是说，兴趣可以直接转化为动机。学生对于某种学科有浓厚兴趣，常常会推动他满怀乐趣地去进行学习钻研。许多科学家就是由学习兴趣转化为学习动机。

第三，学习兴趣具有支持作用。任何学习都不可能毫无困难，要想取得学习上的成就更非轻而易举。如果对某项学习毫无兴趣，那么一遇困难就会退缩；如果对某项学习很有兴趣，情形就大不相同了。居里夫人在谈到自己时曾说过，对人类事业的献身精神和对化学的浓厚兴趣，乃是自己艰苦工作的两根大支柱。

第四，学习兴趣具有偏倾作用。所谓兴趣的偏倾作用，就是人们往往从自己的兴趣出发去审度事物，表现在学习上，就是各人由于兴趣的不同，对学习内容理解的侧重点也有所不同。听一堂课，学一门学科，学生会在许多方面表现出兴趣的偏向性。对感兴趣的，他们就会特别用功，理解得特别迅速、准确，这也是因材施教应该注意的一个方面。

②数学学习兴趣的培养

a. 探讨新、奇、趣、巧，激发学习兴趣

数学中常常有新、奇、趣、巧的问题或解答，探求数学中的新、奇、趣、巧有助于激发我们的学习兴趣。

苏联著名教育家苏霍姆林斯基说："惊讶感情是寻求知识的强大源泉。"学生在惊讶之余，便产生了求知的兴趣。

例如，在学习对数函数时，有道新奇的问题：

求证：2＞3。

证明：因为 $\left(\dfrac{1}{2}\right)^2 > \left(\dfrac{1}{3}\right)^2$，

所以 $\lg\left(\dfrac{1}{2}\right)^2 > \lg\left(\dfrac{1}{3}\right)^2$，

所以 $2\lg\dfrac{1}{2} > 3\lg\dfrac{1}{3}$，

所以 $2 > 3$。

你感到惊奇吗？问题出在哪里呢？

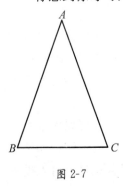
图 2-7

又如，我在教完"全等三角形"后，给出一道题目，如图 2-7 所示：$\triangle ABC$ 中，$AB=AC$，不做辅助线。证明：$\angle B=\angle C$。

同学们百思不得其解，问题出在"不做辅助线"上，我在黑板上写出如下证法：

在 $\triangle ABC$ 和 $\triangle ACB$ 中，

$AB=AC$，

$AC=AB$，

$BC=CB$，

所以△ABC≌△ACB，

所以∠B＝∠C。

全班学生先是惊得目瞪口呆，继之笑声四起，他们明白了趣题巧解的奥妙。

b. 体验成功的快乐，发现学习兴趣

学生在数学学习中取得不断的成功，会带来内心无比快乐和自豪的感觉，从而产生对数学的亲切感，这有助于激发进一步学习数学的兴趣。反之，如果一个人在学习数学时只有失败、挫折而无成功，便会使他产生焦虑、自卑，因而失去学习数学的兴趣。

学生郭文勇在谈到他为什么对数学感兴趣时，这样写道：

"人的爱好，无不从其中吸取无穷的乐趣……"

"我喜欢数学，那种飘忽不定的演算，那种把人的精神提到忘乎所以的境界，从中享受到无穷的乐趣，有时为了证明一道题而绞尽脑汁，冥思苦想，偶尔思路一打开，不费吹灰之力即可证出来，'山重水复疑无路，柳暗花明又一村'的情景，在解题中屡屡碰到……"

"我爱好数学，首先因为我想成为一名伟大的数学家，在初中我好像在读专科，每天都捧着数学书，笔不离手，每次做作业就做数学题，对于别的科目，我简直全部都丢掉了。每当证不出一道题目，我就愁眉苦脸，唉声叹气，每当做出一道题目时就眉飞色舞，喜形于色。有一次，为证明一道几何题，我思考了三天，还是做不出来，不知道哪一位在我头上动了一下，我随即把这个人痛打了一顿，把做不出来的怒火发泄到他的身上，后来在一次回家的路上，我突然做出来了，那种心花怒放的心情简直无法形容。从想到做出来，在这之间包含着多少艰苦的努力，但是，只有做出来了，方可享受到无穷的乐趣。"

c. 理论联系实际，产生学习兴趣

结合所学内容，联系数学在社会生活中的应用，也能激发我们的数学学习兴趣，如用数学结论解决地砖图案问题；用数学知识解决无盖圆形容器容积的最大值问题；用数学思想解释摸彩游戏的中奖率问题；用数学方法揭穿江湖骗子的"猜数（猜姓）"游戏；等等。只要引导学生善于把学到的数学知识与实际相联系，他们将看到数学在广阔的现实生活中所闪现的巨大价值，从而能够激发和保持学习兴趣，提高数学应用能力。

d. 学而知疑深思，引发学习兴趣

古语云："学起于思，思源于疑""学贵知疑，小疑则小进，大疑则大进"。引导学生善于在学习中提出疑问，使自己处于一种强烈的求知状态，从而引发学习兴趣。

有一位学生平时喜爱文学，他看到《三国演义》中写刘备身高 7.5 尺，张飞身高 8 尺，关云长身高 9 尺，又看到《水浒》写武松身高 8 尺，突然一个问题冒出他的脑际："古人身高超过今人吗？"他想不会的，从马王堆出土的女尸和有关考古资料都证明了这一点，那么文学书上描述错了吗？于是他悉心研究，运用数学知识精心计算，终于得出：秦汉时 1 尺相当于现时 27.65 厘米，而宋时 1 尺相当于现时 30.7 厘米的别出心裁的结论，他的研究得到史学家的赞许。

"疑"是思之始，进之由。疑，就是矛盾；疑，就是问题；疑，能引趣；疑，孕育着创造。

e. 融会贯通知识，保持学习兴趣

数学知识是一个有机的整体，在数学各部分之间有着许多内在的联系，我们在学习中要逐步学会将学过的知识纵横联系起来，互相沟通，适度引申，保持数学学习的兴趣。

我们共同研究一道题目。已知 $a\cos\alpha + b\sin\alpha = c$，$a\cos\beta + b\sin\beta = c$，其中 $\alpha - \beta \neq 2k\pi$，$k \in \mathbf{Z}$，求证：

$$\frac{a}{\cos\frac{\alpha+\beta}{2}} = \frac{b}{\sin\frac{\alpha+\beta}{2}} = \frac{c}{\cos\frac{\alpha+\beta}{2}}。$$

乍看此题，是一道三角条件等式的证明题，证题中免不了烦琐的代换且不易成功，学生若能根据所给条件，认真观察分析，会发现点 $(\cos\alpha, \sin\alpha)$ 和点 $(\cos\beta, \sin\beta)$ 在直线 $ax + by = c$ 上，而由直线的两点式方程，又得到该直线的另一个方程为：

$$\frac{y - \sin\alpha}{\sin\alpha - \sin\beta} = \frac{x - \cos\alpha}{\cos\alpha - \cos\beta},$$

容易想到同一条直线的两个方程的对应系数应该成比例，进一步化简便可得到结论。这种证法，融三角、直线、方程等知识于一体，思路简捷、清晰、灵活，使我们体验到解题的趣味。

（3）意志与数学学习

①意志与学习

心理学把人为了实现某种目的，在行动中自觉克服困难时所表现出来的心理过程，称为意志。人生并非一帆风顺，前进途中会有各种波折，意志力的大小会直接影响到活动的效率及成败。

从心理学的角度看，人的意志具有一个最基本的功能，即调节内外活动。这种调节功能表现在发动和制止两方面，发动是指推动一个人去从事一定目的所必需的行动，制止是指抑制或中止与这一目的相矛盾的愿望或行动。发动和制止是辩证统一的，有所不为才能有所为，要有所为就得有所不为。

学生知识技能的学习、能力的形成绝非举手之劳，他们经过紧张复杂的智力活动，克服学习中遇到的许多困难才能完成学习任务。意志行动制约着学生的学习行为，对学习的影响至关重要。现代心理学把意志行动过程分为采取决定和执行决定两个阶段。采取决定是意志行动的开始阶段，这个阶段是学生在头脑中勾勒出学习蓝图，选择学习方法的阶段，决定着学生学习的方向，并为进一步的学习活动奠定基础。执行决定阶段决定着一个人的意志行动能否真正得以实施，我们常见到有的学生在采取决定阶段决心很大，有"不达黄河不死心"的宏愿，但学习中一遇到困难便偃旗息鼓，成为"语言的巨人，行动的矮子"，这样他的目标永远也不能实现。

也有学者认为，意志活动的基本心理过程应为"决心—信心—恒心"三个阶段。要完成一个意志活动，首先要立下决心，其次要树立信心，第三还要有恒心。这三个阶段密切联系、互相交织、彼此促进，缺一不可。一般说来，决心越大，信心越足，恒心越持久；决心越小，信心越弱，恒心越短暂。

②数学学习意志的培养

a. 在克服困难中锻炼意志

数学学习是一项艰苦复杂的劳动，学习过程中必然会遇到各种困难，如数学知识的抽象、数学论证的严谨、数学问题的多变、解题思路的曲折等，意志坚强的学生就会战胜困难，克服厌烦、急躁、急于求成的心理，锲而不舍地坚持下去，不达目的决不罢休，获得成功的乐趣；意志薄弱的学生常常缺乏信心，半途而废，尝到失败的苦果。

数学是有趣的，数学是困难的。数学的趣味并不是一种轻松的享受式的消遣，而是一种对创造性活动的实现和满足，对成功的喜悦的体验。著名数学教育家波利亚说："困难和问题属于同一概念；没有困难也就没有问题。"数学的困难表现在：理解性困难，如对题意不理解或不易发现隐含的条件；构造性困难，如不会列出应用题中的未知数应满足的方程式；运算性困难，如运算准确性差，速度慢；判断性困难，如解题后不会检验，对概念含混不清。克服这些困难，有多方面的要求，增强学习数学的意志和自信心，是克服困难的基本要求。"宝剑锋从磨砺出，梅花香自苦寒来。"让我们用坚强的意志去战胜数学学习中的各种困难，享受成功的喜悦吧！

b. 在参与竞争中磨炼意志

紧张的数学学习充满着竞争。竞争，意味着你追我赶，相互促进，中学生常有这种心理："要胜过别人""决不能落在别人后面"。竞争，可以与自己竞争，努力打破自己的学习纪录，"更上一层楼"；也可以与别人竞争，努力打破别人的学习纪录或在今后的学习中力争超过别人，"力争第一"。

这种积极进取的竞争意识其直接效果是激发动机，而在竞争过程中力争胜过他人时，便是锻炼意志的过程，因为要超过别人，就需要提出比别人更高的要求，要克服比别人弱的不足之处，这意味着需要克服一个又一个困难，只有战胜这些困难，才能达到超过别人的目标，这就使意志得到了培养。

c. 以榜样为力量，激励自己自觉培养意志

列宁说过："榜样的力量是无穷的。"杰出数学家可以成为我们学习的榜样，数学家的感人事迹将激发我们的仰慕之情，促使我们自觉地找出差距，认认真真学习数学家的优秀品质，尤其是学习众多数学家所共有的坚韧不拔的毅力、无比顽强的惊人意志，使我们能主动去克服自己意志上的薄弱方面，培养良好的意志品质。

陈景润在"四人帮"横行的年代里，在没有电灯的六平方米的斗室里，带着重病，专心致志地攻克"哥德巴赫猜想"这个数论的堡垒。试想，如果没有坚强的意志，又怎能在如此恶劣的情况下，专注于复杂的一遍又一遍的运算，取得巨大成绩呢？

d. 发展情感，为培养意志创造条件

人的意志行动总伴随有情感，从某种意义上来说，情感是意志的推动力量。由于对数学的热爱，对数学研究的一片"痴情"，使一些数学家如痴如醉地沉湎在数学

创造之中，力求攻克数学难题，有的演算的草稿纸可装几麻袋，有的紧闭工作室不与家人见面，只有进餐时方允许将食物送入……他们以惊人的意志克服创造中的一个又一个难关，最后终于取得成功。中学生在数学学习中也同样有这样的体会，那些数学成绩优异的学生都是热爱数学的，对数学的情感构成他们意志力量的源泉，他们不怕难题，并以难为乐，为了解出难题，常冥思苦想，忘乎所以。所以培养数学学习的意志，一定要培养起对数学的情感。

e. 全面训练，培养良好的意志品质

良好的意志品质具有主动性、独立性、坚持性、果断性，是学好数学的必要条件。中学生在学习中应严格要求自己，全面训练，培养良好的意志品质。当中学生在数学学习中需要进行思维活动时，坚强的意志就能维持、强化和调节思维的进程，在解数学题时，意志的独立性、果断性和坚持性这些品质使问题得到优化解决。由于数学具有高度的抽象性、严密的逻辑性等特点，这些对中学生的意志就有着更高的要求，只有意志坚强的学生，才能在数学学习时，通过周密地思考去确定方向和选择方法，并狠下功夫，克服困难，取得优异成绩。

（4）性格与数学学习

①性格与学习

性格是表现在个人对现实的态度和行为方式中比较稳定而有核心意义的心理特征。性格是人的个性中的最重要的心理特征，这些性格特征都是人对现实的态度及行为方式，而且这些态度是一贯的，这些行为是习惯化了的。

各人的性格固然各有千秋，但它们都表现出这么几个主要特征：可塑性、确定性、阶段性和能动性。第一，性格的可塑性。它指的是性格并非一成不变，不可能永远停留在一个水平上，因为作用于性格的各种因素是不断变化的。性格的可变性，决定了性格是可以培养的。第二，性格的确定性。性格是个体比较稳定的心理特征，它具有可变的一面，又有不变的一面；它具有偶然的一面，又有恒常的一面。性格确定性的另一方面是说，在个体生活中，那种偶然出现的、一时性的表现，不能说明一个人的性格特征。第三，性格的阶段性。性格的可变性和确定性，决定了性格形成和发展的阶段特征。按年龄阶段可分为形成期、定型期、成熟期和更年期。第四，性格的能动性。人的性格是在外界环境的影响下形成的，但它并不是消极地适应外界的变化。人的性格一旦形成之后，它就表现出相对的独立性，能动地作用于外界环境，对外界的各种因素进行抉择、取舍，并积极地影响环境，影响别人。

优良的性格对学习的积极作用，主要表现在性格具有调节功能、控制功能和维持功能。性格的调节功能表现为改变学习态度，协调各种动机，稳定学习情绪，提高心智活动的水平等。

性格的控制功能表现为性格可以加强或延缓，加强或减弱心理活动，可以积极地对自己的学习进行反馈，对自己的学习进行自我核对、自我督促、自我誓约、自我校正。

性格的维持功能表现为能维持艰苦的学习直至成功。

②数学学习性格的培养

a. 利用数学特点，培养优良性格

一个人的性格，也能在很大程度上影响数学学习的成败，许多人都这样说："我也想学，但终归坐不住，吃不了苦，而学无所成。"或说："他之所以学有所成，完全是靠他的毅力和恒心。"苏联教育家马卡连柯认为："所谓培养一个人，就是培养一个人的性格。"学习数学，可以优化人的性格，而优良的性格，又有助于数学学习。

苏联心理学家克鲁捷茨基通过研究认为，"能力和性格是相互联系着的，数学能力是在数学活动中形成和发展的，就在这同一过程中，性格特征也形成了""一个学者可能意志薄弱、工作潜能差、容易疲劳，但在数学活动中却能显示出完全不同的品质：高度的组织力，坚持性和有工作潜能"。由于数学自身的特点，学习数学有助于培养学生认真踏实、耐心细致、沉着冷静、勇于探索、独立思考、果断机智、思维缜密等优良性格。

b. 优化性格品质，促进数学学习

克鲁捷茨基还认为："要在数学活动中取得成功，需要某些个性品质，有些能力，如果不和个性方面的一定倾向相结合，这些能力本身就不能导致高度的成就。"

许多性格品质，其中主要的有勤奋、自律、自信、谦逊、耐心、细致、认真、独立性、目的明确、坚持不懈、探索、创新、求实以及稳定的理想感，对数学学习有着很大的影响，优良性格中的面对失败的不屈性、面对困难的勇敢性、面对目标的坚定性、面对选择的果断性等对数学学习是十分有利的。

数学学习是艰苦的脑力劳动，在通往成功的道路上并不是一帆风顺的，优良的性格对数学学习的作用表现在它的调节功能、控制功能和维持功能。它们分别具体表现在端正学习态度，协调各种动机，稳定学习情绪，提高心智水平，提高自我意识水平；分配学习时间和精力，正确对待学习成绩；耐心细致地观察，持久地注意，艰苦地记忆，苦思冥想地探索。

c. 学习数学家优秀性格品质

古今中外的数学家，有的是开拓者，筚路蓝缕，披荆斩棘；有的是继承发扬者，博采众长，继往开来；有的少年早慧，头角峥嵘，饮誉中外；有的中年发奋，大器晚成，名扬遐迩；有的天资聪颖，博闻强记，才华横溢；有的少年鲁钝，以勤补拙，跬步千里；有的屡遭坎坷，斗志弥坚，功标数史；有的步踏青云，宠辱不惊，皓首穷经。有的身残志坚，抗争"天命"，独步数坛；有的资兼文理，识贯中外，学淹古今。有的生于名门望族，书香门第，独树一帜；有的陋巷箪瓢，自强不息，学冠群芳；有的学识渊博，深睿大智，崇论宏议；有的业绩卓著，笔耕舌耘，著述等身……总之，他们多有着共同的可贵精神，事业上，志坚如磐，如痴着魔，锲而不舍；治学上，勤奋刻苦，严谨认真，孜孜不倦；品格上，或愤世嫉俗、刚正不阿，或谦卑自牧、虚怀若谷，或慧眼独具、诲人不倦，或攻苦食淡、智圆行方，或淡泊明志、独善其身……他们总是一面面"人镜"，可以帮助我们鉴别是非曲直，砥砺为数学献身的志向，激发为数学拼搏的豪情，在治学之道上给人以谋略性的启迪。

d. 改变与学习不相适应的性格

每个人都有自己的性格，在数学学习中，要注意改变与学习不相适应的性格，发扬与学习相适应的性格。例如，一个不诚实的学生，在数学学习过程中，往往不求真知灼见，遇事只求过关，不求甚解又装作博学，只求混过考试关或混得人们的赞许、羡慕等；一个粗心者，常常将一些细节忽略，不仔细读书，知识掌握不牢靠；一个自满者，常常沾沾自喜于自己的点滴所得，不易察觉自己的不足，常常低标准要求自己；一个懒惰者，学习总希望一蹴而就，总希望不出力就得结果，往往抄袭他人作业，等等。这些与数学学习不适应的性格，应从性格的行为态度特征方面进行分析，及早加以改变，逐步形成有利于数学学习的性格特征。

e. 形成符合自己个性的学习方法

一般说来，学生在数学学习中，要了解自己认识能力方面擅长于什么或短于什么，针对性地在学习方法上加以改进，以求提高学习的效率。

人的性格可分外向型和内向型两类。

外向型的学生开朗、倔强、好胜，喜欢请教老师，喜欢和同学交谈，发表意见坦率，能把不懂的地方毫不介意地提出来。这种学习方法上的特点，有利于集体学习，及时解决疑难问题，但由于外向型的学生较自负，不愿虚心听取别人的意见，缺乏追根究底的态度，常出现一知半解的情况，这对数学学习十分不利。又由于数学学习需要学习者个人潜心学习和独立思考，才能对知识深入理解，而外向型的学生往往不能安下心来，自己认真思索，刻苦钻研，因此，需要不断克服这方面的缺陷。

外向型的学生，学习有较强的自信心，对考试不过于计较分数，在学习上受到挫折也不会灰心丧气，这于学习是有利的，但他们对学习或考试中出现的缺点、错误，同样也不"计较"，不仔细检查、纠正，也不认真总结经验教训，从而造成学习上的止步不前，这于学习不利。他们的另一个毛病，是学习上缺乏计划性，不能合理安排好时间。因此，外向型的学生，要科学地制订学习计划且切实执行。

内向型的学生情绪稳定，喜欢思考，注意力集中，一旦制订了学习计划，就能坚持到底，这些对数学学习都是十分有利的。但他们对自己过于拘谨，看不到大局，被一些不必要的担心所困惑，如考试的分数、学习的进步，陷入不着边际的空想，浪费了时间与精力。同时，内向型的学生，一般不喜欢集体学习，这一方面不利于相互启发和活跃思想，另一方面却利于独立思考，所以要克服短处，发扬长处。

内向型性格中，对学习最为不利的是自卑感，自卑感容易引起不安、焦虑，对学习、考试产生害怕心理，从而常使自己处于苦恼之中，妨碍学习效率的提高。因此，在学习上要树立信心，全面认识自己，努力克服自卑感。

总之，要在学习数学过程中形成适合自己特点的学习方法，许多科学家，从学生时代就形成了一套适合自己特点的学习方法，为后来工作、研究创造了一个有利的条件，并受用终身，这说明了形成适合自己特点的学习方法的重要性。

（5）情感与数学学习

①情感与学习

情感是人的心理的波动状态，是人对于客观事物是否符合人的需要的一种反映。

人的情感具有许多区别于其他心理活动的特征，最重要的特征有情感的两极性、情境性、感染性和移情性。情感的两极性，即人的任何一种情感都可以找到另外一种和它在性质上恰好相反的情感。情感的情境性，即人的情感总是在一定的情境中产生的。情感的感染性，即人的情感在一定的条件下可以感染别人，别人的情感也能感染自己。情感的移情性，即人们不自觉地把自己的情感赋予外物，好像外物也具有这种情感。

情感是可以进行分类的。按情感的状态，可分为激情、心境和热情3类。激情是爆发式的、强烈、紧张而短暂的情感状态；心境是微弱而持久的心理状态；热情则是一种强有力、稳定而深厚的心理状态。按情感的社会内容又可将情感分为道德感、理智感和审美感。道德感是关于人的思想、举止、行为是否合乎一定道德准则而产生的情感；理智感是在人的智力活动过程中产生的情感；审美感是根据一定审美标准对客观事物、人的行为及艺术给予评价时所产生的情感。

人的学习过程本质上是一种认识过程，主要是通过学习书本知识和间接经验来认识客观世界。情感总伴随着人的认识，或者推动认识过程的发展，或者阻碍认识过程的发展，从而影响到人的学习成绩。

人的情感是在学习活动中发展能力的一个重要因素，在学习中起着重要的作用，对创造性活动的喜悦，从紧张的智力活动中得到满足感，以及在这一过程中得到的情感享受，能提高一个人的精神状态，调动他学习的力量。有了良好的情感，就会感到学习是十分有趣的，不觉得是一种负担、一种苦役，而是一种需要、一种享受，即使在学习上遇到难题，也会通过情感，调动智力因素和唤起非智力因素中的动机、意志、性格、兴趣，促使问题得以解决。

②数学学习情感的培养

a. 明确学习目的，引发学习情感

当学生正确认识到数学的作用和学习它的意义后，就会从内心产生对学习数学的需要，从而引发学习数学的情感，提高学习的自觉性。学习情感是在需要的基础上形成和发展的，培养数学学习的情感，就要使我们认识到数学学习的必要性，把数学学习同远大的理想结合起来，确立正确的学习目的。只有这样，才能使我们对数学的学习从有趣、乐趣发展为志趣。

b. 利用数学史料，激发学习情感

丰富的数学史料，常常会激发我们对数学学习的情感，如童年高斯的巧算；海王星发现的故事；印度象棋大师教国王"下棋"的故事；欧拉解决"哥尼斯堡七桥问题"；阿基米德计算王冠质量问题；华罗庚自学成才的故事；哥德巴赫猜想问题；猜想数学家费尔马的"千古之谜"和威尔斯证明"费尔马大猜想"的故事，等等。著名的数学问题以及数学中的各种趣闻逸事，都可以激发我们的求知欲望，培养我们的学习情感。

c. 创设学习情境，产生学习情感

任何数学的"教"与"学"，也都是在一定的情境中进行的。良好的情境对于产生良好的情感具有重要的意义。学习情境可以由教师来创设，也可以由学生自己来创设。例如，积极配合教师的教学，创设师生双边活动的良好情境；课内积极提问，创设"愤"和"悱"的情境；和同学们共同探索难题，创设探索数学问题情境；出版数学墙报（小报），创设邀游数学乐园的情境。有了良好的学习情境，学生就会"触景（境）生情"，产生乐学思想，把学习活动当成自觉的需求，从而提高学习效率。

d. 通过发现学习，发展学习情感

让学生"发现学习"，这是当今一些心理学家、教育学家热心倡导的。所谓"发现学习"指的是由学生自己去发现学习某知识中的规律和结论，就数学学习而言，可引导学生主动探索，去发现某类问题规律、某个性质、某个公式、某题的结论，不能确定的，也可提出猜想。例如，有的学生通过韦达定理的学习，经过进一步探索，发现了一元二次方程的根与系数的关系；有的学生通过测量发现了三角形重心定理；有的学生在计算时发现 $3\times4=12$，$33\times34=1\,122$，猜想下一个必为 $333\times334=111\,222$，进一步提出猜想：

$$\underbrace{33\cdots3}_{n\text{个}}\times(\underbrace{33\cdots3}_{n\text{个}}+1)=\underbrace{11\cdots1}_{n\text{个}}\underbrace{22\cdots2}_{n\text{个}}。$$

探索是数学的生命线，而"发现学习"则是进行探索的重要方法之一。

e. 感受数学之美，保持学习情感

学过数学的人往往会感到数学具有某种魅力，能吸引人，常常会出现愈学愈爱学，对题目越做越想做的情境，有的人甚至达到欲罢不能的地步，这正是由于数学自身存在着"美"，惹人喜爱，令人神往的缘故，数学家拉普拉斯早就断言："哪里有数学，哪里就有美。"

一些中学生感到"数学有意思""数学使人聪明""数学里有无穷的奥秘"，说明了中学生已经初步地感受到了数学美。事实上，数学具有几何图形的对称美、数学结构的寓意美、数学逻辑的推理美、数学习题的演算美。数学之美，能唤起学生学习数学的好奇心，并逐步感受美、欣赏美、鉴别美、创造美，从而激发并保持学习数学的情感。

3. 影响学生数学学习的教学因素

影响数学学习的教学因素主要有教师因素、课程内容和教学方式。

（1）教师因素

教学活动是师生双边活动，教师在教学中主导作用的发挥与其各方面的素质关系极大，直接影响学生数学学习的成绩。一名教师虽然不一定全部具备各种优良素质，但应当尽量创造条件使自己多具备一些优良素质。选拔教师应坚持高标准严要求，只有这样，才能保证学生数学学习成绩的不断提高。教师专业化，也向未来教师提出了更高的要求。

数学教师应具备的基本素质可以归纳为以下几个方面。

①政治素质

教师是人类灵魂的工程师，人类灵魂的工程师自身要有灵魂。优良的政治、道德素质就是教师的灵魂。人民教师应是未来"建设者和接班人"的塑造者，是社会主义思想和共产主义理想的传播者。因此，教师的政治素质包括以下几个方面：坚定的共产主义信念；强烈的爱国之情；勇于坚持真理；具有进取精神和改革精神。

②道德素质

教师除应具有一般人应具有的"为人正直、忠诚老实、作风正派、情操高尚、襟怀坦荡"的道德素质外，还应具备"献身教育，教书育人；热爱学生，尊重学生；严谨治学，精心施教；以身作则，为人师表；团结协作，共育新人"的优良师德。

③知识素质

苏霍姆林斯基说过："教师所知道的东西，就应当比他在课堂上要讲的东西多十倍、多二十倍，以便能够应用自如地掌握教材，到了课堂上，能从大量的事实中选出最重要的来讲。"可见，教师要担起当今时代赋予他们的重任，仅仅拘于一隅，孤立地研究某一专业，是根本不可能适应现代教育教学的需要的。教师的知识结构应像一棵树，扎实的基础知识和宽厚的教育科学理论知识是树根，精深的专业知识是树干，广博的相关学科知识是树权，像一个"工"字形。

④能力素质

教师的能力素质是教师活动得以实现的重要保证。人的能力的高低之所以影响活动的效果，是因为能力的某种结合与活动的要求处于不同的关系。任何活动都是复杂的多方面的，它对人的智力与体力提出了不同的要求，需要多种能力的结合。根据未来教师活动的特点，我们认为理想教师的能力素质应包括：认知能力、指导能力、组织能力、表达能力、交往能力、自学能力、研究能力、动手能力、预测能力、应变能力、创新能力、竞争能力和媒体应用能力等。

作为数学教师，还有一些特殊能力的要求，如还应具有正确运用数学语言的能力，熟练掌握数学运算的能力，培养学生数学思维品质的能力，培养学生数学思想的能力，指导学生进行数学"微科研"的能力，利用和开发数学课程资源的能力等。

⑤心理素质

人的心理素质，是指一个人是否具有健康的心理和健全的人格。一个人的心理素质，对于一个人的学习、工作、生活，都会产生广泛而深刻的影响，教师应注意培养自己良好的心理素质，以适应当今教育和未来教育的要求。教师心理素质包括较好的社会适应能力，良好的人际关系，稳定乐观的情绪和健全的人格。

⑥审美素质

教育的任务，可以分三个层次来认识：第一，传授知识；第二，形成能力；第三，发展精神品格。其中，第三层次的任务是当今和未来教育所追求的，只有教师具有一定的审美素质才能实现。教师应当研究教育美学，发挥美学在教育活动中的作用。教师的审美素质主要由审美兴趣、审美能力和审美理想构成。

⑦身体素质

身体素质经常潜在地表现在人们的生活、学习和劳动中。身体素质是掌握和提高各种活动技能的基础。信息化社会对人们身体素质的要求越来越高，教师的身体素质主要包括健壮的体魄和健全的脑机制。

（2）课程内容

课程内容是由一定的教育目的决定的，反映一定社会政治经济发展的要求。同时，它也反映在当时社会历史条件下，生产发展和科学技术文化发展的水平。课程内容是实现培养目标的基本条件和教学活动的主要依据，教学内容决定培养人的蓝图。

课程内容一般包括教学计划、教学大纲和教科书三种形式。对教学内容的要求如下：课程内容应具有科学性，课程内容应具有阶段性，课程内容应具有实践性，课程内容应突出重点等。

全面推进素质教育，要解决的问题很多。积极推进课程改革是四个核心问题之一。教育部颁发的《基础教育课程改革纲要（试行）》中，在课程内容的改革方面，强调改变课程内容繁、难、偏、旧和偏重书本知识的现状，加强课程内容与学生生活以及现代社会和科技发展的联系，关注学生的学习兴趣和经验，精选终身学习必备的基础知识和技能。这将有利于教师组织教学和学生进行有效学习。

义务教育阶段的数学课程应充分体现普及性、基础性和发展性，关注情感、态度、价值观和一般能力的培养，同时使学生获得作为一个公民所必需的基本数学知识和技能，为学生终身可持续发展打下良好的基础。新一轮课程改革倡导：人人学有价值的数学；人人都能获得必需的数学；不同的人在数学上得到不同的发展。

中小学数学课程的根本任务是什么？数学课程标准明确指出：通过义务教育阶段的数学学习，使学生能够获得适应未来社会生活和进一步发展所必需的数学知识，以及基本的数学思想方法和应用技能。初步学会运用数学的思想方式去观察分析现实社会，解决日常生活中的其他学科学习中的问题。体会数学与自然及人类社会的关系，了解数学的价值，增强学好数学的信心。

值得一提的是，就课程内容而言，主要还是取决于使用课程的人——包括教师和学生两个方面。使用得很好的人，即使课程内容中出现不利因素，他完全可能使之转化为有利因素；反之，使用得不够好的人，很可能对课程中的有利因素熟视无睹，甚至将有利因素白白失掉，难以达到课程内容所要求的目的。

（3）教学方式

教学是通过一定的方式进行的，涉及课堂教学、课外辅导、课外活动等，鉴于课外辅导、课外活动我们将在后面论述到，这里仅就课堂教学这一教学的基本方式作些论述。

　　课堂教学，是教学的基本方式，是教师按照固定的日程表，在规定的时间内，对一个有固定学生人数的班级，根据教学大纲所规定的教学任务，选择恰当的教学方法进行教学。在课堂教学中，教师能充分发挥主导作用，向学生有计划地系统地传授知识、培养学生能力。从某种角度讲，课堂教学是影响学生数学学习的最大因素。

　　"传授知识"的教学，是一个层次；加上"能力培养"高了一个层次；再加上"方法渗透"又高了一个层次；是不是再加上"提高修养"就是最高的层次了呢？不！若能按"教育理念"教学，我以为才是教学的最高层次。按理念教学就不会凭传统教学、凭经验教学，而是对教学不断地反思，不断地改进，走向有理性、有独立见解的教学新境界。

　　"教需有法，教无定法，大法必依，小法必活"，这是人们已达成的共识。但在现实的数学教学中，大多教师仍采用由教师讲定义，推公式，讲例题，再由学生解题，教师评判的教学模式。这势必禁锢了学生的思维，扼杀了学生主动发展的积极性。因此，教师应树立新的教学观，让学生主动探索，主动发展，不断提高数学素质。在这方面我有以下实践。

　　主体参与。内因是变化的根本，外因是变化的条件。真正认识到学生是学习的主人，是学习的主体。学习是学生个体的自主行动。在教学过程中，只有充分调动学生认知的、心理的、生理的、情感的、行为的等各方面的因素，参与到学习活动中去，让学生进入一种全新的学习境界，就能充分发挥各自的主观能动性，融进自己的主见，主动探索主动发展。

　　分层优化。一个班的学生，由于学习基础和认识水平的差异，发展总是不平衡的。对于不同程度的学生，可通过多种渠道，如指导预习和复习、适当提问、分层次完成作业，同学帮助、教师辅导等，让他们在原有的水平上得到提高，只有真正树立为学生服务的观点，给予不同层次学生以良好的期望，就能提高各类学生的学习素质。

　　"成片开发"。数学概念，命题（公理、定理、性质、公式），解题等，常常是可以"成片开发"的。我在教学中，以单元结构教学法为主，辅以其他教学方法，整体推进，注重数学知识的纵横联系，揭示其本质属性，让学生整体把握数学知识。在解题教学中，引导学生考虑一题多解，让问题由点构成线；引导学生一题多变，让问题由线构成面；引导学生一题多用，让问题由面构成体。这样，学生就可以多层次、广视角、全方位地认识数学问题。

过程教学。现代数学教学的一条原则叫"过程教学"，就是让学生参与和经历整节课的思维过程，充分体现知识发生、形成的过程，充分挖掘解题的思维价值。其特征是"自主性＋思维性"。试举一例。

游戏引入：ⓐ全班学生每人任意写下一个真分数；ⓑ分子、分母分别加上一个正数；ⓒ新分数与原分数的大小关系怎样？

学生结论：一个真分数的分子和分母分别加上一个正数后其值增大。

引出问题（课本上的例子）：

已知：a，b，$m \in \mathbf{R}^+$，且 $a < b$，求证：$\dfrac{a+m}{b+m} > \dfrac{a}{b}$。

一题多解的教学价值：师生共同探讨了分析法、综合法、求差比较法、求商比较法、反证法、构造函数法、定比分点法、增量法、数形结合法一、数形结合法二、几何证法等多种证法，学生在探索后五种证法时进一步体会到数学知识之间的联系，获证时，他们明白了巧解的奥妙与真谛。

一题多变的教学价值：师生共同探索"变式"层层深入，共变出 8 个新的命题，最后一个是：

若 a_i，$b_i \in \mathbf{R}^+$，$i = 1$，2，$\cdots$，n，且 $\dfrac{a_1}{b_1} < \dfrac{a_2}{b_2} < \cdots < \dfrac{a_n}{b_n}$，则

$$\frac{a_1}{b_1} < \frac{a_1+a_2}{b_1+b_2} < \cdots < \frac{a_1+a_2+\cdots+a_n}{b_1+b_2+\cdots+b_n} < \frac{a_2+a_3+\cdots+a_n}{b_2+b_3+\cdots+b_n} < \cdots < \frac{a_{n-1}+a_n}{b_{n-1}+b_n} < \frac{a_n}{b_n}。$$

"真过瘾！"这是学生们用换元法（有的用增量法）证得"猜想"成立时发出的感叹。

一题多用的教学价值：利用本题的结论，"借题发挥"，可解决多个数学问题，其中包括某年高考最后一题所要证明的不等式：

$$(1+1)\left(1+\frac{1}{3}\right)\left(1+\frac{1}{5}\right)\cdots\left(1+\frac{1}{2n-1}\right) > \sqrt{2n+1} \quad (n \in \mathbf{N}, n \geqslant 2)。$$

当学生得知，他们无意中解决了高考"压轴题"时，先是惊得目瞪口呆，继而发出会心的微笑。他们感觉到了自身的力量，进一步增强了学好数学的信心。

方法渗透。数学不仅是一种知识，而且具有丰富的思想和方法。我在教学中十

分重视数学思想方法的渗透，因为数学学习不仅是数学知识的学习，而且也是数学思想方法的学习。只有注意数学思想方法的分析，才能把数学课讲懂、讲活、讲深，才能使学生头脑形成一个具有"活性"的数学知识结构，促进学生数学能力的发展。

问题解决。把问题作为数学教学的出发点，是现代数学教学的又一条原则。我在教学中，注意设置问题情境，让数学贴近实际、贴近生活、贴近学生活动，逐步培养学生的问题意识，激发学生学习数学的兴趣，学会"数学地思维"。对于一些开放性的问题，提供给学生一种自我探索、自我思考、自我创造的机会，进一步优化学生的数学素质。

4. 影响学生数学学习的环境因素

中国学习科学学会曾组织过一次学生学习现状的调查，其中关于学习的环境系统的几个结论是：第一，由于国内外都处于变革的时代，以及信息传媒手段的发展，学校的封闭体系被打破，社会、家庭对学生的影响越来越大，由于青年人的敏感，常常是社会上有什么波，学校就起什么浪，其反响甚至比社会还大，学校特别是大学成为社会一个十分敏感的区域；第二，由于市场经济的发展，家庭对学生学习的关心程度已大大胜过学生本人，对学生施加的影响也愈来愈大；第三，由于各种经济成分的发展，知识价值增长，学生的择业意识开始萌发，加上家长的干预，学生的学习目的、动机、目标和自我选择愿望也日趋多元化，这在高中和大学生中尤为突出；第四，由于社会风气的影响，社会活动的增加，学生的交友活动增加，范围扩大，班集体的影响相对减弱，而社会影响相对增强；第五，一些学校对学生的管理放松，一些教师的责任心下降，教师的权威性有所降低，学生对教师的离心倾向和对抗情绪有所增长；第六，社会的丑恶现象和不良倾向对学校的干扰越来越大，如何抗拒和抵制这种干扰，已成为当今教育和当代青年学生的一个重大课题，这种干扰不仅严重影响到学生的学习质量，而且威胁到青年一代的健康成长；第七，世界科技加速发展，信息量急速增大，知识更新周期加快，行业和职业随之增加，纷繁浩大的知识海洋为青年学生开辟了广阔的发展天地，也为他们建立合理的知识和能力结构提出了很高的要求，客观影响已经普遍存在，而青年学生甚至教师在主观上清楚地认识到这一点的并不多，以致形成了强烈反差而产生迷惘和无所适从；第八，学校为学生创造了更多更好的学习条件，而学生对学习条件的依赖性也增大，而且并不感到满足，对他们充分发挥主观能动性，适应和利用这些条件的观念则比较淡薄，以致错误地把学习不好的原因单纯归咎于教师和教学条件；第九，由于当前教育体制和体系还不完善，职业教育比较薄弱，高考"指挥棒"作用仍十分强大，对学生学习带来一系列不利影响；第十，学生适应环境和条件的能力较差，表现为心理承受能力差，辨别能力和自主意识较弱，由于心理因素造成学习失利的现象比较普遍。这是和平时期优越环境中青年成长的一类通病，在我国已经发展得十分突出而没有引起人们的充分重视。

学习环境是学生学习、成长的重要的客观条件。学习环境的好坏对学习活动的效果有着重大的影响与制约作用。

学习环境包括社会环境、家庭环境和学校环境，这些环境都是客观的，是我们无法选择的。但人们可以充分发挥自己的主观能动性，去利用环境、改造环境、适应环境，使自己成为环境的主人。有的学生常常过分强调环境的客观性，忽视自己的主观能动性，不去积极利用现有环境，或改造、适应现实条件，而是消极、被动地适应环境，有的甚至埋怨环境不理想，从而使自己的学习活动经常处于被动状态。

中学生应该充分发挥自己的主观能动性，在各种有利环境中卓有成效地学习，在各种不利的条件下坚持学习，使自己能适应各种不同的环境，学有所成。

(1) 社会环境

①社会环境概述

社会环境所包括的范围很广，如各种社会关系、社会风气、习惯势力、文化设施、家庭条件、亲友关系等。社会环境可以通过人类的劳动加以改造。随着社会的发展，社会环境的成分也越来越复杂，它对人们学习活动的影响也越来越大。

人与社会环境的关系是通过人和环境的互相影响、相互作用来实现的。一方面，社会环境决定人的社会心理和人格个性；另一方面，环境又是人的积极活动的产物。和谐、良好的社会环境是正常学习的保障，生活安定的基础；艰苦、恶劣的社会环境可以磨炼学习意志，培养高尚人格。

②社会环境对学习的影响

a. 社会潮流对学生成绩的影响。社会潮流是在多数人意愿的基础上形成的群众性的社会活动。知识贬值、读书无用、不公平竞争等消极的社会潮流会对学生学习产生不良影响；尊师重教、崇尚科学、公平竞争等积极的社会潮流会对学生学习产生良好的影响。

b. 社会变革因素对学习成绩的影响。在社会进程中有各种各样的变革，有单方面的、多方面的，有急剧的、渐变的，有积极的、消极的，但不管哪种变革，都会对学生产生极大影响。恢复高考后，广大青少年学生奋发努力，学习积极性高涨，社会变革朝着重知识、重人才的方向发展。在这种变革下，广大学生争获良好的学习成绩的风气就形成了。

近年来，一些中学生因受到一些消极意识的不同程度的影响，有的求学思想淡薄，认为读书用处不大；有的弃学经商；有的还染上了抽烟、喝酒等不良嗜好。这说明，社会变革中的某些消极因素，对青少年成长与成才危害不浅。

c. 生活环境对学生学习的影响。每个学生都在一定的环境中生活，都有一些亲朋好友。一般说来，与积极向上的人在一起，有利于自身的健康成长；与不求上进的人在一起，则容易染上不良习气，影响学习。

③学会在各种社会环境中学习

社会环境特别是对人影响最深的社会文化、社会风气等，各地方不完全一样。在各种社会环境中，我们应怎样坚持卓有成效的学习呢？

a. 要正视学习环境。即面对现实，承认现实，正确对待现实。应当看到，大部分中学生能充分利用好的学习环境，也自觉地克服遇到的困难，努力争取好的学习成绩，但也有的学生埋怨环境，消极悲观。中学生要认识到，在相同条件下，起决定作用的是你自己。我们常常看到，许多环境并不好（甚至身处逆境）的学生，发愤图强，学有所成；也有许多环境条件较好的学生，优越感强，不求上进，学无所成。中学生应正视学习环境，努力做环境的主人。

b. 要适应学习环境。在人的成长过程中，自身在不断变化，而学习环境、条件和教师也经常发生变化，这就要求学生们不断增强对环境的适应能力，如适应新的班组，适应新的老师，适应新的同学，适应新的学习内容，适应新的教学方法、考试方法等，在适应中提高。

c. 要改造学习环境。首先，从自我做起，自强不息，人人从改变自己做起，外界就一定会发生变化。其次，主动为集体贡献力量，使集体向好的方面转变，努力使集体因我而光荣，不要因我而耻辱。再次，要培养抗干扰、拒诱惑的能力，专心学习。

最后，要慎重择友，要交"能改吾过"的"益友"，不交"导人为恶"的"损友"。

（2）家庭环境

①家庭环境概述

家庭环境是指家庭成员生活、学习、成长的活动范围。家庭成员之间的关系、成员的文化素质、个性特点等构成独特的生活环境，与一个人的智力发展和学习成绩有着密切的关系。按照家庭教育方法不同，可以将家庭分为以下四种类型。

a. 溺爱型。孩子要什么给什么，要求怎样做就怎样做。父母对待孩子百依百顺，不打折扣。由于家长娇宠子女，要求不严，放松教育，甚至纵容放任，用溺爱代替教育，使孩子养成自私任性的习惯、蛮横放肆的性格。这种方式培养出来的孩子很容易走向违法犯罪的道路，在学习上绝不会是刻苦努力、成绩优秀的学生。

b. 放任型。对孩子行为的对与错一概不管不问，对其学习努力与否也不关心，任其所为，这种情况一般发生在知识层次较低的家庭。孩子对事物无是非观念，对学习采取无所谓的态度，成绩好坏也随其自然。这种家庭环境很难使孩子成为德才兼备的有用人才。

c. 控制型，也称专制型。采取这种教育方法的父母认为，子女的一切问题应该由他们处理，其管理方式和态度过分严格，甚至专断独裁，干预子女的行为，无视引导、劝解、说服的作用，对子女成绩期望过高，以致采取打骂恐吓等手段。这种教育的后果，或出现像"夏裴事件"那样的极端情况，也有导致孩子自杀的可能，或使孩子的个性畸形发展，其后果只会使父母"望子成龙"的期望落空。

d. 修养型，也称发展型。这类父母能了解子女的心理，并依据其心理发展的规律进行教育，对子女的态度非常民主，不墨守成规，善于因势利导，能尊重其意见和好奇心，学习上关心辅导，生活中言传身教，父母子女间建立着一种互相帮助、尊敬友爱的密切关系。这种关系对子女的学习有强大的促进作用，可以充分发展他们的各种才能，是一种最理想的教育方法。

②家庭环境对学习的影响

心理学研究表明，健全完整的家庭对子女的身心发展有着良好的催化作用，对子女的学习发展起着物质保障和精神督促、鼓舞的作用；不健全或不完整的家庭，往往会造成子女在心理上的某种缺憾，以致形成性格缺陷，造成学习的心理障碍，不利于学习的发展。

但是，家庭环境的好坏并不是绝对的，其作用也不是绝对的。有的人虽然生长在有优厚物质生活条件和良好家庭氛围的环境中，但由于没有自觉地珍惜、利用这种优越的学习环境，不发愤学习，浪费了学习的好时机，有的学习退步、不求上进，有的沾染上了不良习气，有的甚至堕落成为对社会有危害的人。相反，有的人虽然出身贫寒，甚至在较艰苦的家庭环境中生活，但由于奋力拼搏，最终成为有用之材，为祖国、为人民做出了卓越的贡献。

从上面的分析，不难看出：家庭环境对人的学习有一定的影响，但并不是影响学习的关键所在。每个学生要想成才，关键在于把握自己的命运，充分利用家庭环境中的有利因素，克服不良因素，不断提高学习成绩。

③根据不同家庭环境改善自己的学习

家庭环境先于我们而存在，我们无法选择家庭出身，无法选择出生年代和生长地域环境，无法选择家庭成员，但可以适应、利用、改造家庭环境，做环境和自己命运的主人。

a. 扬长避短，立志成才。有良好家庭环境的学生，应珍惜良好条件，严格要求自己，不要有优越感，在学好课内知识的同时，积极参加有关课外活动，开阔视野，培养能力，增长才干，有时还可以设法让自己吃些苦、受些累，以磨炼意志。生活在不良家庭环境里的学生，应面对现实，先适应这种家庭环境，利用家庭环境中的某些有利因素，在可能的条件下改造家庭环境，克服困难，立志成才。

b. 胸怀坦荡，顽强拼搏。不要为家庭的不幸而烦恼，须知，家庭环境不过是学习发展的辅助条件、外部条件，一生的成败，关键在于自己是否努力拼搏。培根说："奇迹多是在厄运中出现。"别林斯基说："当你面临逆境，不幸是一所最好的大学。"请记住这两句话。

c. 给自己创造一个学习的"小天地"。例如，桌子要放在窗户右边看不见外面和家中其他东西的地方；如果和兄弟姐妹共用一间学习室，要背对着背，或中间放置屏风、书籍、布帘等，以免互相干扰；"小天地"要离家中的会客室、电视机、电脑远些，以免受到影响。再如，桌上的玻璃板下不可布置得太华丽，更不要一边学习一边听收音机。光线的阴暗、座位的不适等都会分散注意力，应当注意避免。总之，要设法为自己创造一个有利于学习的学习室。

（3）学校环境

①学校环境概述

学校环境是指构成学校教育、教学因素的一切主客观条件。主观条件包括校风、教风、学风、人际关系等所有的校园文化。客观条件包括校舍、教学设备、师资结构、地理位置及其与周围环境的关系等。学校是学习者的主要学习环境，学校教育对传授科学知识、培养技能技巧和良好的道德情操均有重大作用。

②学校环境对学习的影响

在学校中，对学生的学习、成长影响最大的因素如下。

a. 校风校纪。任何一个学校，都要培养和形成一个好的校风。校风是一个"不说话的教员"，对每一个学生的成长起到潜移默化的作用。好的校风的形成，要经过长期的、全体师生的艰苦努力。与校风密切相关的，是要制定各项行之有效的规章制度，严格校纪，以保证良好校风的形成。

b. 学生集体。学生集体主要指班级、年级、学习小组、兴趣小组等。学生集体不论对学生来说还是对学校来说，都是极为重要的。从学生个人的角度看，群体是个人活动的基本单位，学生一方面可以通过群体活动来满足自己的某些需要，另一方面又可以通过群体活动学习科学文化知识，掌握技能技巧。从学校的角度看，学生群体是学校存在的基础单位。因此，学生群体既可以维护学校秩序，保持学校稳定，树立良好的校风校纪，又可以完成学校各项任务，促进学校管理目标的实现，培养更多的高质量的人才。

c. 教学设备。任何学校都应当具有自己的教学设备。也就是物质设备，它既是学校活动的物质基础，也是学生进行学习必不可少的条件。教学设备的好坏对学生的学习、掌握知识的准确程度乃至能力的发展都有着一定的影响，但这些影响都是客观的，直接影响学生学习速度的快慢和效果的高低，不是决定学生学习成败的主要因素。

d. 师资结构。学识渊博、德高望重的教师，对学生的思想品德的培养和文化科学知识的学习有极为重要的、深远的影响。教师的立场、观点、思想品德、知识技能、情操、性格、习惯、言行、作风等，对学生都会产生强烈的潜移默化的作用。师资结构合理的学校，往往有良好的教风，从而带动良好的学风，对于促进不同个性的学生的学习与发展是很有利的。

③根据不同学校环境改善自己的学习

学校环境不是每个学生可以随意选择的，把学业成绩的好坏归因于学校环境的好坏是片面的、不正确的。中学生应该更多地从主观方面去找原因，才能改善自己的学习，找到提高学业成绩的有效途径。

a. 珍惜时光，努力学习。人的一生中，在校学习的时间是短暂、难忘的，特别珍贵，中学生要珍惜学校的学习生活。在学校里，有教师讲授、辅导，有教师对作业、练习的批改，有同学间的相互启发帮助，有集体学习的竞争氛围，这些对学习是十分有利的，走上社会是很难再寻到这样的机会的。

b. 打好基础，立志成才。青少年时期是长身体、长知识的黄金时代。中学生在校学习的情况如何，将决定他一生的智力、智能的水平。愿每位中学生在中学阶段努力学习，为将来的成才打好基础。

c. 扬长避短，全面发展。每所学校都有具体的特点，中学生应根据自己所在学校的特点，充分利用学校有利于自身发展的优势，克服不利的影响，促使自己向着完美、理想的方向发展。

5. 影响学生数学学习的学法因素

学习方法对学习成绩有着很大的影响。正确的学习方法是打开知识宝库的钥匙，对提高学习成绩和培养具有自学能力和创造精神的新型人才都有重大意义。因为在教学过程中，教与学是矛盾双方对立的统一。"教"是外因，"学"是内因，外因通过内因才起作用，教学效果的好坏，在很大程度上取决于学生的学习态度和学习方法。达尔文曾说："最有价值的知识是方法的知识。"学生一旦掌握了正确的学习方法，就能主动摄取自己所需的知识，培养独立自学的能力，就会取得事半功倍的学习效果。反之，如果不懂学法，或者采用不科学的学习方法，那必然会事倍功半，在未来的事业中也很难有成就。所以，陶行知先生说："先生的责任不在教，而在教学，而在教学生学。"叶圣陶先生教导我们："教，是为了达到今后不教。"

中国学习科学学会组织的关于学生学习现状的调查，其中关于学习能力系统（方法、习惯、智力）的调查可以了解到当前中学生的学习现状：第一，学生学习的能力（从学生学习意识、学习的理解、学习常规方法、学习习惯、学习心理及自控能力反映出来的能力水平）处于中等偏下水平；第二，学生的学习意识较差，对学习是怎么回事、有什么规律性、为什么要讲究科学方法、学生为什么是学习的主体等问题，或是肤浅认识，或是没有考虑过；第三，学生的基本常规方法（预习、听课、复习、作业、考试等）没有很好掌握，不知道如何根据不同课程、个人不同特点、教师教学特点来选取科学的学习方法，更谈不上学习；第四，同学校，甚至同一班级，学习能力水平离散度较大，"优生"和"差生"水平相距甚远；第五，教法与学法的同步改革甚差，学生主动研究学法，参与教改活动极少，教师改革学法以适应改革的意识相当淡薄；第六，在厌学、辍学、学习负担重的学生中，主要原因是由于学习能力弱，学习成绩差的占有很大比例；第七，城市学校和农村学校、经济发达地区学校和欠发达地区学校、重点校与非重点校，不同家庭背景的学生，其学习能力水平相差甚远；第八，由于"抱着走""满堂灌"的陈旧教学方法的影响，在大纲和教学内容以外，学生主动地、独立地追求知识和能力培养的意识甚差，对教师的依赖性很大，一步也离不开教师的现象，甚至在研究生中也并不罕见；第九，学生由小学到中学、到大学、到研究生，对新的学习阶段的适应时间较长，严重滞后，而前一阶段的学习能力水平，对后一阶段学习的影响甚为显著；第十，对现代教学技术和手段的发展不甚敏感，利用现代化的学习工具（录音、录像、计算机等）辅助教学以提高学习质量与效率的意识较差。

学好中学数学，是每个中学生的愿望。然而，并不是每个中学生都能充分发挥自己的水平，学好本来可以学好的数学。原因之一是他们没有掌握良好的学习方法，没有注意培养自己的数学能力。

指导学生"学会数学学习"的方法和途径很多，这里简要介绍一种"全程渗透式数学学习指导法"。

将学习指导渗透于学生制订计划之中。让学生明确制订学习计划的好处，要求学生养成制订学习计划的习惯，并具体指导学生制订好学习计划。

将学习指导渗透于学生课前预习之中。要求学生养成坚持预习的习惯，教给学生预习数学的方法，通过多种途径检查学生预习的效果。

将学习指导渗透于学生课堂学习之中。渗透学习数学知识的方法，渗透数学能力的训练方法，渗透数学的思想和方法，渗透具体的解题技巧和解题方法。

将学习指导渗透于学生课后复习之中。要求学生养成先复习后做作业的习惯，及时复习巩固知识，教给学生课后复习的方法，检查学生复习的效果。

将学习指导渗透于学生独立作业之中。指导学生科学地完成作业的方法，在批改作业中指导学生学习，在讲评作业中渗透数学学习方法。

将学习指导渗透于学生学习总结之中。指导学生对数学知识进行总结，对数学解题方法和技巧进行总结，对数学学习方法进行总结，对自己数学考试的成败进行总结。

将学习指导渗透于学生课外学习之中。指导学生如何进行数学的课外阅读，如何参加数学竞赛，如何参加数学课外兴趣小组，如何进行数学研究性学习等。

6. 影响学生数学学习的性别因素

科学研究表明：男女间智力的平均水平是相当的，但从智力发展的特点来看，男女间又确实存在着某些差异，主要表现在某些能力上各有所长。影响男女学生学好数学的因素，一是智力因素，包括观察力、注意力、记忆力、思维力、想象力和创造力等；二是非智力因素（广义），包括社会影响（家庭、广播、电视、报刊等），个性心理特征（动机、态度、兴趣、气质、性格和学习能力等）和生理变化；三是教育因素。

在影响男女生学习数学的诸因素中，教育因素起着主导作用。国内外教育界、心理学界的研究和我们的实践已经表明了这一点。换句话说，只要我们的教育能根据男女生智力性差进行因"性"施教。男女生就都能学好数学。从目前的教育现状来看，大多数教师比较注意因材施教而忽视针对男女性差进行因"性"施教。从近几年来的一些调查资料看，一些中学女生的数学成绩在男女生总体成绩中呈相对下降趋势，而男生的两极分化现象也比较严重。如果我们不注意这个问题，这种现象还会日趋严重。因此，研究中学男女生智力特点，并针对这些特点进行数学教学，帮助男女生提高数学成绩，是十分重要的。

（1）中学男女生智力发展的特点

①在感知方面：女生对声音的辨别和定位，对颜色及其色调的知觉方面都优于

男生，但男生在视觉和辨别方位上的能力则较女生强。

②在注意力发展方面：男生注意多定向于物，喜欢摆弄物体并探索物体的奥秘，在物上的注意稳定性较好，持续时间较长；女生注意则多定向于人，喜欢探索人生，在人上的注意稳定性较好，持续时间较长。

③在记忆力发展方面：男生理解记忆和抽象记忆较强，而女生机械记忆和形象记忆则较强。

④在思维力发展方面：女生的心理感受性较强，叙述事件常常带有浓厚的感情色彩，偏于形象思维，考虑问题细致；而男生的思维具有广阔性、灵活性、独创性的特点，他们概括问题及推理能力较强，偏于逻辑思维。

⑤在想象力发展方面：男生由于其思维偏向于逻辑思维，因而想象常带有逻辑性；女生由于其思维偏向形象思维，因而想象常带有形象性。

⑥在创造力发展方面：男生在处理各种问题上都有争强好胜的心理，爱独立思考，凭自己的能力去解决问题，因而创造力较丰富；而女生的行为易受暗示，优柔寡断，稍感困难就胆怯畏缩，容易墨守成规，缺乏创造力。

从上面 6 个方面我们可以看到，男女生智力在总体上没有什么差异，但从初二年级开始男生在数学能力方面就逐渐优于女生了。

（2）如何在中学数学中进行因"性"施教

①对男生的教育：男生由于记忆、思维和想象都偏于逻辑性方面，因此，在数学教学中应注意发挥他们的优势，培养数学人才。

a. 培养浓厚的学习数学的兴趣。男生在数学能力上的优势，如果不是通过合适的途径激发他们的学习兴趣，引导他们积极思维，最大限度地调动他们学习的主动性、积极性，久而久之就可能失去这种优势，造成智力平庸。尤其是初中男生，他们自觉性、自制力较差，注意力易分散，而好奇心、好胜心较强，培养他们对数学的兴趣就更为重要。培养学习兴趣的途径大体有：进行学习目的的教育，引起学习兴趣；改革教学方法，激发学习兴趣；克服学习困难，保持学习兴趣；理论联系实际，增进学习兴趣；开展课外活动，发展学习兴趣等。

b. 培养创造能力。学生的创造能力不是自发地产生的，在教学中，我们必须善于培养、发现和鼓励学生中的创造精神。如果我们不注意培养和发掘学生中的创造性因素（男生显示频率较高），许多可喜的创见就会被扼杀、被埋没，学生也始终只会模仿。关于创造能力的培养，一是注意培养学生具有创造性学习数学的心理品质，如敏锐的观察力、高效的记忆力、良好的注意力、丰富的想象力和思维的广阔性、深刻性、批判性、组织性、灵活性和创造性等。二是注意激发学生创造性学习数学的动机。激发的方法大体有：鼓励学生质疑问题，找出矛盾；教给学生学习数学的方法，培养探索问题的能力；鼓励学生探索数学模糊的领域，发展求知欲；鼓励学生敢于设想，发表创见；培养学生创造性地解决问题的能力等。

c. 开展课外活动，开阔知识视野。即使在男生中，个别差异也是客观存在的。培养"尖子"与"大面积丰收"是学校教育应兼顾的两个方面。对于某些数学能力较强的男生（当然也包括某些女生），有目的地组织他们开展课外活动，并加以精心指导，是可以培养一些较高水平的数学人才的。课外活动有多种形式，如组织数学兴趣小组，举办数学讲座；成立《数学墙报》编辑组，定期出刊；组织小型数学竞赛；指导他们阅读课外读物；组织和指导他们撰写数学小论文，等等。

d. 帮助消除影响男生智力发展的不良心理。不良心理在男生身上的主要表现为：对学习活动和智力发展毫不在乎，妄自尊大，骄傲自满，草率粗心，狂热冲动等。他们在初中阶段往往上课不专心，下课贪玩，爱吵爱闹。进入高中后，随着自我意识的增强，往往又骄傲自满，学习不精益求精，作业潦草。这种不良的心理状态，如不及时教育，帮助改正，就会错过发展的大好时机，影响他们智力的迅速发展。因此，从初一开始，在教学中就应注意结合教学内容进行目的教育，激发他们为人类发展学好数学的责任感，从而认真自觉学习。

②对女生的教育：女生由于记忆、思维和想象都偏向于形象性方面，这给学习数学带来一定的困难。但女生踏实好学、认真负责、耐心细致、情绪稳定、感情丰富，只要我们利用女生这些优点，帮助女生克服智力发展的弱点，让她们对学习充满信心，她们在数学方面也能显示出与男生同样的才能。

a. 帮助清除影响女生智力发展的不良心理。不良心理在女生身上的主要表现为：意志薄弱、自卑自弃、优柔寡断、缺乏主见、盲目服从等。因此，首先，在教学中要利用各种途径帮助女生消除自卑，开启心扉。例如，用历史上女子成才的生动事例和报刊上、本校、本班女生的典型人物教育她们，帮助她们树立起"天生女才必有用"的信心。其次，培养坚强的意志，使她们在学习上下功夫，锲而不舍。再次，培养她们独立学习的习惯，促进她们内部语言的发展，为将来创造性地学习打下基础。最后，培养科学的学习方法，提高女生的学习效率。

b. 激发学习兴趣。苏联著名心理学家克鲁捷茨基研究数学能力的性别差异的结果是"数学往往在女孩感兴趣的范围之外"。女生对数学不感兴趣的主要原因是数学的逻辑性、系统性、条理性较强，抽象性较大。因此，利用女生智力具有"情感色彩"的特点，培养她们学习数学的兴趣的意义更大。浓厚的兴趣，是学好数学的前提。有了兴趣，她们的智力就会迸发出光芒。

c. 改进教学方法。着重培养女生的思维力、想象力和创造力。从初一开始，就注意培养女生的思维力、想象力和创造力，教给她们学习数学的方法和进行数学智力训练，引导她们自己看书，敢于质难问疑，不死抠，不死记。例如，在初一时，组织学生开展有关几何图形的游戏（七巧板等）发展学生的想象力、思维力和创造力，并为以后学习几何作准备。

组织课堂教学时，要注意照顾女生的特点。例如，学习高中数学时，需要特别强调抽象概括和逻辑思维，但由于女生在这方面能力较弱，所以感到困难较大。有的教师利用女性形象思维好的特点，使用生动具体的形象（教具、挂图、手势、多媒体信息技术和教室空间等），尽量使讲解从具体到抽象，并将难点分散，提出思考问题，让学生议论，然后归纳总结，这样降低了难度，女生易于接受，使她们的智力得到充分发展。

d. 加强男女学生数学活动中的交往。在青春发育开始，由于异性相处产生羞涩心理，这对女生学习数学是不利的。因此，在教学中，应加强男女生数学活动的交往，这样可以互相学习、互相影响，从而达到智力互补，这种交往对女生的智力发展更有帮助。比如，可将男女生编在同桌便于互相探讨；开展男女混合分组数学接力赛；男女生《数学墙报》互评；男女生互出"数学征解题"；组织男女生开展数学游艺晚会等。19世纪俄国的索菲娅就是因为她敢于冲破社会偏见，毅然来到德国海尔堡大学与男同学一起学习数学，从而在与男同学共同的学习中增强了自己的数学才干，成为世界上第一位进入大学的著名的女数学家。

三、数学学习指导的具体操作

英国著名的物理学家、科学家的奠基人贝尔纳在《科学研究的艺术》中说过："良好的方法能使我们更好地发挥运用天赋的才能，而拙劣的方法则可能阻碍才能的发挥。"由此可见，学习方法问题，是关系到学习成败的关键问题。

本章将从学习环节、学习内容、课外学习等几个方面谈学习指导问题。

（一）数学学习环节的学习指导

学习活动是由一个个互相联系，前后衔接的环节构成的有机系统，它在进行过程中各环节相互依存，任何一个环节的活动，如果脱离了系统，或与系统不协调，就会削弱系统的效果。要全面地有效地提高学习效果，必须认真研究学习活动的各个环节。

学习环节一般包括：预习、听课、复习、作业、总结五个方面，为了便于叙述，我们把考试这一环节，也一并在这里论述。

1. 预习与数学学习

预习是上课前对即将要上的数学内容进行阅读，了解其梗概，做到心中有数，以便掌握听课的主动权。

（1）养成习惯，坚持预习

在数学学习的四个基本环节"预习—听课—复习—作业"中，最容易被忽视的是预习一环，有的学生认为，反正老师要讲，没有必要预习；有的认为，有些内容看不懂，预习也没用；学习吃力的学生常说："哎呀！我的时间很紧张，作业都做不完，哪有时间去预习呀。"是的，这话不假，由于基础差，又不去预习，听课效果往往不好，课外复习和作业花费的时间很多，久而久之，便造成恶性循环。

其实，真正搞好了预习，便是"磨刀不误砍柴工"。数学知识一环紧扣一环，养成预习习惯，坚持预习就能跟上正常的学习。预习可以培养自学数学的能力；可以帮助学生提前思考、解决数学问题；可以提高听课效率；可以提高记笔记的水平；

可以改变被动的学习数学的局面，防止在学习数学时跟不上队而失去信心。一位学生说："过去总觉得数学老师讲课太快，我的思维跟不上，慢慢地也就失掉了兴趣和信心。自从老师组织同学们预习以来，我由怕学数学变成爱学数学了。课前预习，为我这样的基础差、思维能力较慢的同学提供了弥补的机会，对于不懂的地方，可以有时间多看、多想几遍；也能在课前问一问，课堂上又能有目的地听讲，听课就不吃力了。"因此，要指导学生坚持预习。

（2）了解教材，重点预习

数学课本的结构一般分为四个层次：直观素材（即生产、生活中的一些例子）—数学概念—结论（公式、定理、性质、法则等）—应用举例。预习时，重点应放在第二、第三个层次，着重理解数学概念的发生和表述（有时要"咬文嚼字"），认真掌握结论的推导、证明，一时弄不懂或感到较难理解的，可在书上做上记号，请教同学或上课时认真听教师是怎么分析的，切实把基本知识弄通搞懂。

我们可以通过课本上的一节（直线和平面垂直的判定与性质），来体现这个特点。

直观素材：将书打开直立在桌面 a 上；

数学概念：直线和平面垂直；

结论：直线和平面垂直的判定定理，直线和平面垂直的性质定理；

应用举例：例 1，例 2。

（3）掌握步骤，分层预习

数学教材结构严谨、逻辑性强，数学语言精练且抽象，读数学书一般不必朗读成声，重在思考理解，大体可以分三步：①粗读，从整体上弄懂这段教材讲什么；②精读，针对教材的重点难点弄清原理；③研读，带有研讨性质的读书。

例如，预习"绝对值"这一内容时，可先了解一下绝对值的定义（粗读），然后逐步弄清这个定义的表现形式，它是怎么来的，在数轴上是什么样的，研究绝对值在解决有理数的加减法运算中起了什么样的作用（精读），有关绝对值的问题有哪些重要的题型（研读）。

（4）开动脑筋，积极预习

边预习，边思考有助于提高预习效果，具体可通过边看（看概念、看解题、看结论），边画（画层次、画要点、画疑难），边批（眉批、旁批、尾批），边写（写内容提要、写学习心得、写解题规律）来实现。

不少优秀学生学习成功的一条经验是：课前基本上处理完课本上的练习题。数学课本每节都有练习（练习题一般都是基本题，可模仿例题进行解答），每单元都有习题，适当做些练习（能力较强的学生也可做些习题）。适当做些练习和习题，可以起到巩固知识、检查预习效果的目的，对提高听课质量大有好处，顺便说明，练习和习题一般可直接做在书上页边空白处，这样可以节省时间，也便于对照。

（5）温习旧知，便于预习

数学具有很强的逻辑性和连贯性，新知识往往是建立在旧知识的基础上。因此，预习时就要找出学习新知识所需的知识，并进行回忆或重新温习，一旦发现旧知识掌握得不好，甚至不理解时，就要及时采取措施补上，克服因没有掌握好或遗忘带来的学习障碍，为顺利学习新内容创造条件。例如，预习"反正弦函数"这小节教材，就涉及——映射、逆映射、反函数等概念，正弦函数的定义域、值域、性质、图像等知识，以及对非——映射确定的函数，如何找出单调区间，以求得反函数的思想方法等进行回忆，把它们搞清楚，这无疑有利于反正弦函数概念的学习。否则由于学生掌握旧知识存在的缺陷，妨碍着有意义学习的进行，从而造成学习的困难。

（6）尝试笔记，高效预习

根据课本的内容及自己平时记课堂笔记的特点，在课前试做学习笔记，坚持下去，大有好处。另外，在预习中，大脑处于积极思维的状态中，在这个思维过程中，常会闪出一些思想的火花来，这是紧张脑力劳动后产生的新信息，它们稍纵即逝，是一种瞬时效应，必须及时捕捉。可在笔记本上随时把它记下来，这样有得有录，定能提高预习效率。

（7）合理安排，灵活预习

预习的时间，要根据学习计划可以提供多少实际时间来安排。不要因为过多地抓了预习，而打乱学习计划。如果时间很紧，可以先大概看一遍下节课要讲的重要内容，学生在课前花 15 分钟左右时间预习一遍就可以了；如果学习已经比较主动，能抽出较多的时间，预习的内容可以多一点，钻得也可以深一点。预习不一定强求把所有问题都弄懂才罢休，留些问题等到课堂上听教师讲解，这也是正常的。

2. 听课与数学学习

在学校教育的条件下，听课是学生学习数学的主要形式。在教师的指导、启发、帮助下学习，就可以少走弯路，减少困难，能在较短的时间内获得较多的系统的数学知识。因此，认真上好每一节课，是学好数学的关键。

（1）做好准备，迎接听课

数学课的课前准备，对学习数学是有帮助的。应做好知识、物质、身体和心理四方面的准备。做好知识上的准备，包括复习旧知识和预习新课；做好物质上的准备，包括上课要用的书、练习本、笔记本和一些学习用具；做好身体上的准备，包括坚持锻炼身体和安排好休息时间；做好心理上的准备，包括做好积极思维的心理准备。

（2）高度集中，专心听课

在听课时，最大限度地集中自己的注意力，是学习成功的关键。教育家把注意力比作"通向知识宝库的门户"，你不打开它，知识的阳光就无法照进心灵，智力也将得不到发展。教室周围的嘈杂声、音乐教室的歌声、隔壁教室的读书声、运动场上的吵闹声、教室内的装饰画、教室外过往行人、昨晚的电视情节、下午的球赛等，都可能分散我们的注意力。在听课时，要自觉排除上述分散注意力的因素，培养自我控制能力，培养优良的注意品质。专心致志地听课，让数学之光照进我们的心灵。

（3）抓住重点，认真听课

听课要抓住什么重点呢？一是开头和结尾是重点。因为开头往往起着承上启下的作用：概括上节课的内容，引出本节所讲新课的问题。而结尾往往又是一节课的"小结"及"复习指导"。它们前呼后应，首尾贯穿。不少学生往往忽视了开头和结尾的重要性，影响了听课的效果。二是教师突出强调的地方是重点。教师讲课的时候，在最重要的地方，不是提高声调，就是加重语气，或者情绪比较激昂，表情比较强烈。这等于告诉你：注意，这是重点！有时候，教师把极为重要的地方用彩笔书写，或直截了当地说："同学们，注意啦，这就是……"总之，凡是教师突出强调的地方，学生都该加倍注意。

（4）多方配合，高效听课

把听、看、想、做、记较好地结合起来，可以提高听课的效果。

听，主要是听教师讲课的思路。听教师是怎样引入数学概念的，听教师是怎样归纳数学知识的，听教师是怎样推导公式证明定理的。听，也要听同学讲，有的同学答对了，我们就想想他是怎么思考的；有的同学答错了，我们也应仔细听听他错在哪里？为何出错？及时进行分析。

看，就是观察，一看教师的板书，看看教师的板书对我们记笔记有什么借鉴，对解题格式有什么要求等。二看教师的画图，看教师怎样作几何图形、函数图像，看教师是怎样利用图像进行解题的。三看教师的演示，在教师用教具进行讲解的时候，一定要注意教师的演示，增强感性认识。

想，就是思考问题。对于概念，要想一想为什么要建立这个概念，它的背景是什么，它是怎样由实际问题或已有概念抽象出来的；对于定理，要想一想它的条件和结论是什么，证明的基本思路是什么，关键步骤是哪些；对于公式，要想一想它是怎样得来的，它有哪些特点，有哪些变形，应用时有哪些限制；对于例题，要想一想它在结构上有什么特征，包含哪些解题的技能和技巧，有些什么实际意义。

做，就是做课堂练习。对于课堂上所学的知识，做做练习，既是检验，又是巩固。中学生要认真对待课堂练习，及时发现问题，及时弥补。

记，包括记课堂笔记和记忆重要内容。坚持记数学课堂笔记，是个好习惯。课堂上学习的一些重要概念、定理、公式、性质等，争取当堂掌握，当堂记住。

（5）大胆发言，积极听课

有些中学生上数学课不爱发言，这是个不好的现象。在课堂上利用一切机会大胆发言，对听好课有积极作用。讲对了，是对我们学懂知识的一次检验；讲错了，经教师、同学指点改正，印象也深一些，对听课和课后复习有督促作用。

（6）区别类型，灵活听课

数学课按其讲课内容，大致可分为概念引入课、公式（定理、法则）推导课、公式（定理、法则）应用课、习题课和复习课。中学生要通过实践，逐步学会听不同类型的数学课。例如，概念引入课，应侧重听、看、想；复习课则侧重听、做、记。

3. 复习与数学学习

学习数学，预习和听课只是解决一个"懂"的问题，要真正达到"会用"，还必

须通过课后复习和完成作业等活动才能实现。

（1）及时复习，巩固知识

数学课上的 45 分钟常常是在紧张中度过的，在课堂上学生必须紧跟教师的思路，许多问题难以在课堂上进一步分析和研究。课后抓紧复习就能及时、有效地弥补听课中的不足。学生也有时间充分地、从容地、全面地、细致地回想教师讲的所有内容，深入思索、考虑某个问题，这对学习是大有好处的。

在课后复习时，通常可以指导学生从下面四个方面入手，发现和提出问题。一是从回忆对照中发现问题。即先不看书和笔记，凭自己的回忆，把一堂课的内容过一遍，然后再和书、笔记相对照，常常可以发现一些问题，针对这些问题复习思考，效果较好。二是从知识结构上提出问题。例如，为什么要引入这些概念；定义中有哪些关键性用语；公式（或定理）的条件和结论是什么；公式（或定理）是怎么推导的，关键性步骤有哪些；公式适用哪些范围；应注意什么；等等。这样便于加深理解和记忆。三是从不同侧面设想问题。例如，例题还有别的解法吗；命题还可以推广吗；公式可以逆用吗；等等。这是一种创造性思维，是一种很有用的学习方法。四是从相互比较中发掘问题，如新旧知识（分式与分数，等式与不等式）的比较；易被混淆知识（平方的和与和的平方，不全为 0 和全不为 0，锐角、第一象限的角、$0°\sim90°$ 的角、小于 $90°$ 的角）的比较；对立知识（加法与减法，乘法与除法，三角函数与反三角函数）的比较；类似知识（特殊的平行四边形，线线角、线面角、二面角）的比较等。通过比较学习，能更深刻全面地理解和巩固知识。

（2）系统复习，串联知识

数学是一门系统性严密的学科。平时的学习注意力集中在讲授新课上，不易掌握知识的内在联系。因此，在复习时应注意对学习内容加以整理、综合，突出其内在联系，使我们通过复习对所学过的知识能有一个全面系统的认识。在复习时，把概念、性质、公式、法则、定理等串联起来，或列提纲，或作表解，或以图示，使知识成为完整的体系，均能收到较好的学习效果。例如，复习圆锥曲线，我们可以设计这样一张表，横行分别写上椭圆，双曲线，抛物线；纵行分别写上定义，焦点位置、坐标，标准方程，图形，辨认 a，b（或 p）的方法，参数 a，b，c 的关系，顶点坐标，对称轴方程，焦距，准线方程，渐近线方程，离心率 e，焦半径长，过曲线上点 (x_0, y_0) 的切线方程，已知斜率为 k 的切线方程，通径，作图方法，光学性质, 参数方程, 极坐标方程。把表中的空格填完后, 就是一次系统的复习, 这张表便于对比、区别和类比。又如, 为了掌握多面体和旋转体的体积公式的推导, 则可列表 2-25 进行复习。

表 2-25　多面体和旋转体的体积公式推导

理论根据	公　式	证明思路
1. 长方体的体积等于它的长、宽、高的乘积 2.（祖暅原理）夹在两个平行平面间的两个几何体, 被平行于这两个平面的任意平面所截, 如果截得的两个截面的面积总相等, 那么这两个几何体的体积相等。	$V_柱 = Sh$	长方体作比较
	$V_锥 = \dfrac{1}{3} Sh$	三棱锥作比较
	$V_台 = \dfrac{1}{3} h(S + \sqrt{SS'} + S')$	转化为二锥体之差
	$V_{拟柱体} = \dfrac{1}{6} h(S + 4S_0 + S')$	拟柱体分割成若干个棱锥
	$V_球 = \dfrac{4}{3} \pi R^3$	将半球与从圆柱中挖去一个圆锥后的几何体作比较
	$V_{球缺} = \dfrac{1}{3} \pi h^2 (3R - h)$	按照球的体积求法推出

（3）强化复习, 有的放矢

在平时学习过程中, 由于学习基础和能力上的差异, 有些学生觉得"这部分难学"；有的学生觉得"那部分难懂"；有的学生在某个环节上有缺漏的知识；有的学生某些技能训练（如三角变换）尚不熟练。在复习时就要集中精力强化复习, 重点攻克这些难点, 弥补知识和技能上的缺漏。

为了掌握一类数学问题的解题规律, 可加强"解题小结"的训练。例如, 解答"存在性问题"（存在、不存在、是否存在）后, 总结这类问题的解题思路有: 综合分析, 垂直推理；构造模型, 巧妙转化；正难则反, 逆向思维；归纳证明, 步步兑现；敏锐观察, 特殊入手。又如, 解答不查表求三角函数值的问题后, 归纳出解题思路: ①能化为特殊角的尽量化为特殊角；②不能化为特殊角的设法抵消。

为了强化解题能力, 复习时还要适当演题, 但演题必须围绕所学内容, 题目类型要多（尽量涉及所学内容的各种题型）, 题目要精, 题量适当, 并注意安排好层次, 由简到繁, 由易到难。这样才能更有效地提高复习的效益。

（4）专题复习，提高能力

中学数学教材里，有些知识包含的概念内涵较深，应用较广，而且在运算与证明中，对技巧性灵活性方面要求比较高，我们可从不同角度加以归类，进行专题复习。专题复习时，先把同类问题从总体上认识清楚，然后以典型题目牵带概念和解题方法。专题有知识型和方法型之分。知识型的有"复数的几何意义及其应用""函数最值问题""立体几何中的接、切、截、折、转""两条曲线间的关系"等；方法型的有"反证法与同一法""分类与讨论""待定系数法""数形结合"等。顺便指出，专题复习可以自己进行，也可以结合教师讲的专题进行，专题的确定最好能得到教师的指导。

（5）综合复习，全面提高

在应考前要用一定的时间进行全面的综合性复习，因为考试是考查在整个高中阶段学习的全部内容。综合复习应在教师指导下把握住进程，既不脱离自己的实际水平，又能很好地掌握教师指出的重点内容和典型问题。

综合复习时，应选做一定数量的综合题。综合题涉及面广，内容复杂，思路也有独特之处。解综合题要求双基扎实，思维灵活，论证严谨。但综合复习时不要把时间用在做偏题、怪题上。有的学生做一道难题花两个多小时，这是不科学的做法。当解到一定程度时还未获解，就可请教别人，关键在于获得解题思路，为了达到这个目的，也可以看好的题解，从中获得启迪。

4. 作业与数学学习

几乎每节数学课，教师都会布置作业。数学学习往往通过做作业，以达到对知识的巩固、加深理解和学会运用，从而形成技能技巧，以及发展智力与数学能力。数学作业质量的高低往往可以衡量一个学生的数学学习水平。

（1）掌握步骤，正确解题

解数学题，一般有以下八个步骤：审题→画图→分析→解题→检查→讨论→答题→小结。

审题　拿到题目，不要急忙就做，先认真阅读，弄清题意：①这是什么类型的习题？是叙述题、选择题、填空题、求解题、作图题，还是证明题？②已知哪些条件，需要求什么？要求的是一件事，还是好几个内容？即使再简单的题目，也少不了这一步。例如，解方程 $2x^2-3x+1=0$，问题很简单，当你看到题目后，脑子里马上就会想到，这是一个"一元二次方程"，形成这个观念的时间很短，实际上就是审题的过程。

画图　解几何题，画图往往是不可少的，由题设画出符合条件的图形，标上已知或未知的元素。代数中列方程解应用题，数学中的逻辑问题等，也常需要画示意图或列适当表格，以帮助理解。有关函数问题，有时也需要画出函数的图像。正确的图表，有助于更深刻地分析题意，找出解题思路。

分析　所谓"分析"，就是分析解题的思路，找到解题的方法，这是整个解题中最困难的一步。如果题目思路明确，可以用顺推法，直接由已知出发，逐步按题目的要求推导下去。如果思路不明确，可以"先逆后顺"，即先假设结论已得到，逐步向上逆推，沟通渠道后再顺推下来。通常分析题目，是采用"双向推法"，顺逆综合进行，直至沟通为止。

解题　这一步就是把解题思路转化为具体的解题步骤，并且依序书写下来。解题步骤不能跳跃，主要步骤不能省略，要使别人看得懂。重要的依据要写出来，一般只要点明即可，并不一定写出全文，如"由正弦定理可得……""根据三垂线定理可知……"推而无理、算而少据的坏毛病要克服。书写要整齐清晰，一般一式一行，等号对齐，符合数学书写要求。

检查　题目解出后，还需要检查解答：①检查解题过程是否有误；②检查是否回答了题目的全部要求；③检查答案是否符合题意，如系方程问题，检查有无增失根的情况。

讨论　有些题目在某种情况下有解，某种情况下无解；在有解的情况下，何时只有一解，何时有若干个解，何时有无穷多个解。遇到这种情况，需要对题目进行讨论。

答题　肯定自己解法正确，并在必要时对题目进行讨论之后，还必须写出题目的确切答案。对于文字题，应写出"答：……"但对于一般习题，只要把答案以某种形式明确一下就可以了，如"所以原方程的根是 $x_1=-1$，$x_2=2$"。

小结　写出答案后，解题已告结束。同学们还可以再做一个小结：这样解法是否最简便，有没有更好的解法；从这题的解法中，你有哪些体会；等等。

以上八步中，审题、分析、解题、检查、答题五步是解任何题都不可少的，其余三步对于多数题目来讲，并不都是必需的。下面我们给出一道题目，读者可试按上述八个步骤体验一下。

题目　有一只小船顺流行驶，从甲地到乙地需 6 小时，逆流行驶这段距离需 8 小时。现有一木排顺流而下，由甲地至乙地需几小时？

（2）思维要活，格式要"死"

思维要活，说的是灵活地运用各种知识巧妙地解答数学题，这是数学作业的较高要求；格式要"死"，说的是解题格式要正规、要有合乎学科特点的标准格式，叙述清晰、推理严谨、计算准确、解答完整，这是数学作业的基本要求。每年的数学考试，都有不少学生因解题格式不规范而被扣分，应引起我们的注意。

例如，解二元一次方程组、用数学归纳法证题，每步都有一定的解题格式，学生必须按照这种格式进行解题。但在具体解题时，还应根据问题的特殊情况灵活解题。下面的二元一次方程组，若用代入消元法或加减消元法均较烦琐，请读者试解这道题：

$$\begin{cases} 1993x+1994y=5981, \\ 1994x+1993y=5980。 \end{cases}$$

（3）限时作业，提高速度

提高解题速度，是数学作业的一项基本功，一些学生考试时感到时间不够用，这与解题速度慢有关。因此，我们平时要有效率感，在单位时间内增大劳动量。

$$效率=\frac{劳动量-无效劳动量}{时间}$$

学生若平时做数学作业需 45 分钟，可以让他给自己一个指令：今天做作业，节约一秒。学生若按指令去做了，结果会发现，节约的可能不止一秒，也许是几分钟。经常进行限时作业训练，对提高解题速度大有好处。

（4）有错必纠，弥补缺漏

做数学作业，难免会出现一些错误。错误的存在，反映了学生在学习中存在的问题。对于作业中的错误，一定要做到认真分析，找出原因，及时纠正，弥补缺漏。数学作业中的一般性错误，可以在作业纸上用红笔进行纠正；比较严重的错误，可以借鉴上海一位优秀生的做法：他准备了一本错题集，把平常考试、作业等自己做错的题，全部记录在他的错题集里，他把各种错误按类型进行归纳，并附上正确的解答，经常翻看，这样他在以后的作业和考试中，就不再犯以前的错误了。

（5）一题多解，一题多变

一道数学题，往往有多种解法。一题多解能使我们广泛地、综合地应用基础知识，提高基本技能，更有效地发挥逻辑思维，提高全面分析问题的能力，找到最简捷的解题途径，又能增强我们学习数学的兴趣。

一题变多题。"做一题，解一类"，可以帮助我们拓宽数学基础知识，提高解题能力。我们看一道题目："在 $\triangle ABC$ 的外边作正 $\triangle ABD$ 和正 $\triangle ACE$，求证：$BE=CD$。"学生不难通过证明 $\triangle ABE \cong \triangle ADC$ 得到 $BE=CD$。可引导学生将题中的三角形"变"成正方形，结论成立吗？"变"成正多边形呢？再将原题中的"外边"变为"形内"，结果又如何呢？

当我们解完这些问题后，便会发现：异图同解，各尽其妙，不变中有变，变中有不变。

（6）注意小结，探索规律

当我们解完数学题后，应考虑从这些题中能获得哪些有益的启示。例如，有的学生研究涉及"至少有一个"的问题，得出这类题的解题规律：一是设法把"这一个"具体地找出来（有时要分几种情况讨论）；一是用反证法证明不可能一个都没有。

5. 总结与数学学习

数学是一门规律性、系统性极强的学科。掌握了规律，知识就会运用自如，难题也能迎刃而解。要做到这一点，就必须做好总结。

（1）全面整理，编织成网

全面整理包括数学概念和数学方法两部分内容。

整理数学概念首先要理顺各个概念之间的逻辑联系，使分散学习的概念通过一番整理达到条理化、系统化，成为自己的知识结构。一般采用树形图的形式，把一个单元的概念串起来。

如平面几何中学完了相交线和垂线后，对角的概念作系统小结如下：

$$\left\{\begin{array}{l}\text{角的比较}\rightarrow\text{角的度量}\rightarrow\text{角的分类}\left\{\begin{array}{l}\text{锐角、直角、钝角}\\\text{平角、周角}\end{array}\right.\\[2mm]\text{角的运算（和、差、倍、分）}\rightarrow\text{角平分线}\\[2mm]\text{双关角}\left\{\begin{array}{l}\text{位置关系}\left\{\begin{array}{l}\text{对顶角}\\\text{邻角}\\\text{同位角、内错角、同旁内角}\end{array}\right.\\[3mm]\text{大小关系}\left\{\begin{array}{l}\text{互为余角}\rightarrow\text{余角性质}\\\text{互为补角}\rightarrow\text{补角性质}\end{array}\right.\end{array}\right.\end{array}\right.$$

数学方法的总结应结合本单元的习题类型归纳、整理。这需要经过一定的训练，坚持下去，效率可以大大提高。

例如，学习三角方程后，对形如 $f(\sin x\pm\cos x,\sin x\cos x)=0$ 的三角方程，总结解法如下：

令 $u=\sin x\pm\cos x(|u|\leqslant\sqrt{2})$，则

$$\sin x\cos x=\pm\frac{u^2-1}{2}$$

便可化为关于 u 的一元二次方程进行解答。

我们不妨用上法解答下题，体验上面的总结。

解方程 $\sin x+\cos x+\sin x\cos x=1$。

（2）查漏补缺，完整知识

由于各种原因，学生在学习过程中难免出现漏洞和缺欠，有的属于理解问题；有的属于记忆问题。通过复习，一旦发现，就要及时补上。凡是善于总结的学生，学习中的漏洞和缺欠都能及时得到补救和补偿。因此，他们的知识总是比较完整的。这样，有利于今后的进一步学习。

（3）专题整理，深化学习

在数学学习中，有些知识是分散在不同章节中讲授的，课本中也没有在适当的时候将那些分散的知识归纳总结在一起。因此，为了系统地完整掌握这部分知识，最好的办法是对它们进行专题总结，使学习深化。

例如，在高中代数的幂函数、指数函数和对数函数中分散学习了函数图像的平移，轴对称，原点中心对称等图像变换。在三角函数中学习了图像的伸缩变换。为了对函数图像变换形成一个完整系统的概念，我们可以分两个阶段对它进行归纳、整理。

第一阶段（学完幂函数、指数函数和对数函数后），参见表 2-26

表 2-26　函数图像变换

变换方式	解析式	图　像
平 移	$y=f(x)\xrightarrow[y=f(x-a)]{\text{水平位移}}$ $a>0$，右移 a 个单位 $a<0$，左移 $\mid a\mid$ 个单位	
	$y=f(x)\xrightarrow[y=f(x)+b]{\text{垂直位移}}$ $b>0$，上移 b 个单位 $b<0$，下移 $\mid b\mid$ 个单位	
轴 对 称	$y=f(x)\xrightarrow[\text{对称}]{\text{关于 } y \text{ 轴}}$ $y=f(-x)$	
	$y=f(x)\xrightarrow[\text{对称}]{\text{关于 } x \text{ 轴}}$ $y=-f(x)$	
	$y=f(x)\xrightarrow[x=a \text{ 对称}]{\text{关于直线}}$ $y=f(2a-x)$	
	$y=f(x)\xrightarrow[y=x \text{ 对称}]{\text{关于直线}}$ $y=f^{-1}(x)$	

变换方式	解析式	图　像
原点中心对称	$y=f(x)$ —— 关于原点对称 ——→ $y=-f(-x)$	

第二阶段（学完三角函数图像后），参见表 2-27

表 2-27　函数图像变换

变换方式	解析式	图　像
伸	$y=f(x)$ —— 纵坐标不变 横坐标为原来的 $\frac{1}{k}$ 倍 ——→ $y=f(kx)$	
缩	$y=f(x)$ —— 横坐标不变 纵坐标为原来的 k 倍 ——→ $y=kf(x)$	

（4）习题归类，探求规律

演算习题是对所学知识的应用和检验。每个单元都有不少的习题，在单元小结时，要善于把各式各样的习题按题型或按题性归类，并总结出其中重要习题类型的各种解法，找出规律。例如，学习列方程解应用题时，就可以将应用题分为和倍差倍问题、等积变形问题、行程问题、流速（风速）问题、比例分配问题、劳力调配问题、工作问题、浓度问题、数字问题、时钟问题、年龄问题、几何问题、增长率问题等，探索每类问题的解题规律。

（5）总结学法，提高效率

在数学学习中，还应注意学习方法方面的总结提高。一是要善于发现自己在学习中存在的问题。要通过复习、考后分析、自我检测来发现，通过和优秀生的学习进行比较，或通过学习报纸杂志介绍的学习经验来找自己的问题。二是要采取相应的措施。学生一旦发现了自己学习中存在的问题，教师就得指导学生采取相应的措施，如明确学习动机、端正学习态度、改进学习方法、调整学习计划等，从而使其提高学习效率，达到学习目的。三是要及时总结自己在学习上的经验，并加以总结提高，更好掌握今后的学习活动。四是要认真学习别人在学习上的先进经验，在学习过程中，转化为自己的东西。

6. 考试与数学学习

数学学科的考试，除了要认真做好考前复习和考后试卷分析外，还应在考试时注意以下几点。

（1）总览全卷，区别难易

拿到数学试卷后，看看哪些是基础题（选择题、填空题、简答题）；哪些是中档题（画图题、计算题、证明题、讨论题）；哪些是压轴题（单科或多科的综合题，往往放在最后一题）；分出难易和类型，按照先易后难的原则（命题一般按序号从易到难编排），确定解题顺序，逐题进行解答。遇到一时解不出的题先放下（别忘了做上记号），把解答顺利的题目都做完，再回来把留下的疑难逐个解决。

（2）沉着应战，果断抉择

为了更全面地覆盖知识面，近年来数学考试采用选择题和填空题。学生平时应掌握好解答选择题、填空题的一些方法和技巧，明确数学概念，考试时应逐个鉴别，去伪存真，正确迅速地完成选择题和填空题，为顺利完成中档题和压轴题奠定基础。

解题中遇到平时没见过的题目，不要慌，题目貌似异常，其实都出自原本。要冷静回想它与平时见过的题目、书中的知识有哪些关联。要相信自己的功底，多方寻找思路，便能豁然得释。切忌对着题发呆不敢下手，有时动笔做一做或者画个图分析，也就做出来了。

例如，已知两直线和 $a_2x+b_2y+1=0$ 的交点 $P(2，3)$，求过两点 $M(a_1，b_1)$，$N(a_2，b_2)$ 的直线方程。

解此题若能联想到平时做过的"典型"的"设而不求"题的解答，便不难得到答案为 $2x+3y+1=0$。

"典型题"为：过圆外一点 $P(a，b)$，引圆 $x^2+y^2=R^2$ 的两条切线。求经过两个切点的直线方程。

解：设切点 $P_1(x_1，y_1)$，$P_2(x_2，y_2)$，则切线

l_{PP_1}：$ax_1+by_1=R^2$，

l_{PP_2}：$ax_2+by_2=R^2$。

可见点 P_1，P_2 都满足方程 $ax+by=R^2$。

故方程 $ax+by=R^2$ 为过两切点的直线方程。

如果不会的题目较多，也不要急躁，这种情况也许试题偏难。这时要尽可能解答一步是一步，不放过多得一分的机会。对待几个难题，要先击破哪一个需果断抉择：一要看题目编排顺序判断它的难易；二要看题目的分数比例；三要发挥自己平时学习的优势，看对哪部分知识解答能力强。这样来推断解答的可能性。千万不能手足无措，这题做几笔，那题做几笔，铃声一响所获甚少。

（3）科学审题，灵活计算

审题首先要注意力集中，思维直接指向试题，周围的一切似乎都不存在了，力争做到眼到、心到、手到。审题时，应弄清已知条件、所求结论，同时在短时间内汇集有关概念、公式、定理，用综合法，或分析法，或两头凑的方法，探求解题途径。由于审题的失误造成的失分，在考试中是很常见的。例如，一道数学填空题："与双曲线 $4(x-1)^2-9y^2=36$ 有公共焦点，且过点（5，0）的椭圆的准线方程是_____。"考试时一个班级里竟有 9 个学生视"准线"而不见，填上椭圆方程。答

非所问，得不到分，十分可惜。又如，方程$(m-1)x^2+2mx+5=0$与二次方程$(m-1)x^2+2mx+5=0$就不同，前者m可以等于1，后者$m\neq1$。再如，"提高到"与"提高了"，一字之差，意思完全不同。

审题中还要灵活运用知识，发现和寻找简捷的解题方法。例如，下面这道计算题，若直接展开，太繁了；若化为三角式，也有一定的运算量；若能灵活运用单位根知识，则可得到如下简捷的解法。

$$\left(\frac{2+2i}{1-\sqrt{3}i}\right)^8=\left(\frac{1+i}{-\frac{1}{2}+\frac{\sqrt{3}}{2}i}\right)^8=\frac{(2i)^4}{\omega^8}=16\omega=-8+8\sqrt{3}i。$$

又如，"满足$3\arctan x^2-\text{arccot}\,x^2=\frac{\pi}{2}$的所有$x$的值的和是_____。"若注意到$x=a$与$x=-a$都是原方程的根，便可得到答案为0，不必去求$x$的值。

再如，"已知$x=\frac{\sqrt{3}+\sqrt{2}}{\sqrt{3}-\sqrt{2}}$，求$y=\frac{x^2+x}{x^2-4x-5}$的值。"有的学生把$x$直接代入求值，不厌其烦。若注意到$x$可化简为$x=5+2\sqrt{6}$，而$y=\frac{x^2+x}{x^2-4x-5}$可化简为$y=\frac{x}{x-5}$，则计算就变得十分简单了。

（4）过程清晰，稳中求快

关于这个问题，应注意"五要"。

要书写清晰。数学解题，无论是列式、运算，还是推理、作图都要有充足的理由，步步要有依据。因此，解题过程要清晰，表达合理，运用数学符号恰当，格式规范。

要一次成功。要提高第一次解题的成功率，不要以为反正还得检查而粗枝大叶。即使查出错误再去纠正，在时间上也是不合算的。

要提高解题速度。一些学生参加数学考试常常感到时间不够，这和解题速度有关。数学考试要求在解答正确的前提下，提高解题速度（书写速度、画图速度、表达简明确切、解法简捷等）。例如，画圆台内切球的轴截面图，可先画一个圆，再画一个与圆相切的等腰梯形即可。若先画梯形再画圆，就不容易画好。又如有些式子或运算的书写花费时间多，则可用"原式""右边""tan（左端）""分子变形为"

"由①得""故原不等式成立""将①代入②化简整理得""同理可得"等语句代替，节省不必要的书写时间。

要科学地使用草稿纸。利用草稿纸也有学问，利用好了能帮助思考，节省时间，储存记忆；反之就要扰乱思维，浪费时间。使用的方法应该是这样：①卷面上不写解答过程的题，把过程在草稿上演算，标上题号，以便检查时用。不必工整书写，只要自己认识即可。②卷面要求写解答过程的题目，如果思路很清楚就直接写在卷面上。不必在草稿纸上写一遍再抄写在卷面上。③疑难和未解答完整的问题，写在草稿纸上，思考过程要画上特殊的记号，以便引起注意。进行再次考虑看到醒目的符号，就能继续想下去，或否定原来的思考，另辟蹊径。这样做可避免思维中断，也避免重复考虑。

要重视两类题型。一类是大题中的各个小问题一个串着一个，前面的问题往往为后面问题的提出或解答起铺垫或暗示作用的"串联题型"；一类是从基本相同的题设条件，去探求问题的各个方面的"并联题型"。解串联题型，应步步为营，稳扎稳打，否则前面错了，后面即使方法对了，也得分甚少。在考试时解题还要机智，有时确实前面问题不会做，但可利用前题结论解后面的问题，得到后面问题的分数。下面这道题，若第①小题不会做，则可利用第①小题结论做第②小题，读者可试着做做看。

题目　数列$\{x_n\}$，$\{y_n\}$满足条件 $0 \leqslant x_n \leqslant 1$，$x_n + y_n = 1$。①证明：$y_1 \cdot y_2 \cdot \cdots \cdot y_n \geqslant 1 - (x_1 + x_2 + \cdots + x_n)$；②当 $x_n = \left(\dfrac{1}{6}\right)^{n+1}$ 时，$y_1 \cdot y_2 \cdot \cdots \cdot y_n > \dfrac{29}{30}$。

（第①题可用数学归纳法证）

解并联题，则可"各个击破"，一般按小题题序解答，但不受题序限制。

（5）注意检查，减少失误

数学问题门类繁多，形式各异，学生的答卷错误也因人各有差别。检查，是作为考试的一种补救方法，在数学考试中尤为重要。应注意检查是否有概念错误、运算错误、论证错误和解题思路的选择是否恰当等。检查的方法有：还原检查、代入检查、对比检查、图形检查、条件检查等。

例1　设 $a, b \in \mathbf{R}^+$，且 $a + b = 1$，求 $y = ab + \dfrac{1}{ab}$ 的最小值。

解：因为 $y=ab+\dfrac{1}{ab}\geqslant 2\sqrt{ab\cdot\dfrac{1}{ab}}=2$，

所以 $y_{\min}=2$。

解答错了！只要检查等号成立的条件即可，由于满足 $a+b=1$ 且 $ab=\dfrac{1}{ab}$ 的 a，b 不存在，正确的答案为 $y_{\min}=\dfrac{17}{4}$，该怎么解呢？

（二）数学学习内容的学习指导

中学数学的学习活动，主要有三个方面的内容。即数学概念的学习、数学命题（定理、公式、法则、性质）的学习、数学解题的学习。我们主要探讨学习概念、命题、解题的一些基本方法。

1. 中学数学概念的学习

数学概念的学习过程就是要使学生认识概念的来源及意义，理解概念的性质及相互关系，会运用概念解决问题的过程。

在数学学习中，我们发现有不少学生不重视概念的学习。他们认为，学数学只要会解题就行了。殊不知，概念是数学学习的起点，是数学解题的基础和推理的依据，只有正确形成概念，才能掌握和运用数学知识。

怎样才能学好数学概念呢？

（1）理解概念要深刻

通过概念的形成来深刻理解数学概念。数学概念主要是通过实例（如负数、异面直线），模型（如时钟、温度计、几何体），图形和计算而引入的，加强对概念形成的认识，可增强直观效果，有助于对概念的正确理解。

通过分出层次来深刻理解数学概念。学习数学概念时，要学会用自己的语言（文字的、符号的、图形的）剖析每个概念的定义的层次。例如，"线段的垂直平分线"可分为"直线、中点、垂直"三个要点来理解；"一一映射"可分为"映射、单射、满射"三个层次来认识。

通过概念的变式来深刻理解数学概念。几何概念要会画出它的变式图形（标准

的、非标准的），如"平行线等分线段定理"的画图，图 2-8、图 2-9 是标准的，图 2-10、图 2-11 是非标准的。代数概念要学会"等价"的多种表达形式，如非负数 a（大于 0 或等于 0 的实数）$\Leftrightarrow a \geqslant 0$；$a$，$b$ 不全为 $0 \Leftrightarrow a^2 + b^2 \neq 0 \Leftrightarrow |a| + |b| \neq 0$；$ab = 0 \Leftrightarrow a$，$b$ 至少有一个为 0；$x \in [a, b) \Leftrightarrow a \leqslant x < b \Leftrightarrow \{x \mid a \leqslant x < b\}$ 等。

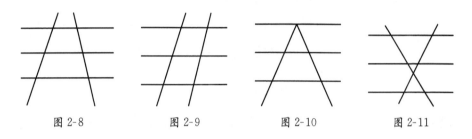

图 2-8　　　　　图 2-9　　　　　图 2-10　　　　　图 2-11

通过对比来深刻理解数学概念。如新旧概念（等式与方程式，分数与分式）的对比；易混概念（开方的和与和的开方，不全为 0 与全不为 0，锐角与第一象限的角）的对比；对立概念（乘方与开方，指数与对数，函数与反函数）的对比；类似概念（代数中的"四个二次"，全等与相似，线线角、线面角、二面角）的对比等。

通过特例来深刻理解数学概念。例如，常用对数是一般对数的特例，垂直是相交的特例，矩形是平行四边形的特例等。

通过概念的具体化来深刻理解数学概念，如"勾股定理"中的"勾三股四弦五"。

通过概念的推广来深刻理解数学概念，如三角函数概念的推广，指数概念的推广等。

通过知识系统来深刻理解数学概念，如实数的分类、四边形的从属关系、幂函数的分类、圆锥曲线等。

（2）掌握概念要牢固

牢固掌握数学概念是灵活运用数学概念的前提。在学习时，主要是对数学概念的本质属性要记得准确无误。由于掌握概念不牢固而造成的不会解题或解题错误是很常见的。

例如，已知 $\lg 1.371\ 3 = 0.137\ 13$，求 $\lg 0.137\ 13$。不少学生错解为 $\lg 0.137\ 13 = -1.371\ 3$。错误的原因是对常用对数的首数和尾数概念不清。小数点位置不同而数

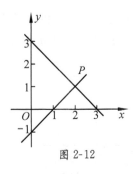

图 2-12

字相同的两个真数，它们的常用对数有相同的尾数，仅是首数不同。lg 0.137 13 与 lg 1.371 3 应该有相同的尾数。正确解答为：lg 0.137 13＝$\bar{1}$.137 13。

又如，求过点 $P(2,1)$ 且在两轴上的截距相等的直线与两轴围成的三角形的面积（图 2-12）。

有些学生是这样解答的：依题意，当 $k=1$ 时，直线 $x-y-1=0$ 与两轴围成的三角形面积是 $\frac{1}{2}$；当 $k=-1$ 时，直线 $x+y-3=0$ 与两轴围成的三角形面积是 $\frac{9}{2}$。

上面的解答，混淆了"截距"与"距离"两个不同的概念，因截距可正可负可零，故当 $k=1$ 时，直线 $x-y-1=0$ 在两轴上的截距互为相反数，不合题意，应舍去。

（3）运用概念要灵活

对概念的理解不可能一次完成，而是在运用中不断地深化、不断地提高。解题过程就是运用数学概念的过程。例如，"计算不同纬度上两点间的球面距离"的问题，就要用到二面角、三角函数、反三角函数、异面直线、球面距离、弧度等概念和余弦定理、弧长公式等基础知识。

又如，"若 $90°<\theta<180°$，计算 $3^{\tan\theta\log_3 2}+\sqrt{4^{\tan\theta}-2^{\tan\theta+1}+1}$"的问题，就要用到对数、指数、算术根、绝对值等数学概念，以及对数恒等式、对数运算、幂的运算、乘法公式等基础知识。

有的学生认为，解题就是靠公式与技巧，与概念无关。此话前半句有点道理，但后半句就有失偏颇了。解题的每一步都是对掌握基本概念的一次考查，只要学生基础知识扎实，灵活运用数学概念就可以得心应手，问题就可迎刃而解。灵活运用概念及定义解题，是运用概念水平的较高表现。

例 2　若 a，b 为实数，$a\neq b$，$ab\neq 0$，且满足 $a^2=3a+1$，$b^2=3b+1$，试求 a^3+b^3 的值。

解：因为实数 a，b 满足 $a^2=3a+1$，$b^2=3b+1$，

所以 a，b 是一元二次方程 $x^2-3x-1=0$ 的根。

由韦达定理，得 $a+b=3$，$ab=-1$，

所以 $a^3+b^3=(a+b)^3-3ab(a+b)=3^3-3\times(-1)\times3=36$。

本题注重根的概念的灵活运用，恰到好处，若采用其他方法，解答甚繁。

例 3　已知线段 AB 的长为 4，点 P 到两端点的距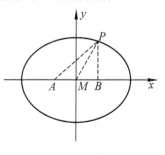
离之和是 6，求点 P 到 AB 中点 M 的距离之极值。

若从距离入手用余弦定理可以解得，但运算较繁。按椭圆的定义，即知点 P 在以 A，B 为焦点，M 为中心，长轴长为 6 的椭圆上，建立如图 2-13 所示的直角坐标系，则点 P 的轨迹方程为 $\dfrac{x^2}{9}+\dfrac{y^2}{5}=1$。

图 2-13

所以 $|PM|_{\max}=$ 长半轴之长 $=3$，$|PM|_{\min}=$ 短半轴之长 $=\sqrt{5}$。

2. 中学数学命题的学习

数学中的判断，通常称为命题。数学命题的学习，主要是公式、定理、法则、性质的学习，也可以说是数学规律的学习。如果说概念的学习是基础知识学习的基础，那么数学命题的学习可以说是基础知识学习的核心。为了便于叙述，下面我们以公式学习为例，谈谈学习中应注意的一些问题。至于定理、法则、性质的学习与此类似。

（1）注意公式的引入

公式的引入，学生往往不够重视。其实，重视公式的引入，就是重视知识发生过程，是一种发现、探索问题的过程，是培养分析问题解决问题能力的极好机会。

数学公式是从现实世界的空间形式或数量关系中抽象出来的。一般说来，中学数学中的公式在现实世界中能找到它的原型。例如，测量三角形区域的面积，有时不易测出角及对应边上的高而容易测出三边时，如何求出面积？这就引发我们通过探求得到海伦公式。

注意公式的引入，还能激发我们的学习兴趣，帮助理解和记忆公式。

（2）注意公式的推导

引入公式后，就要对公式进行证明。公式的证明过程，往往蕴含着重要的数学思想和方法。掌握公式的推导，有助于我们形成技能技巧并对公式有更深刻的认识。

那种只记公式的形式，不重视公式的推导，是十分有害的。不少公式有多种推导方法，学习时要抓住一些常见的思路、方法以及针对该公式证明的特殊的方法。

高考数学试题中也十分重视对公式推导的考查，近年来就有"余弦定理""异面直线上两点间的距离公式"的证明的试题。

（3）注意公式的串联

许多公式之间是有联系的。重视公式的串联，能使我们对公式有系统的认识，了解所学公式在教材中的地位，加深对公式的理解和记忆，如面积公式的串联，三角公式的串联，就是很好的例证。

（4）注意公式的变式

任何一个公式都蕴含着一定的数学对象间的关系，深刻认识公式所反映的这种关系，对公式进行适当变式，可以帮助我们提高运用（活用、巧用）公式的能力。例如，立方和公式 $a^3+b^3=(a+b)(a^2-ab+b^2)$ 的变式是 $a^3+b^3=(a+b)^3-3ab\cdot(a+b)$ 和 $a^3+b^3=(a+b)[(a+b)^2-3ab]$ 等；两角和的正切公式 $\tan(\alpha+\beta)=\dfrac{\tan\alpha+\tan\beta}{1-\tan\alpha\tan\beta}$ 的变式是 $1-\tan\alpha\tan\beta=\dfrac{\tan\alpha+\tan\beta}{\tan(\alpha+\beta)}$ 和 $\tan\alpha+\tan\beta=\tan(\alpha+\beta)\cdot(1-\tan\alpha\tan\beta)$ 等。这些公式在解题中各自有其广泛的应用。

（5）注意公式的演变

这与公式的一般变式不同。普通变式仍只限于解决同类问题，而经过演变的公式却在应用上发生根本嬗变。例如，把直线的两点式方程 $\dfrac{y-y_1}{y_2-y_1}=\dfrac{x-x_1}{x_2-x_1}$ 演变为 $\dfrac{a_n-a_i}{a_j-a_i}=\dfrac{n-i}{j-i}$（其中 a_i，a_j 为已知项，n，i，$j\in\mathbf{N}$），便可用来求等差数列的通项。又如，将等比数列求和公式 $a_1+a_1q+\cdots+a_1q^{n-1}=\dfrac{a_1(1-q^n)}{1-q}$ 演变为 $1-q^n=(1-q)(1+q+\cdots+q^{n-1})$ 或 $a^{n+1}-b^{n+1}=(a-b)(a^n+a^{n-1}b+\cdots+b^n)$，便可用来解决许多与等比数列无关的问题。请看一道全国数学竞赛题：分解 $x^{12}+x^9+x^6+x^3+1$ 的因式。

解：原式 $=\dfrac{x^{15}-1}{x^3-1}$

$=\dfrac{(x^5-1)(x^{10}+x^5+1)}{(x-1)(x^2+x+1)}$

$$=(x^4+x^3+x^2+x+1)(x^8-x^7+x^5-x^4+x^3-x+1)。$$

（6）注意公式的特例

一般说来，公式中的数学对象是具有普遍意义的。在公式学习中，应注意对公式中的数学对象的特殊情况进行分析，从而可得出一些更简单的公式或导出一些新的公式。例如，两点 $A(x_1, y_1)$，$B(x_2, y_2)$ 间的距离公式为 $|AB|=\sqrt{(x_2-x_1)^2+(y_2-y_1)^2}$，当线段 AB 与 x 轴或 y 轴平行或 A，B 中有一点为原点时，公式都有更简单的形式。

（7）注意公式的几何解释

数学公式是由代数式及一些数学符号组成的，在公式学习中，若能结合公式的特点，进行一些几何解释，常常能收到较好的学习效果。例如，$(a+b)^2=a^2+2ab+b^2$ 利用图 2-14 可使公式中的每一项及公式两端的关系都非常清楚地表示出来，尤其是理解 $2ab$ 这项作用最大。又如，公式 $1+3+5+\cdots+2n-1=n^2$，可用图 2-15 得到解释，直观明快。

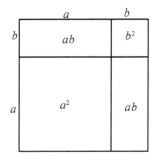

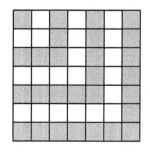

图 2-14　　　　　　　　图 2-15

（8）注意公式的记忆

毋庸置疑，公式的记忆是十分重要的，忘记了公式，就会影响解题速度或对问题感到束手无策；错用了公式，就会解错题。只有牢牢记住数学公式，应用时才能左右逢源，得心应手。因此，当我们导出一个公式时，就必须根据这个公式的特点，设法把它记住。

（9）注意公式成立的条件

任何一个数学公式总是在一定的范围内才能使用，公式和它的成立条件是不可分割的。学生学习公式的最大弱点是把公式作为"万能公式"机械地套用，产生错误。例如，已知 $\dfrac{x+y}{z}=\dfrac{y+z}{x}=\dfrac{z+x}{y}=k$，求 k 的值，有的学生根据等比定理推得：$k=\dfrac{(x+y)+(y+z)+(z+x)}{x+y+z}=2$，忽视了等比定理"若干相等的比的后项和不能是零"这一条件而产生错解。正确的解法留给读者完成，答案为 $k=2$ 或 $k=-1$。

（10）注意公式的应用

学习公式的目的在于应用，应用公式也是培养能力的重要环节。在应用公式时，要学会纵向应用和横向应用公式，还要学会套用公式、凑用公式、逆用公式、活用公式、巧用公式。例如，$a_i(i=1,2,\cdots,n)$ 为正数，求证 $\sqrt{a_1{}^2+a_2{}^2}+\sqrt{a_2{}^2+a_3{}^2}+\cdots+\sqrt{a_{n-1}{}^2+a_n{}^2}+\sqrt{a_n{}^2+a_1{}^2}\geqslant\sqrt{2}(a_1+a_2+\cdots+a_n)$。若能把基本不等式 $a^2+b^2\geqslant2ab$ 变形为 $\sqrt{a^2+a^2}\geqslant\dfrac{a+b}{\sqrt{2}}$ 来应用，证明就变得十分容易了。

（11）注意公式的推广

中学数学中的许多公式是可以推广的，主动地推广一些公式是一种值得提倡的学习方法。注意公式的推广，就能加深对公式的认识，开阔视野，触类旁通，培养探索能力，提高数学水平。例如，一元二次方程的根与系数的关系，就可以推广到一元 n 次方程的根与系数的关系；二倍角的正弦、余弦、正切公式，也可以推广到三倍角。

（12）注意公式推导中所揭示的思想方法

公式的推导包含一定的思想方法，往往能更广泛地应用于解决其他问题。例如，在推导等比数列前 n 项和公式所用的"错项相减法"能用于解决诸如 $1+3x+5x^2+\cdots+(2n-1)x^{n-1}(x\neq1)$ 之类的求和问题。因此，在公式的学习中不能只满足于公式的推导、记忆和应用，还应注意思想方法，并注意这种思想方法的应用，以便收到一举多得的效果。

3. 中学数学解题的学习

"解题是数学的心脏"，学习数学，关键之一是学会解题。所谓解题，就是揭开

"条件"与"结论"之间的内在联系，或是探索"已知"可以导出怎么样的"未知"。要正确、迅速、合理、简捷、圆满地解题，不仅要牢固地掌握好数学基础知识，还应掌握正确的思维方法，熟悉各类题型的解题方法。

（1）学习数学解题的格式与要求

做习题，要有根据、有推理、有判断。解数学题，格式要规范、层次要清晰。表达混乱、书写潦草，是造成解题错误的原因之一。在考试时，由于不合解题格式造成不必要的失分是很常见的。格式凌乱，不合要求，这不仅是一个形式问题，而且是一个学习态度问题。因此，学习解题应先在解题格式规范化上下一番功夫。

例如，"用代入法解二元一次方程组"的格式如下。

例4　解方程组

$$\begin{cases} \sim\sim\sim\sim=\sim\sim\sim\sim & ① \\ \sim\sim\sim\sim=\sim\sim\sim\sim & ② \end{cases}$$

解：将方程①化为 $y=f(x)$。　　　　　　③

〔注：当然也可化方程②，视具体情况而定。〕

把方程③代入方程②，得

$\sim\sim\sim\sim=\sim\sim\sim\sim$

……

所以 $x=a$。

把 $x=a$ 代入方程③，得

$y=f(a)$，…，$y=b$。

所以 $\begin{cases} x=a, \\ y=b。 \end{cases}$

（2）学习不同题型的解题方法

数学常见题型有是非题、选择题、填空题（或简答题）、求解题、求证题、作图题和综合题等。

解答是非题　可以帮助我们澄清一些似是而非的认识，提高利用基础知识进行判断的能力。由于是非题只有真假两种可能，解答时要细心推敲，周密思考，切忌凭侥幸猜测答案。

解答选择题　可以提高我们敏捷的思维能力和正确、迅速的计算能力。解题时要做到取之有据，舍之有理。掌握解选择题的一些方法（特殊化判断法，排除法，验证法，推演法，逆推法，图像法等），对解选择题是很有帮助的。关于选择题的具体解法，本书将另文论述。

解答填空题（或简答题） 有助于我们深刻理解数学概念，灵活运用数学基础知识，发展思维的灵活性。由于填空题只需写出结果，不必写解题过程和具体理由，因此解题时应注意运算的正确性和注意隐蔽条件，注意选择合理而有效的解题方法。关于填空题的具体解法，本书将另文论述。

解答求解题 可以帮助我们熟悉运算方法，提高正确、迅速、合理的运算能力。求解题虽不像证明题那样有确定的求证目标，但其解题目标也是明确的。要求根据题目指定的内容求出某一字母或某一式子的值，或计算出几何图形中的距离、夹角、面积、体积等，并要求其结果以最简形式表达。

解答求证题 可以帮助我们掌握各种证明方法，培养严谨的逻辑思维能力。由于求证题有确定的求证目标，故可采用分析法（由果导因）、综合法（由因导果）等方法进行证明。还应根据不同类型的证明题，选择不同的证法。

解答作图题 可以培养我们的作图技能，发展我们的空间想象能力。在作图时，应注意题目对作图工具和作图过程的要求。

解答综合题 可以检测我们全面应用数学知识的水平，提高分析问题和解决问题的能力。解综合题时，要注意防止两种倾向：一要防止急于求成、好高骛远、忽视基础知识的掌握和基本功的训练；二要避免把综合训练看得高不可攀，不敢去碰。

解综合题应注意以下三点：第一，深刻理解、牢固掌握、灵活运用数学概念、定理和公式；第二，熟练使用重要的数学方法，灵活运用常用的解题技巧；第三，沟通各部分数学知识和各种数学方法之间的联系，掌握解综合题的一般步骤和思考方法，培养进行创造性思维的能力。

不同题型有不同的解题技巧，掌握不同题型的解题技巧，是解题成功的关键。限于篇幅，这里粗略谈谈综合题的解题技巧。综合题的具体解法，本书将另文论述。

拆 把综合题拆成若干个基本题，化复杂问题为若干个单一问题，做起来就容易了。

分 分类进行讨论，便于各个击破。

转 通过各种等价变换，把繁难问题转化为简单问题来处理。

想　这里指联想，即从一个数学问题想到另一个数学问题，以"熟"解"生"，化难为易。

掘　挖掘隐蔽条件，化暗为明，增设"桥梁"，使之沟通。

（3）学习解题思路的探索方法

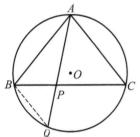

图 2-16

解题思路的探索方法常见的有：枚举探索、特殊探索、逆推探索、降格探索、归纳探索、极端探索、类比探索等。

我们看三个例子。

例 5　如图 2-16 所示，在△ABC 中 AB＝AC（定长），过 A 任作一直线交 BC 于 P，交外接圆 O 于 Q。求证：AP·AQ 为定值。

定值问题的特点是：结论若明若暗，定值的具体内容题中未作明确交代。因此，弄清定值的数量指标，常常可以打开我们的思路。为此，可以考察命题的特殊情形（如考虑 AQ 过直径的情形）。

例 6　在△ABC 中，$B＝\dfrac{\pi}{3}$，求证：

$$\frac{1}{a+b}+\frac{1}{b+c}=\frac{3}{a+b+c}, \qquad ①$$

其中 a，b，c 分别是角 A，B，C 的对边。

这是一个关于三角形边角关系的证明题，已知条件一时难以应用，利用逆推法有可能获得成功。假定①式成立，去分母化简后可得 $b^2＝a^2+c^2-ac$，由此联想到余弦定理，并注意到 $B＝\dfrac{\pi}{3}$，便可发现解题线索。

例 7　如果空间中有 n 个平面，其中任何 3 个平面至少有 1 个公共点，任何 3 个平面不共一直线，任何 4 个平面不共有同 1 个点，那么这 n 个平面能够把空间分成几个部分？

把问题"退"到"平面问题"。如果平面内有 n 条直线，其中任何 2 条直线不互相平行，任何 3 条直线不相交于同 1 点，那么这 n 条直线能够把平面分成几个部分？分 1 条，2 条，3 条，…，直线的个别情况，运用归纳推理，有

$k＝1$：$f(1)＝f(0)+1＝1+1＝2$；

$k＝2$：$f(2)＝f(1)+2＝2+2＝4$；

$k=3$：$f(3)=f(2)+3=4+3=7$；

······

推测 $k=n$：$f(n)=f(n-1)+n$。

将以上 n 个式子相加，得

$$f(n)=f(0)+(1+2+\cdots+n)=1+\frac{1}{2}n(n+1)(n\in\mathbf{N})。$$

即平面内符合题意的 n 条直线将该平面分成 $1+\frac{1}{2}n(n+1)$ 个部分。

将"立体问题"转化为"平面问题"，在"立体问题"与"平面问题"的类比中得到启发，并利用"平面问题"的结论求解"立体问题"。

设平面 a_{k+1} 与平面 a_1，a_2，$\cdots$，a_k 的交线依次为 l_1，l_2，$\cdots$，l_k，根据题设条件，这 k 条交线中任何 2 条互不平行，任何 3 条不相交于同一点。于是，由上述"平面问题"知，平面 a_{k+1} 被 k 条直线 l_1，l_2，$\cdots$，l_k 分成 $f(k)=1+\frac{1}{2}k(k+1)$ 个部分。

又设 k 个平面 a_1，a_2，$\cdots$，a_k 将空间分成 $F(k)$ 个部分，因为增加一个平面 a_{k+1}，而 a_{k+1} 被 k 条交线 l_1，l_2，$\cdots$，l_k 分成 $f(k)$ 个部分，所以空间被分成的部分就增加了 $f(k)$ 个，即

$$F(k+1)-F(k)=f(k) \qquad (k\geqslant1)，$$

于是，$F(2)-F(1)=f(1)$，

$\qquad F(3)-F(2)=f(2)$，

$\qquad\qquad$ ······

$\qquad F(n)-F(n-1)=f(n-1)$。

将上述等式相加，得

$$F(n)-F(1)=f(1)+f(2)+\cdots+f(n-1)。$$

所以 $F(n)=F(1)+\sum_{k=1}^{n-1}f(k)$

$$=F(1)+\sum_{k=1}^{n-1}\left[\frac{1}{2}k(k+1)+1\right]$$

$$=2+\frac{1}{2}\sum_{k=1}^{n-1}k(k+1)+n-1$$

$$=\frac{1}{6}(n+1)(n^2-n+6)。$$

（4）学会解题后的反思

不少习题都有一定的潜在"功能"，做完一道习题后，养成反思习惯，不仅能有效地使学生对知识、技能深化理解，而且对训练思维，促进知识能力相互转化具有特殊功效。

反思什么？

反思解题时运用了哪些思维方法？解法是如何分析而来的？解法是否具有普遍意义？有何规律可循？

反思在解题过程中运用了哪些基础知识和基本技能？哪些步骤上容易发生错误？原因何在？如何防止？

反思解决问题的关键何在？如何进行突破？是否还有其他不同的解法？试比较各种解法，哪种解法最优？最合理？

反思问题的条件和结论具有何种结构特征？运用这些特征是否可以将条件和结论加以推广？

反思在解题过程中起初遇到哪些困难？后来又是如何解决的？有哪些成功的经验和失败的教训？

我们可以通过下面例子，来说明这种"反思"。

例8　已知 a，b，$c\in\mathbf{R}^+$，且 $\dfrac{a}{1+a}+\dfrac{b}{1+b}+\dfrac{c}{1+c}=1$，求证：$a+b+c\geqslant\dfrac{3}{2}$。

本题证明并不太难：

由已知可得 $\dfrac{1}{1+a}+\dfrac{1}{1+b}+\dfrac{1}{1+c}=2$，

再由 $[(1+a)+(1+b)+(1+c)]\cdot\left(\dfrac{1}{1+a}+\dfrac{1}{1+b}+\dfrac{1}{1+c}\right)\geqslant 9$ 即可得证。

（不可就此罢手，还须进行反思）

反思之一　是否还有其他解法？

通过观察外形，联系三角知识，令 $a=\tan^2 A_1$，$b=\tan^2 A_2$，$c=\tan^2 A_3$，$A_1,A_2,A_3\in\left(0,\dfrac{\pi}{2}\right)$，$\cos^2 A_1+\cos^2 A_2+\cos^2 A_3=2$，再利用 $(\cos^2 A_1+\cos^2 A_2+\cos^2 A_3)\cdot$

$\left(\dfrac{1}{\cos^2 A_1}+\dfrac{1}{\cos^2 A_2}+\dfrac{1}{\cos^2 A_3}\right)\geqslant 9$ 即可证得。（此法证此题不如前证法简捷，也许在证其他问题时能派上用场）

反思之二　能推广吗?

推广一（从 3 推广到 n）

已知：$x_1,x_2,\cdots,x_n\in\mathbf{R}^+$，且 $\dfrac{x_1}{1+x_1}+\dfrac{x_2}{1+x_2}+\cdots+\dfrac{x_n}{1+x_n}=1$，

求证：$x_1+x_2+\cdots+x_n\geqslant\dfrac{n}{n-1}(n\geqslant 2)$。

推广二（把等式右端的 1 变成 k）

已知：$x_1,x_2,\cdots,x_n\in\mathbf{R}^+$，且 $\dfrac{x_1}{1+x_1}+\dfrac{x_2}{1+x_2}+\cdots+\dfrac{x_n}{1+x_n}=k(0<k<n)$，

求证：$x_1+x_2+\cdots+x_n\geqslant\dfrac{nk}{n-k}$。

推广三（把等式左端各项分母中的 1 变成 s）

已知：$x_1,x_2,\cdots,x_n,s\in\mathbf{R}^+$，且 $\dfrac{x_1}{s+x_1}+\dfrac{x_2}{s+x_2}+\cdots+\dfrac{x_n}{s+x_n}=k\ (0<k<n)$，

求证：① $x_1+x_2+\cdots+x_n\geqslant\dfrac{nsk}{n-k}$；

②　$x_1{}^2+x_2{}^2+\cdots+x_n{}^2\geqslant\dfrac{ns^2 k^2}{(n-k)^2}$。

本题还可以进一步推广，得到更有趣的命题。限于篇幅，也为了给读者留下探索的余地，就请读者去思考吧。

反思之三　证法的实质是什么?

当学生证完上述推广后，便可得出证法的实质：①先将条件进行代数变换，再结合均值不等式进行证明；②应用三角代换，结合均值不等式进行证明。

应注意引导学生在今后的解题实践中逐步学会这种"解后反思"。

例9　设 $\dfrac{\sqrt{5}+1}{\sqrt{5}-1}$ 的整数部分是 a，小数部分是 b，求 $a^2+\dfrac{1}{2}ab+b^2$ 的值。

解：$\dfrac{\sqrt{5}+1}{\sqrt{5}-1}=\dfrac{(\sqrt{5}+1)^2}{(\sqrt{5}+1)(\sqrt{5}-1)}=\dfrac{3+\sqrt{5}}{2}=\dfrac{4+(\sqrt{5}-1)}{2}=2+\dfrac{\sqrt{5}-1}{2}$。

因为 $0 < \dfrac{\sqrt{5}-1}{2} < \dfrac{\sqrt{9}-1}{2} = 1$

所以 $a=2$，$b=\dfrac{\sqrt{5}-1}{2}$。

所以 $a^2 + \dfrac{1}{2}ab + b^2 = 2^2 + \dfrac{1}{2} \times 2 \times \dfrac{\sqrt{5}-1}{2} + \left(\dfrac{\sqrt{5}-1}{2}\right)^2 = 5$。

思考一 解题时运用了哪些基本概念、定理和公式？解题的思路是什么？解题的关键何在？

此题是通过联想带小数的"整数部分"和"小数部分"这两个概念的含义，找到解题方法的。这表明，结合审题，联想有关的定义、定理、公式，常可帮助我们找到解题途径。这道题解题的关键是将 $\dfrac{\sqrt{5}+1}{\sqrt{5}-1}$ 分母有理化，把它变为一个正整数与一个正的纯小数之和，进而求出 a，b。

思考二 解题中显露出哪些知识或能力上的缺陷？应当吸取怎样的教训？

解题中 "$0 < \dfrac{\sqrt{5}-1}{2} < \dfrac{\sqrt{9}-1}{2} = 1$" 这一步不可少，否则确定 a，b 的理由就不充分。有的学生认为已经"看出" $\dfrac{\sqrt{5}-1}{2}$ 是一个正的纯小数，可以省略不写，也是错误的。"看出"不等于"证出"，解题一定要力求严密、完整。

思考三 解题时运用了哪些基本方法？有什么解题技巧？题型有何特征？

解法中 "$\cdots \dfrac{3+\sqrt{5}}{2} = \dfrac{4+(\sqrt{5}-1)}{2}$" 这一步，将分子中的"3"凑成"4−1"，很值得思考。为什么要这样凑？将"3"写成"2+1"或"5−2"行不行？经过思考就可发现，"凑"是解题的常用技巧，但不要盲目地凑，要凑成题目需要的形式，凑得适于应用条件，或凑得适于应用某个定理。

解法中，为了证明 "$0 < \dfrac{\sqrt{5}-1}{2} < 1$"，运用了适当"放大"的技巧：$\dfrac{\sqrt{5}-1}{2} < \dfrac{\sqrt{9}-1}{2}$，这也是证明不等式时常用的方法。

（三）数学课外学习的学习指导

数学课外学习，如同课内学习一样重要，它能够广泛地使中学生接受新信息，培养学好数学的兴趣，加深巩固数学知识，丰富课余生活内容，促进全面发展。数学课外学习的形式灵活多样，可以是个别的、全面的，甚至是全校性的。教育专家们认为："课内打基础，课外发展兴趣、爱好和特长，课内外结合出人才。"因此，要重视引导学生参加数学课外学习活动，充分利用课外学习的潜在功能。

1. 中学数学课外阅读

课外阅读是培养学生自学能力的重要手段。要求学生积极进行课外阅读的目的，在于发展学生阅读数学读物的能力，发展学生独立获取知识的意愿和能力。

（1）要积极参加课外阅读活动

苏联著名教育家苏霍姆林斯基说："课外阅读，用形象的话来说，既是思考的大船借以航行的帆，也是鼓舞前进的风。没有阅读，就既没有帆，也没有风。阅读就是独立地在知识的海洋里航行。"教育部、共青团中央每年都向中学生推荐阅读书目，一些数学读物，如《奇妙的曲线》《数学传奇》等书曾被推荐为阅读书。可见，课外阅读活动十分重要，不是可有可无的，每个学生都应该根据自己的实际情况，积极参加适合自己情况的课外阅读活动。并能逐步做到在发生困难时，仍能坚持阅读的毅力和克服困难的精神。

（2）要选择深浅适中的课外读物

选择数学课外读物，应避免盲目性，选择时要考虑到读物的深度与自己的水平。读物内容太深，许多内容读不懂，必然影响阅读的积极性；读物内容过浅，读起来索然无味，也引发不起读书的兴趣。因此，要选择深浅适中的读物让学生进行阅读。必要时，可请教师或前几届学生帮助推荐。

目前我国图书市场上数学课外读物不算少，许多出版社近几年组织编写了数学课外读物丛书。例如，中国少年儿童出版社出版的"少年百科丛书"，有的是帮助学生深入理解课本上的知识，如《帮你学几何》等；有的是介绍数学史的，如《六大数学难题故事》等；有的讲生活中的数学，如《生活中的数学》等；有的讲数学游戏，如《数学游戏故事》等。上海教育出版社出版的《中学生文库》和《中学生课外读物》两套书中有 30 多本数学课外读物，如《谈谈数学中的无限》《运动场上的数学》《生物数学趣谈》《计数》等。上海科学普及出版社出版的"数学故事丛书"，如《未知中的已知》《变量中的常量》等。这几套书起点较高，有一定深度和难度，适合高中生阅读。

（3）要逐步掌握阅读数学课外读物的方法

有了适合自己阅读的读物，还要逐步掌握科学阅读方法。阅读数学课外读物不同于阅读文学作品，一些学生阅读过快，只追求情节或有趣的部分，忽视数学原理和方法，这是不可取的。读数学课外读物应"多思善疑"，读到难懂而又重要的地方还要停下来，动动笔，研究一番，直到理解、消化为止。

在阅读中，还要逐步培养如下阅读能力：①从逻辑结构上领会文章的能力；②找出并记住重点内容的能力；③集中注意文章中表达的某个基本思想的能力；④作出摘录的能力；⑤接受知识的独立见解和批判能力。

（4）提倡做读书笔记

读书要提倡做读书笔记，读数学课外读物更应做到"不动笔墨不读书"。做读书笔记有助于适当放慢阅读速度，巩固记忆，积累知识，提高分析问题的能力。

写读书笔记要防止两种倾向：一种是单纯抄书，写读书笔记的目的性不明确，看书中哪一段都很重要，在笔记上大段大段地抄录，把读书笔记变成了抄书笔记；另一种则是离开书本写读书笔记，这样做是反客为主，很难抓住书上讲的主要内容。

好的读书笔记应该是重点段落的摘抄和自己的感受、体会、问题相结合。通过记读书笔记加深对书本的认识，提出自己还没弄懂的问题。

（5）要积极参加学校组织的写读后感和讨论活动

如果是学校或读书小组组织的阅读活动，如科技节组织的读书活动，寒暑假组织的读书活动，全国红领巾读书读报活动等，为了提高阅读效果，加深对书中内容的认识，学校常常组织大家写读后感并进行讨论。写读后感就是学生读书的自我总结，应紧密联系原文主要内容来写，要多写自己的理解和感受。讨论则是集思广益，通过讨论会对书中所讲的问题有深刻的认识。这些活动都要引导学生积极参加。

2. 中学数学竞赛

当今，各种层次的数学竞赛已经成为大家十分熟悉的一项智力竞赛活动，它不仅引起了广大中学师生越来越浓厚的兴趣，而且也日益得到全社会的重视。因为实践证明，数学竞赛对于促进中学数学教学，培养学生能力，提高青少年数学水平，发现和培养数学人才，都有着非常重要的作用。如有条件，应当鼓励学生积极参加。

（1）中学数学竞赛概况

在世界体育史上，奥林匹克运动会起源于古希腊人关于灵活、力量与美的竞赛。它因古希腊的一个地名——"奥林匹克"而得名。而全世界的中学生数学竞赛，也同样以"奥林匹克"来命名。

最早举办数学竞赛的国家是匈牙利。早在 1894 年，匈牙利物理数学学会就通过一项决议：每年为中学生举办一次数学竞赛。此后，除了因世界大战和匈牙利事件中断了七年以外，这个竞赛每年 10 月份都要举行，沿袭至今。

1934 年和 1935 年，苏联列宁格勒和莫斯科举办中学数学竞赛，并最先冠以"数学奥林匹克"的名称。1959 年，罗马尼亚数学物理学会向东欧等 7 国发出邀请，在布加勒斯特举办"第一届国际数学奥林匹克"。国际数学奥林匹克（简称 IMO）每年举办一次，至 1994 年，共举办了 35 届。

1985 年，我国派出两名选手，试探性地参加了第 26 届 IMO，由于仓促上阵、准备不足和缺乏经验，成绩不太理想，仅获一枚铜牌。1986 年，参加在波兰华沙举行的第 27 届 IMO，有 3 人获得金牌，1 人获得银牌，1 人获得铜牌，团体总分名列第四。我国中学生这次参赛表现出这样高的水平，受到举世瞩目。它第一次向世界显示：我国中学生数学奥林匹克代表队已跻身世界强队之列！

此后，我国中学生一直不间断地参加了历届比赛，并取得了举世瞩目的好成绩。

一次又一次的事实证明：中华民族是擅长数学的民族！当代著名数学家陈省身教授曾经预言："21 世纪的数学将是中国人的数学！"也可以说：21 世纪的数学将是中国青少年一代的数学！

我国是开展数学竞赛活动较早的国家之一。1956 年，在北京、上海、天津、武汉四大城市举办了我国第一届数学竞赛。1978 年，举行全国性高中数学联赛，以后每年一次。

数学奥林匹克圣火熊熊燃烧，光照大地。愿广大中学生热爱数学，学好数学，为祖国美好的明天做出更大的贡献！

（2）中学数学竞赛的培训

在中国数学会和各省、市、自治区数学会的领导和支持下，每年 10 月份举行全国高中数学联赛。

高中数学联赛，试题的难度低于国际数学竞赛，从中选出 100 多名优胜者（每省、自治区、直辖市至少一名，然后从高分起向下挑选）参加数学冬令营。数学冬令营每年 1 月举办，经过两天考试，由分数最高的 20 多名学生组成国家集训队，从 3 月下旬起进行集中训练。集训队的训练工作由中国数学奥林匹克委员会的教练组负责。训练分两个阶段：第一阶段从 3 月下旬到 4 月下旬，约一个月时间，主要是选准 6 名出国比赛的队员；第二阶段从 5 月中旬开始，重点之一是对 6 名队员进行心理训练，在这两个阶段的训练中，都有讲座、解题讨论会等活动，并鼓励学生自己读书，交流学习心得。

学校和区、县的数学竞赛培训有三种形式：一是把各校参加竞赛的学生集中在一起，请有专长的教师定期作辅导讲座，这种辅导的质量一般较高；二是把学校同年级的参加数学竞赛的学生组成数学课外活动小组，由任课教师和数学教研组的教师共同负责辅导，这种形式比较灵活，目前多数学校采用这一形式；三是有些有条件的学校，在高一年级办理科实验班，把将参加数、理、化、生物、计算机等竞赛的学生集中在一个班，采用综合教学和分流辅导方式进行培训，便于集中管理。

不论参赛同学参加哪种培训，都应服从教师安排，积极参与，认真学习，不断提高数学水平。

（3）中学数学竞赛辅导的原则

数学竞赛具有自愿性、实践性、探索性、灵活性、开放性和综合性等特点。根据数学竞赛的目的、意义和特点，本文就数学竞赛的辅导提出若干应遵循的原则。

①课内深化与课外指导相结合的原则

课内深化就是要求在数学课堂教学中，指导学生在扎实掌握基础知识的基础上，适当在知识上加以拓宽，在能力上加强要求。课内深化能普遍提高学生的整体水平，为数学竞赛选拔人才创造了条件，为数学问题的辅导奠定了基础。课堂教学是面向全体学生的教学，不能一味拔高，因此数学竞赛还应组织有一定数学才能的学生进行课外指导，让他们系统地、深入地学习数学竞赛的知识和技巧，让他们的聪明才智得到充分的发挥。

②立足平时与赛前强化相结合的原则

数学竞赛的辅导，首先要立足平时，从早抓起，做到"五定"：定时间、定地点、定内容、定学生、定教师。在平时的辅导中，应从知识内容上逐步拓宽，从能力要求上逐步提高，从解题技巧上逐步渗透，让学生扎实掌握数学竞赛的基本知识和基本技能。在赛前两三个月内还应进行强化训练，尤其是进行综合解题能力、应试能力和心理素质等方面的训练，让学生以最佳的状态参加竞赛。

③打好基础与能力训练相结合的原则

数学竞赛的辅导一定要要求学生扎扎实实地打好基础，倘若盲目地一味拔高，一则难以维持学生学习的积极性，二则造成学生的基础不扎实，就谈不上能力的提高。但由于数学竞赛是一项高水平的智力竞赛，因此还应要求学生在打好基础的前提下，着眼于综合能力的培养，培养学生观察、记忆、想象、思维、运算、论证、探索、创造、自学等方面的能力，全面提高学生的数学解题能力。

④小组活动与个别辅导相结合的原则

小组活动是数学竞赛辅导的常见形式，它有利于数学竞赛的辅导系统地、全面地、深入地进行下去。为了让这些"尖子"学生"吃得饱，吃得好"，还应当对这些"尖子"学生进行个别学习辅导，或介绍数学竞赛的学习方法，或推荐自学书籍，或增加练习，或答疑解难，或另请教师专门辅导，进一步提高他们的竞赛水平。

⑤教师辅导与学生自学相结合的原则

数学竞赛，教师进行辅导是十分重要的，它能在有限的时间内让学生系统地掌握有关知识。但教师辅导毕竟时间有限，在有限的时间内学生是不可能最大限度地发挥他们的聪明才智的，还要通过大量的自学活动，才能使学生的能力得到进一步的提高。一般说来，没有培养起自学能力的学生，一般是不能在竞赛中取得优异成绩的。对学生自学活动的指导，开始时可以少一点，要求低一点，以后逐步提高。在自学活动的辅导方面，教师还要介绍自学的方法，推荐自学用书，并经常进行检查、答疑，适当给予检测、评价、激励，这样就能使自学活动产生较好的效果。

⑥教师精讲与学生勤练相结合的原则

对于数学竞赛，教师的辅导应建立在精讲的基础上，精讲应在精心安排、精心准备、精选内容的基础上进行。教师的精讲必须和学生的勤练相结合，才能使学生

切实掌握和巩固知识，才能形成一定的分析问题、解决问题的能力，才能使辅导落到实处。有的学校的数学辅导，讲座一个接着一个，光讲不练或少练，学生学得如何，教师并不清楚；有的指导教师虽然布置了练习，但没有检查，没有答疑，可想而知，这样的指导效果是很差的。

⑦"通法"指导与"特法"渗透相结合的原则

"通法"是指解题的一般方法、通用方法，"特法"是指解题的特殊方法。数学竞赛的解题指导，应以通法为主。因为通法运用面较广，能使问题的解答一般化，能使学生深刻认识一类问题的解答方法。由于数学竞赛的特殊性，不少问题的解法往往很奇特，因此，数学竞赛解题指导还应十分重视特法的介绍和训练，这样才能使学生灵活地、简捷地解决有关问题。

⑧激发兴趣与严谨论证相结合的原则

数学竞赛问题往往是十分抽象和枯燥的，教师在辅导时应不失时机地、巧妙地将问题"引趣"，以引发学生的好奇心，让学生保持浓厚的学习兴趣，坚持对数学竞赛的学习。但由于数学竞赛要求解题严密，因此，每道题都要严谨论证。教师应重视严谨论证的规范训练，着力提高学生的解题素质。在数学竞赛辅导中，人们倡导"问题应该引趣，但需严谨论证""可以胡思乱想，但需小心求证"，就是这个道理。

⑨规范训练与创造训练相结合的原则

规范训练，就是要求学生在数学竞赛的学习中，要认真上好每一节课，作业要规范化，书写要规范化，计算要精确，论证要严谨。这是数学竞赛辅导的最低要求，是理所当然的，要力争达到。创造训练，就是要使学生在达到规范化要求的同时，还要使他们具有创造性的思维品质和个性，要培养他们在规范性解题的基础上发挥独立性与创造性，使他们能别出心裁地解题，创造性地完成作业，标新立异地提出问题，成为学习与创造的佼佼者。

⑩理论学习与实际应用相结合的原则

在数学竞赛辅导中，应坚持学好系统的理论知识，但同时要使学生明白理论来源于实践，学习理论是为了应用于实践和指导实践。应通过课内外学习活动，逐步培养学生应用知识解决实际问题的能力和习惯，鼓励他们写有实际意义的小论文，培养学生解决实际问题的技能技巧。要防止把数学竞赛人才培养成只懂理论、只会解题，而不了解实际、不会解决实际问题的"书呆子"。近年来的数学竞赛问题已开始重视实际问题的介入，目的也在于此。

⑪学校辅导与社会参与相结合的原则

数学竞赛辅导主要靠本校教师进行辅导，这是基本的也是比较容易实现的。本校教师容易组织，教师对学生的情况较了解，有利于数学竞赛的辅导。但由于数学竞赛的特殊性，教师专业水平和能力水平的差异，数学竞赛的辅导还常常应借助社会力量来共同完成。可以聘请校外某些专家、学者来开专题讲座，可以把辅导课开到大专院校中去，可以组织学生参加有关数学竞赛的培训班，可以几个学校联合起来搞"校际合作"进行辅导。还可以组织学生适当参加社会举办的能提高学生水平的数学竞赛，培养学生的应试能力，提高竞赛水平。学校辅导与社会参与相结合，有助于解决学校师资不足、水平不高的问题，能形成新的整体效应，这是许多数学竞赛先进学校的共同经验。

⑫智力因素与非智力因素相结合的原则

智力因素一般指注意、观察、记忆、想象、思维，非智力因素（狭义）一般指动机、兴趣、意志、情感、性格。在数学竞赛辅导中，智力因素是十分重要的，它在学生分析问题、解决问题中起着核心作用，而思维能力又是核心的核心。因此，数学竞赛辅导应不失时机地、全方位地对学生进行智力训练，培养学生高度的注意力、敏锐的观察力、高超的记忆力、丰富的想象力和广阔的思维力。但数学竞赛中又应强调非智力因素的辅助作用，培养学生具有远大的理想、浓厚的兴趣、顽强的意志、丰富的情感和刚毅的性格等品质，并注意加强应试方面的心理训练。只有智力因素与非智力因素有机结合，才能使学生以极大的热情参加数学竞赛活动，并能使学生在数学竞赛中充分发挥水平取得好成绩。

3. 数学小论文和数学小品文

随着教育改革的深入，撰写数学小论文和数学小品文越来越受到许多教师和学生的重视。"小发明孕育着大发明，小论文是大论文的序言！"这是老一辈科学家茅以升同志对青少年科学创造的真实评价和寄托的心声。撰写数学小论文和数学小品文，有助于激发中学生热爱数学的热情，有助于培养求实、探索、创新精神，有助于提高观察问题、分析问题、解决问题的能力，还有助于增长数学知识、提高写作能力。因此，中学生要把撰写数学小论文和数学小品文看成是一种很重要的学习能力，并逐步学会撰写数学小论文和数学小品文。

（1）选题宜新宜小

选题宜新，新则有价值，有创造性；选题宜小，小则写得好，写得深。

① 选题可以考虑自己最感兴趣、体会最深的内容

例如，有个学生对有关时钟的数学问题很感兴趣，经过一段时间的研究，写出了《时钟表面的数学问题》的小论文；又如《平面分割空间最多块数的猜想》一文，选题新而小，便于研究和撰写。

② 选题可与单元小结、解题小结、学习心得联系起来

例如，广东韶关高三学生谢绍雄写的《一个不等式的推广及其应用》一文，对课本一道习题："设 a，$b \in \mathbf{R}^+$，并且 $a \neq b$，则 $a^5 + b^5 > a^3 b^2 + a^2 b^3$。"先推广为："$a^n + b^n \geqslant a^x b^y + a^y b^x$，其中 a，$b \in \mathbf{R}^+$，n，x，y 都不小于零，且 $n = x + y$。"再推广为更一般的形式。这篇小论文获第三届全国青少年科学创造发明比赛和科学讨论会一等奖。

③ 选题要有针对性

选题可针对某一类问题，或加以概括，或加以充实提高，或加以推广来考虑，如《勾股定理逆定理的引申》《一个猜想及其"推证"》等。

（2）选材宜真宜全

选材全面，便于分析，便于研究；选材真实，可以得出有说服力的结论。

论文题目选定后，就要对有关这个问题的资料进行广泛的收集，并进行考察和分析。材料来源于两个方面：第一手材料，由学生自己的观察、分析、研究而得到的事实和结论；第二手材料，通过调查或通过书籍、报刊而得到的材料。不论选取哪一种材料，都要使收集的材料系统、精确，然后经过自己的思考、研究、论证，从而得出正确的结论。

（3）撰写紧扣选题

撰写应紧扣选题。"确定体裁，草拟提纲，撰写初稿"是成文的三个步骤；"提出问题，分析问题，解决问题"是撰写的三个基本环节。对撰写一般有下面四点要求：

准确：选材的准确性和结论的准确性；

清晰：在撰写中没有含糊、费解、错乱、模棱两可的地方；

简练：简明扼要地表达出撰写的意图，言简意赅、层次清楚、段落分明；

规范：撰写符合语言结构、数学写作结构和数学表达格式。

（4）修改严肃认真

人们对事物的认识不是一次完成的。小论文、小品文的写作过程，是我们对事物认识不断深化的过程。在初稿完成后，就要仔细检查，看文中的问题是否提得鲜明中肯，论点和事例有无说服力，结构层次是否严密合理，字句有无废话，语言是否准确、鲜明、生动等。修改时还应注意检查顺序，检查图表及运算，检查一致性，修改文体、标点、语法、布局等。可征求教师、同学的意见，也可征求数学研究单位的意见。凡是文中不恰当、不完善的地方，都必须进行反复地修改。只有这样，才能写出质量较高的小论文和小品文来。

（5）答辩正确迅速

数学小论文的宣讲答辩也是一种学习和锻炼，这是课堂上学不到的本领。答辩前应做好充分准备，一是熟悉文中内容，二是拟好答辩提纲，三是进行答辩前的训练，四是归类整理有关资料。答辩时，应注意几个问题：一是提前到场，做好准备工作；二是充满信心，思想不要紧张；三是注意听讲，思想高度集中；四是回答问题，语言简单明确；五是举止大方，讲究文明礼貌。

（6）投稿"投其所好"

投稿，一是要了解刊物的编辑方针、有关栏目和选稿要求等，"投其所好"。目前发表中学生小论文的刊物有《数学通报》《数学通讯》《中学生数学》《中学生数理化》等。二是要了解编辑部地址及邮政编码，这些在刊物版权页上一般都会写出。三是如有必要可简作说明，说明论文撰写过程、意图以及获奖情况等。四是有时也可请有经验的教师给予推荐。

4. 中学数学兴趣小组

中学数学兴趣小组活动内容十分丰富，涉及面较广，学生若有机会应鼓励其参加。广义地说，中学数学课外阅读、数学竞赛、撰写数学小论文和小品文都是数学兴趣小组活动的内容，因为这些活动都可在数学兴趣小组活动中进行。下面我们再介绍几种数学兴趣小组的活动形式。顺便指出，有些活动即使没有参加数学兴趣小组，也可以自己独立进行。

（1）趣味数学

趣味数学（数学游戏等）以其雅趣的形式"娱人"，以其丰富的内容"引人"，以其无穷的奥秘"迷人"，以其潜在的功能"育人"。当你在趣味数学的乐园遨游时，你一定会惊奇地发现：这乐园是那么的神奇，这乐园是训练思维的天地，是增长才智的"健身房"，是调剂精神的"度假村"，是陶冶情操的"风景区"。

不少趣味数学题都有较深刻的理论背景和实践背景，如"小兔的个数"，实际上是斐波那契数列问题；"韩信点兵"问题，不仅涉及剩余定理，而且在计算机的结构中派了大用场；"称球"问题看起来是个数学游戏，实质上是信息论中的一个重要例子。有目的地玩味这些数学题，有助于我们了解一些高等数学知识的各种应用，培养我们对数学的兴趣。因此，我们要重视趣味数学问题，注意选择一些读物来研究，如《数学智力游戏》《趣味代数学》《趣味几何学》《数学万花镜》等，让我们在探索的乐趣中不断提高数学水平。

（2）数学故事会

数学故事会是数学课外活动中很受学生欢迎的一种形式。中学生是喜欢听故事的，一个激动人心的故事，会给我们一生留下深刻的印象。

数学故事是用讲故事的方式普及数学知识。讲数学故事的目的，主要是增加学生对数学的兴趣，提高学生学习数学的积极性，开阔视野，激发想象力。

数学故事会的内容主要有以下几个方面：

① 数学家的故事

以介绍数学家生平事迹为主要对象，记人也记事。通过动人的事迹、典型的事例，表现出他们不断进取、严谨治学的精神，表现出他们高尚的道德品质和理想情操，再现数学家的形象，使人们从中汲取力量，得到教益。

② 数学发现的故事

以故事体裁来介绍数学概念的发现，数学方法的发展，新数学分支的发现史等。它从历史角度讲述数学某个分支的建立和发展，向人们介绍数学的思维方法。既可以介绍成功的典范，也可以介绍失败的反思。

③ 自编数学故事

在编写故事时，不要把作者想讲述的知识、方法直截了当地说出来，而应该巧妙地融进故事中去。编得好的故事，从表面上看好像不是在讲什么数学知识和方法，但是听完之后却获得不少数学知识和方法。优秀的数学故事应该做到数学内容的准确性和故事情节的生动性完美的统一。

④ 数学童话故事

数学童话是科学童话的一种，数学童话是以数学知识为主要内容的童话。童话带有浓厚的幻想色彩，是虚构的故事。一篇好的数学童话，要求科学内容和表现形式有机的结合，既要做到数学知识的介绍准确、深刻，又要文章描述形象、生动、幽默，读起来有童话意境。

⑤ 数学科学幻想小说

科学幻想小说要给读者一定的科学知识，传播某些科学思想、科学方法和科学精神，激发人们的好奇心以及对科学的兴趣和爱好。数学科学幻想小说是科学幻想小说的一部分，它是围绕数学内容而展开的。

数学故事可以由教师主讲，也可以由学生分工轮流讲。鼓励学生珍惜各种机会，多听多讲。

（3）数学讲座

数学讲座是中学数学课外活动的一种常见形式，也是深受中学生欢迎的一种活动形式。数学课外讲座，内容广泛，十分有趣。目前的数学课外讲座，一是通过课外数学选修课进行，如"初等集合论""循环数列"等，这类讲座有一定的系统性，较多地介绍数学新进展、新学科和新的数学思想，因此要坚持听讲；二是由数学教研组组织的全校性的数学讲座，有条件的学校还能请到著名数学家来作讲演。这类讲座，大多富于知识性、实用性、启智性和趣味性，如"形形色色的数学猜想""生活中的数学""使人聪明的数学游戏""趣味数学与智力发展"等。

学校举办的数学讲座都会事先张贴海报，写明讲座内容、时间、地点和主讲人，指导学生事先做好安排，争取参加听课。

（4）数学墙报

创办数学墙报是一种常见的、简单易行的课外活动形式。编辑数学墙报，可为中学生提供一个交流、探索、争鸣的园地，能有效地调动学生学习数学的积极性。学生应当积极参加数学墙报的编辑、讨论、评价等活动，创造一个人人关心墙报，大家做墙报的主人的氛围。数学墙报可取一个刊名，如"数学园地""数学之窗""数学百草园""数学世界"等。下设一些栏目，如"难点分析""知识归纳""有奖征解""数学信箱""问题讨论""数苑奇葩"等。数学墙报的内容除了部分从公开发行的数学书刊中摘录之外，还应有相当部分针对性很强，并直接来自中学生自己的文章。数学墙报可请数学教师当顾问或参谋，帮助学生出主意，想办法，介绍好的资料，解答有关疑难等。

（5）数学制作与实践

数学制作与实践活动对提高学生的数学素质，培养学生观察、想象、思维和实践能力以及开发智力都起着十分重要的作用，是数学学习同生产实践相结合的好形式，对于领会数学研究对象的生动形象是一个非常有效的方法。

数学制作，主要包括立体几何模型（如正三棱锥、圆台、蜂房结构）的制作，数学教具（如三垂线定理演示板、中位线性质演示器、验证棱锥体积公式模型、函数图像示教板）的制作，数学玩具的制作等。

数学实践，是指应用某些数学知识的实践活动，主要包括测量（如测量高度、测量角度、测量水平距离、测量体积、测量圆弧直径），概率实验（如蒲丰实验、生日相同的概率实验、随机图案、电脑音乐），统计应用（如测验成绩统计、相关分析），等等。

鼓励学生运用所学到的数学知识，到实践中去一展身手。

（6）数学游艺会

数学游艺会或称数学晚会、数学联欢会，它是一种以文艺演出和游艺活动为主的综合性数学课外活动，它寓学习于娱乐之中、增知识于课堂之外、长智慧于谈笑之间，深受学生的喜爱。

数学游艺会的主要内容，包括数学相声、数学戏剧小品、数学魔术、数学谜语、数学游戏、数学小故事和数学接力赛等。

数学游艺会可以单独搞，也可以和其他自然科学的游艺会合起来，搞成科学游艺会，也可以穿插在一般游艺会中进行。在组织游艺活动时要因地制宜，调动全体学生的积极性，把游艺会搞得生动活泼，丰富多彩。

（7）数学建模研究

随着科学技术的发展和计算机科学的不断进步，数学应用在不断地扩大，早已突破传统的物理、力学、普通工程技术的范围，已经扩展到生物、化学、医学、气象、人口、生态、经济、管理、社会学等极其广泛的领域。与此同时，很多部门行

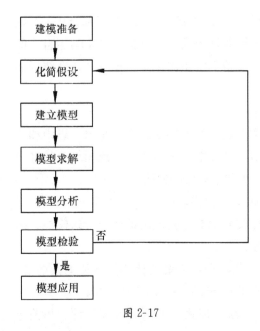

图 2-17

业又涌现出大量的数学定量问题，有待人们去研究与开发，如何把数学与客观实际问题联系起来，其纽带就是建模。

数学模型是指解决待定问题的一种数学框架或结构。这一框架或结构可以用一组方程来表示，更一般地可以用数学解析式表示，但是也可以用程序语言、图形等表示。例如，二元一次方程是"鸡兔同笼"问题的数学模型，一次函数是匀速直线运动的数学模型。

数学建模是十分复杂的创造性劳动，要掌握数学建模的知识，一要大量阅读，思考别人做过的模型；二要亲自动手，认真做几个有关数学建模的题目，这是更为重要的方面。

数学建模的一般步骤可用框图形式（见图 2-17）来表示。

至于数学建模的具体内容，一些数学课外读物有介绍，这里推荐几本。孔凡海编著：《中学生数学建模读本》（江苏教育出版社，1998 年 1 月）；沈文选编著：《数学建模导引》（湖南师范大学出版社，1999 年 7 月）；刘来福，曾文艺编著：《问题解决的数学模型方法》（北京师范大学出版社，1999 年 8 月）。

5. 数学研究性学习

2001 年 1 月教育部颁布的《全日制普通高级中学课程计划（试验修订稿）》第一次在我国基础教育课程中增设"综合实践活动"板块。该课程为必修课，包括研究性学习、劳动技术教育、社区服务和社会实践四部分内容。

研究性学习要求学生在教师指导下，从自己的学习生活和社会生活中选择研究专题，采用类似于科学研究的方式，主动地获取并应用知识，以解决问题。研究性学习的意义，在于引导学生改变学习方式。

研究性学习强调开放性、问题性、综合性、社会性、实践性和探究性，它的课程内容不再是由专家预先规划设定的待定的知识体系，而是一个师生共同探索新知的过程，是一个师生共同完成学习内容的选择、组织与发展的过程。值得一提的是，研究性学习不完全都在课外进行，为了论述方便，我们把研究性学习分为课题式（以课外为主）和渗透式（以课内为主）。

下面具体谈谈数学研究性学习。

（1）数学研究性学习的内容

数学研究性学习是指对某些数学问题的深入探讨，或者从数学的角度对某些日常生活中和其他学科中出现的问题进行研究。

数学研究性学习是以学生所学的数学知识和学生的自主性、探索性学习为基础；研究内容要密切结合生活和生产实际，即从生活中选择和确定专题，可以让学生自拟研究性学习课题。

数学研究性学习的目的是通过学生亲身实践获取直接经验，养成科学精神和科学态度，掌握基本的科学方法，提高综合运用所学知识解决实际问题的能力。

数学研究性学习是一种开放性、参与式的教学形式，它不局限于在一间教室或一所学校，也不局限于一门课或几本书。为了研究有关生活中数学问题，学生必须走出课堂，走出校园，融入到自然和社会中去，用自己的眼睛去认识自然、了解社会，用自己的头脑去分析、去鉴别。

数学研究性学习不是以学生经过调查得出一两个结论而终结，而是要求学生把自己所得出的结论运用到现实生活中去，强调学生参与过程，这样才有助于学生把理论和实践联系起来，进而培养学生的创新意识、创新能力。

（2）数学研究性学习的过程和方法

数学研究性学习中教师的作用是组织者、参与者、指导者，必要时给予学生以研究方法和学习条件方面的支持。在数学研究性学习中，学生的参与方式是个人或小组合作进行研究性学习。

① 明确问题，确定研究性学习课题

学生根据自己的数学知识确定几个可能的研究性学习课题，在这一过程中要使学生初步认识到我们要解决什么问题，我们为什么要研究它，我们对问题已经有了哪些了解，最好共同商讨，确定研究性课题。

② 确定研究方向

思考以下问题：我们能做什么样的预测或假设？我们怎样解释它？我们应以什么为中心展开研究？从而确定研究方向。

③ 组织研究

制订研究计划，考虑分组并确定组长，明确任务安排时间表，必要时教师可给予帮助，如调研单位确定，需要做哪些配合工作。

每一小组成员根据自己数学研究性学习课题思考下面问题：我们打算怎样进行调查？需要哪些信息？怎样获取这些信息？怎样分工才能最大限度发挥人力、物力的作用？

在小组活动时要注意：组间同质，组内异质，即各小组之间学生知识、能力尽可能均衡，但组内各成员在各个方面是有差异的；小组目标的设立，要注意目标的达成是以小组而不是以每个组员的成就来衡量的；个人职责的明确，即小组活动应对组内成员作明确分工；均等的成功机会，即学生无论在哪一组，只要自己努力，并有同伴之间的帮助，都会有成功的机会。

参加"百年中国教育学术论坛"

④ 收集资料

学生以小组为单位参观和实地考察、采访，查阅文献，利用各种途径收集解决问题所需的数据和信息（要注意收集资料不仅是目的，而更是了解事物的手段）。对获得的信息及数据进行分析、处理，评价其有效性。

⑤ 撰写论文或设计方案

对上述收集到的信息进行分类和分析，确定哪些是有用的，哪些是无用的，能发现什么联系规律，得出什么结论。结合自己的体会撰写论文或设计方案。论文中要有自己的感受、联想、建议，说理有据，且力求对被调研单位的今后工作有一定参考价值。

⑥ 论文交流

将论文或设计方案在一定范围内交流、总结，给学生提供互相学习、共同提高的机会，为今后数学研究性学习奠定良好基础。

（3）数学研究性学习的评价

① 指导思想

数学研究性学习评价重在考查学生通过学习获得解决实际问题的能力，考查学生分析问题、思考问题的水平。所以，成绩记录除设基本分外，对有创意的研究性学习论文或设计方案给予加分。等级一般分为优秀、良好、及格。

在开展数学研究性学习时，注意在学习中激发学生学习数学的好奇心、求知欲，要启发学生能够从数学角度发现问题和提出问题，善于独立思考和钻研问题，鼓励学生创造性地解决问题。

② 评价方法

评价方法可分为个人评价和集体评价两个方面。个人评价包括学生自评和所在集体对该学生的评价，集体评价可用课题小组之间的互评和教师的评价方式进行。

（4）数学研究性学习选题范例（课题式）

● 对学生在校用餐状况的调查；

● 机动车道分配规则调查研究；

● 数学中的美；

● 股票涨跌预测方法研究；

● 数学与晶体；

- 关于图书馆藏书的讨论及其推广；
- 自行车的存放问题；
- 关于课铃的设置；
- 糖尿病检测问题；
- 乒乓球打法的数学分析；
- 上操中的数学问题；
- 从公园游览看简单的数学模型；
- 对光电打靶的数学分析；
- 从数学角度看医院收费处窗口的配置；
- 书柜中的数学问题；
- 购买电脑的时机问题；
- 关于养老保险的收益问题；
- 选择题的分值设定研究；
- 家庭理财；
- 商品摆放与销售量关系研究；
- 比萨饼备份研究；
- 数字化点球；
- 关于篮球场上三秒区是否合理的讨论；
- 关于城市快速路上路灯的设计问题；
- "110" 巡警站的位置安排的合理性研究；
- 概率与彩票；
- 上网计费模型；
- 地铁车次的合理安排；
- 合理的交通护栏设计；
- 高架路隔音板的设计；
- 高层住宅的最佳间距与采光；
- 复读的机会成本测评；
- 水果的装箱问题；
- 房顶平改坡的最佳设计方案。

走进课堂

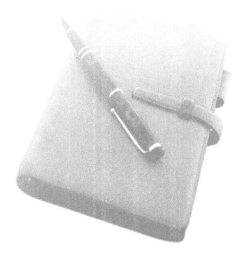

一、数学活动课：四等分圆

执教老师：任勇

思维是人类特有的一种精神活动。孔子说"学而不思则罔"，意思是说只读书而不思考，就等于没有读书。

发散思维，即求异思维，是从一到多的思维，它往往是从一个问题、一个条件、一个已知事项出发，沿着不同的方向，从不同的角度，去寻求不同的答案。其特殊表现为思维活动的多向性；其功能表现为可不断挖掘深层信息，创新思路和方法；其操作表现为由点到线，由线到网，由网到体的思维境界。

有人说，发散思维是"思维与灵魂的对话"，也有人说，发散思维训练，可以让人深深体味到"纸上得来终觉浅，心中悟出方知深"的真谛。

发散思维训练，有许多方法和典型例题，就数学而言，我觉得"四等分圆面积"问题，就是一个很好的"题根"。

（一）问题

问题：将一个半径为 r 的圆分成四个面积相等的部分，请尽可能多地设计分割方法，并分析哪些方法可以用尺子和圆规作出。我们相信，图 3-1 是全班同学都会想到的分割方法。图 3-2 和图 3-3 的分割方法也不是很难想到的。

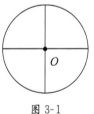　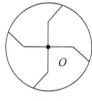　

图 3-1　　　　　　　图 3-2　　　　　　　图 3-3

哲学家歌德曾风趣地说："经验丰富的人读书用两只眼睛，一只眼睛看到纸的花，另一只眼睛看到纸的背面。"教师要引导学生找规律、抓本质，揭示图 3-1、图 3-2、图 3-3 实质是：由圆心 O 与圆周上一点 P "任意连线"，将连线连续三次向同一方向旋转 $90°$，即"一般性地解决了这类问题"，再见图 3-4，特别说明，这条"连线"可以是曲线，只要这条曲线尺规能作出，则可以由尺规分割。这种分割法，其实可以作出无数种。

图 3-4   图 3-5   图 3-6

但上述方法仍无突破"全等"的情形。能否突破"全等"的情形，分割成"不全等"的情形呢？我相信，学生一定能发现，半径为 $\frac{r}{2}$ 的圆的面积是原来圆面积的 $\frac{1}{4}$。沿着这条线索，可得到图 3-5 和图 3-6。教师此时要给学生"极大的鼓励"，因为他有突破。还能沿着这思维再挖一点儿吗？学生跃跃欲试，全班突然安静下来，突然，有个学生叫道"我有了"。

图 3-7   图 3-8   图 3-9

图 3-7 的构造令我惊愕，也令全班同学惊愕！继而全班同学情不自禁地鼓掌，这是对他智慧的最高赞赏，学生从中体会到了"探索的快乐"和"成功的快乐"。

"先告一段落，再往别处想"，教师启发道。

一会儿，就有了图 3-8 和图 3-9。

图 3-8 是很美丽的，图 3-9 是很有创意的。

图 3-1—图 3-8 是可以用尺规作出来的，那图 3-9 呢？

不难算出，$OA=\dfrac{r}{2}$，$OB=\dfrac{\sqrt{2}r}{2}$，$OC=\dfrac{\sqrt{3}r}{2}$ 如何用尺规出它们呢？OA 是容易作出的，我们就以 $\dfrac{r}{2}$ 为半径作圆 O，如图 3-10。

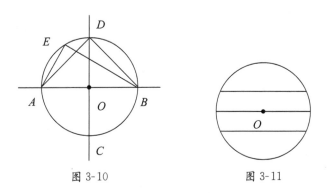

图 3-10   图 3-11

直径为 AB，再作线段 AB 的垂直平分线交圆 O 于 CD，以 A 为圆心，$\dfrac{r}{2}$ 为半径画弧交圆 O 于 E，连接 AD，BD，BE，则 $BD=\dfrac{\sqrt{2}r}{2}$，$BE=\dfrac{\sqrt{3}r}{2}$。这样，我们就可以以 O 为圆心，分别以 $\dfrac{r}{2}$，$\dfrac{\sqrt{2}r}{2}$，$\dfrac{\sqrt{3}r}{2}$，r 为半径作圆，得到图 3-9。

受前面分割的启发，有学生画出了图 3-11，思维简捷，又有创意！但一计算，发现还不能用尺规作出，因为涉及圆周率。

我风趣地说："谁能只用尺规作出来，他就在世界上创造了奇迹！"学生们兴奋起来了。

我接着说："其实，那是不可能的，它是几何三大不可能问题之一。"因为我不想让学生在此花费太多的精力。

学生思维打开后，我不失时机进行启发，希望学生再发散、再联想。于是又多了不少的新发现：图 3-12、图 3-13、图 3-14 是可以用尺规作出的，图 3-15、图 3-16、图 3-17 创意新颖，但不能用尺规作出。

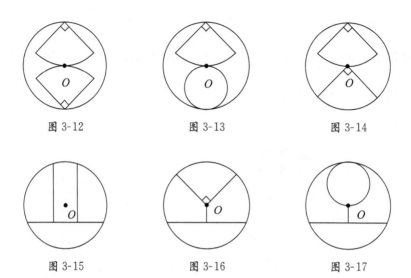

图 3-12   图 3-13   图 3-14

图 3-15   图 3-16   图 3-17

一石激起千层浪。学生思如泉涌，个个开动脑筋，或组合构造，或另辟蹊径，或"胡思乱想"，又得到如下 12 个图形。

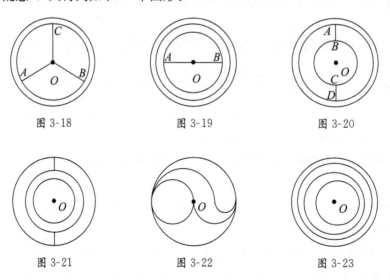

图 3-18   图 3-19   图 3-20

图 3-21   图 3-22   图 3-23

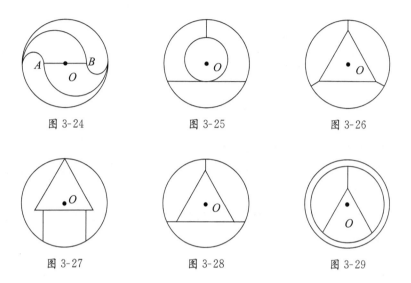

图 3-24　　　　　图 3-25　　　　　图 3-26

图 3-27　　　　　图 3-28　　　　　图 3-29

这时，又有学生指出，许多分割还可以有新的"小变化"，如图 3-18 中 OA，OB，OC 不一定均为线段，也可以是"相似的曲线"；类似地，图 3-19 中的 OA，OB，图 3-20 中的 AB，CD，图 3-24 中的 AB，图 3-21 中的最里面的小圆不一定"同心"，只要"内含"或"内切"即可。

这样说来，我们又可以得到无数种分割方法。

我正得意于这节课的颇多意外收获时，一个学生又大声叫了起来："老师，有很多图形可以'动'！"

"哪些图形可以动？又怎么动？"我惊喜，佯装自己也没弄明白，便笑眯眯地问。

学生答："图 3-9 的每个圆都可以动，不必同心，只要相对内含或内切即可。"

我惊叹："哇，动起来真漂亮！"

另外又有不少学生补充说："那图 3-20 中间的圆可沿 AB，CD 所在直线上移动。""图 3-21 也可以动。"

"图 3-11 可以动！"一个数学学得不太好平时不善发言的学生，也憋不住发了言。他还给出了四个变形图：

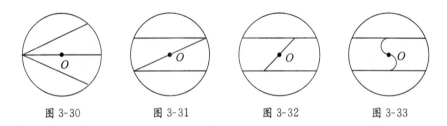

图 3-30   图 3-31   图 3-32   图 3-33

有学生反驳道："这几个图尺规作不出。"我抢过话头，说："虽然尺规作不出，但想法很有创意，很有价值！"我特别强调"很有"。"学困生"的"偶尔闪光"，是需要教师充分表扬和肯定的。

我看"发散"得差不多了，觉得该"收心"了，要归纳总结了，在归纳中类比，在类比中再发现新的分割法。

（二）探索

总结可从面积为圆面积 $\frac{1}{4}$ 的"基本元素"的组合。

下列图中的阴影部分为"基本元素"：

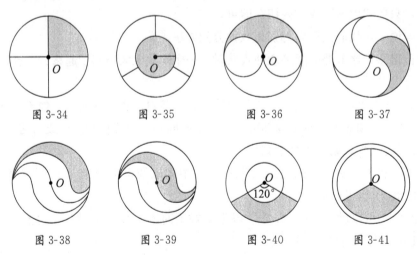

图 3-34   图 3-35   图 3-36   图 3-37

图 3-38   图 3-39   图 3-40   图 3-41

1. 一个"基本元素"的四次组合：情况太少。

仅有图 3-34、图 3-37 这两类。

2. 两个"基本元素"的组合：异彩纷呈。

图 3-38—图 3-47 是同一个"基本图形"的二次使用。

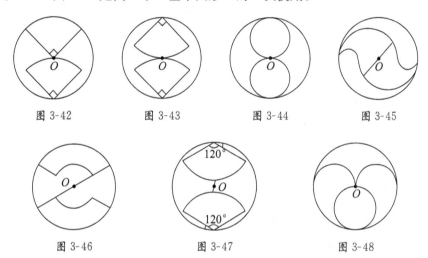

图 3-42　　图 3-43　　图 3-44　　图 3-45

图 3-46　　　　图 3-47　　　　图 3-48

这时有学生说，图 3-46、图 3-47 还可以变化："基本图形"还可以"转"。见图 3-49、图 3-50。

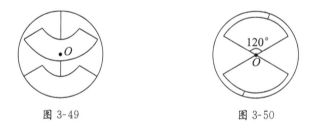

图 3-49　　　　　　图 3-50

图 3-48，图 3-51—图 3-54 是三个不同的"基本图形"的组合。

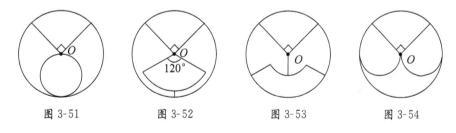

图 3-51　　　图 3-52　　　图 3-53　　　图 3-54

一个"直角扇形"与其他"基本图形"的组合已经"眼花缭乱"了。

下面考虑"半径为 $\frac{1}{2}r$ 的圆"与其他"基本图形"的组合，前面已经重复的图 3-48、图 3-51 等不再列出。

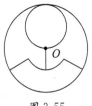

图 3-55

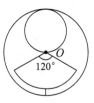

图 3-56

其他"扇形""扇环"的组合还有：

图 3-57

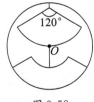

图 3-58

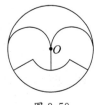

图 3-59

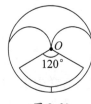

图 3-60

3. 三个"基本图形"的组合，巧夺天工。

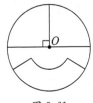

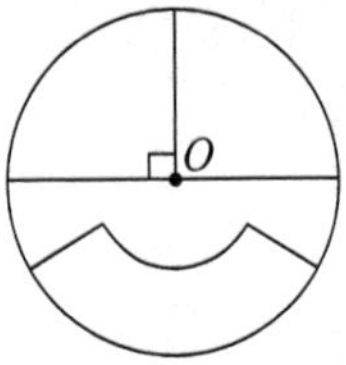

图 3-61

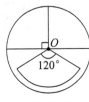

图 3-62

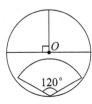

图 3-63

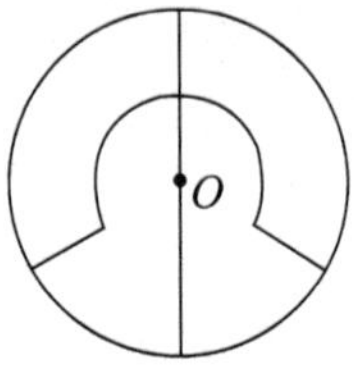

图 3-64

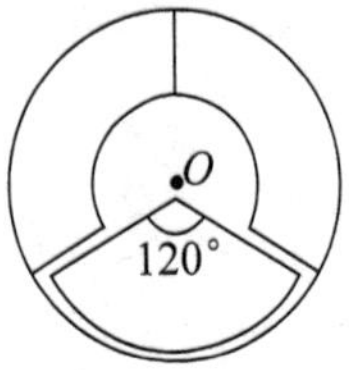

图 3-65

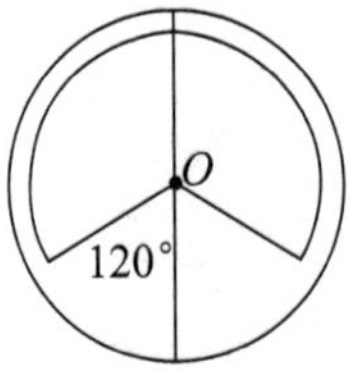

图 3-66

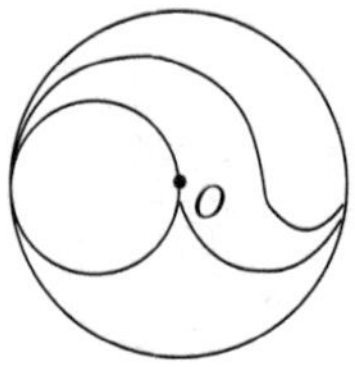

图 3-67

图 3-68

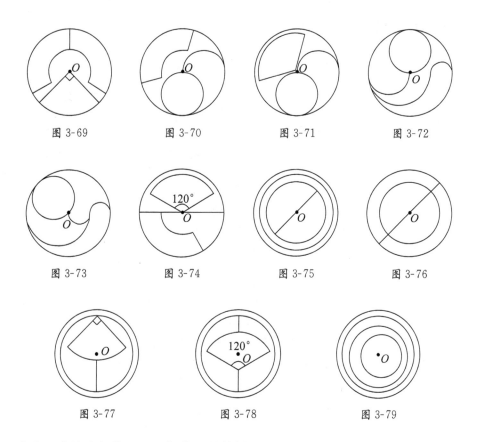

图 3-69   图 3-70   图 3-71   图 3-72

图 3-73   图 3-74   图 3-75   图 3-76

图 3-77   图 3-78   图 3-79

肯定还有许多新的可用尺规作图的分割法。

我问学生，可否增加一些限制条件，学生纷纷作答。

变 1：用尺规将一个圆的面积四等分，且分割线必须通过直径的两个端点 A 和 B。

变 2：用尺规将一个圆的面积四等分，且分割后的四个图形全不相同。

……

显然满足变 2 的分割方案有图 3-67、图 3-70、图 3-71、图 3-72、图 3-73、图 3-74、图 3-79 等。

这时，有位前面一直没有发言的学生举手要求发言，他说："老师，可能还有好多新的分割法。如果把下面图中的阴影也作为'基本元素'的话。"

该生索性走上讲台，画了起来。

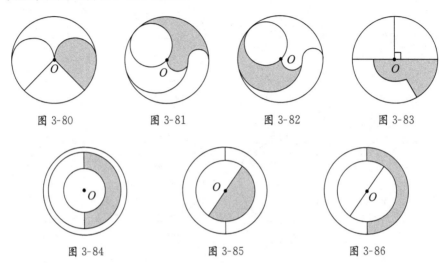

图 3-80   图 3-81   图 3-82   图 3-83

图 3-84   图 3-85   图 3-86

哇！全班惊叫声一片，我也惊奇、激动。

是啊，这样一来，又可以组合出更多的新的分割方法。

该生再次走上讲台，仅取图 3-86 中的"基本元素"，随便画了几个。一边画还一边说："图 3-92 分割的图形全不同！"

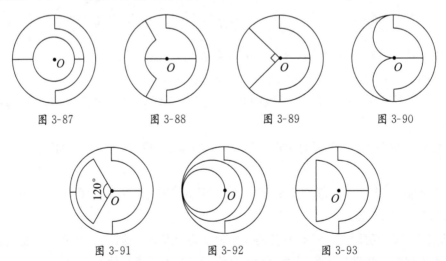

图 3-87   图 3-88   图 3-89   图 3-90

图 3-91   图 3-92   图 3-93

该生还不过瘾，又画了一个图 3-94，还说此图可作，因为

$$r < \sqrt{2}r < \frac{3}{2}r.$$

全班一片掌声。

图 3-94

（三）探索无止境

过了一个多月，一个学生发来邮件，说他又发现了新的分割法，见图 3-95。

该生还通过计算，说明可尺规作图，计算如下：

由 $S_{阴} = \frac{x}{2\pi} \cdot \pi \left(\frac{3r}{2}\right)^2 - \frac{x}{2\pi} \cdot \pi \left(\frac{r}{2}\right)^2 = \frac{1}{4}\pi r^2$，得 $x = \frac{\pi}{4}$。

又是一个全新的创举！我激动不已，准备第二天上课时向全班"庄严宣布"。我立即打电话，向这位学生祝贺！充分肯定他的探索精神。我随即把这个新发现，写进自己的教案本。忽然，我发现这种分割"有问题"！

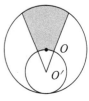

图 3-95

为了不打击这位学生的积极性，当晚我没有再给他打电话，我要让他再高兴一个晚上，或让他自己发现"问题"，他若当晚自己没找出，第二天，我会让他自己找出"漏洞"，他若找到了，我将再赞美他一次。

读者朋友们，你发现"漏洞"了吗？

又过了一个多月，又有一个学生找我，说他找到了一种分割法，可以有无数种"分割的图形全不同"的方法，我睁大眼睛想找"漏洞"，我惊叹！我找不到漏洞！

什么是理想的课堂教学？我认为，就数学课堂而言，学生走进课堂时，应当"满怀希望，面对问题"，而学生走出课堂时，则"充满自信，怀抱好奇"。因为他们还有许多问题，需要进一步探索，进一步解决。

二、数学探索课：路在何方

执教老师：任勇

当代美国数学家哈尔莫斯说过："数学真正的组成部分应该是问题和解，问题才

是数学的心脏。"仔细琢磨，这话很有道理。的确，在数学教学中，解题活动是最基本的活动形式。

数学题目是一个系统：$\{Y, O, P, Z\}$，其中系统的各个要求分别是：Y 表示解题的条件，O 表示解题的依据，P 表示解题的方法，Z 表示题目的结论。这四个要素中，至少应有一个要素是解题者已经知道的，其余要素可能不知道，要通过解题活动加以明确。完全具备四个因素的问题叫作全封闭性问题；仅仅缺少一个因素的问题叫作开放性问题；缺少三个因素的问题叫作全开放性问题。开放性问题和全开放性问题就是我们所说的"探索性"问题。

美国心理学家布鲁纳就说过："探索是数学的生命线。"

笔者还想强调，探索并不神秘，又非高不可攀。教学中，可以从最基本的问题开始。

下面是笔者粉笔生涯中的一堂数学探索课。

虚拟问题：爱国华侨 H 先生准备在 X 市捐建一座圆形公园，公园里要建六个颇具特色的凉亭。在圆形公园的六个角，即正六边形的六个顶点上各建一个美丽的凉亭。H 先生准备通过招标形式在 X 市几家建筑公司中选定一家来承建。几家公司都做好了充分的准备，大家都想承建这别具一格的公园。招标会上，H 先生风趣地说："圆形公园的建造既不考虑技术问题，也不考虑资金问题，相信这两点，双方都没问题，待中标后再具体协商。我想提的问题是，要在六个凉亭间修道路，从每个亭子出来都能走到另外任何一个亭子，哪个公司能把道路设计得最短，就由谁承建。"

师：我们班共 48 人，分成 12 个"四人小组"分别代表 12 个"公司"，现在开始竞标。

生：（画图探索）

师：可以"胡思乱想"，但须严格计算。话音刚落，A，B，C 三"公司"几乎同时画出图 3-96，经计算全长为 $6a$。D，E，F"公司"不甘落后，随即画出图 3-97，一算还是 $6a$。

刚才激烈讨论的场面平静了下来，静得出奇。

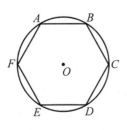

图 3-96

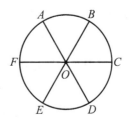

图 3-97

师：（小声地）科学需要默默地探索。

　　学生们一边微笑，一边画个不停。

　　G "公司"经过冷静分析，画出了图 3-98。

　　教室里顿时活跃起来。"有新意""真妙"，大家一阵称赞。众人一计算，叹气起来："仍是 6a。"

师：能不能突破 6a 的大关？"科学有险阻，苦战能过关！"

　　"请看我们的设计"，H "公司"激动地展开了图 3-99。

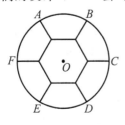

图 3-98

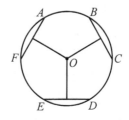

图 3-99

师：很好，大家再算算看。

　　一经计算，全长为 $3a + \dfrac{3\sqrt{3}}{2}a \approx 5.598a$。"好""妙极了"，众"公司"赞不绝口。

师：有了突破性进展。H "公司"十分得意。

　　"且慢！不必弄得那么复杂。"I "公司"轻松地画出了图 3-100。

师：这难道会更短？计算是检验"真理"的唯一标准。

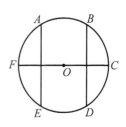

图 3-100

众"公司"将信将疑，不以为奇。可一计算，大家吃了一惊，全长为：$2a+2\sqrt{3}a \approx 5.464a$，竟然比 H "公司"设计的还短。

真是斗智斗勇，"招标"进入了白热化。各"公司"在紧张地寻找新的突破。

教室里静得出奇，时间在一分一秒地过去，眼看时限就要到了。

师：条条道路通罗马，哪条道路是捷径？真的"山穷水尽"了吗？

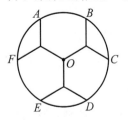

图 3-101

"我们有新的设计，道路最短！"一个响亮的声音从 J "公司"传出，同时展现了图 3-101。还列了算式：全长为 $9 \cdot \dfrac{a}{\sqrt{3}} = 3\sqrt{3}a \approx 5.196a$。

比 I "公司"设计的短了约 $0.268a$！众人惊愕，继而爆出热烈的掌声。

真是拍案叫绝，没有"公司"能设计出更短的道路了。J "公司"中标。

班上一片欢呼，祝贺 J "公司"取得成功。

师：路短且美，曲径通幽。这是科学的力量，这是智慧的结晶。数学本来就是美的嘛。当然，这个问题的探索还没有结束，同学们还能设计出全长更短的道路来吗？或者证明 J "公司"所设计的道路是最短的。

众所周知，初三课时紧张，笔者时常"挤"一些课时出来，上些探索课，学生兴趣盎然，爱学数学，觉得学数学不是一种负担、一种苦役，而是一种需要、一种乐趣，这是求知的需要，这是探索的乐趣。学生在探索中，创新精神和创新能力也不断得到提高。

我想，这就是素质教育。

三、数学复习课：借题发挥

——"证明不等式$\dfrac{a+m}{b+m}>\dfrac{a}{b}$"的教学设计

执教老师：任勇

"问题是数学的心脏。"学习数学，关键之一是学会解题。解题教学是数学教师的基本功，解题是数学教学中的"微观艺术"，而任何艺术的精彩之处和感人之处，也许就在这"微观"之中。

例题教学是帮助学生掌握概念、定理及其他数学知识的手段；又是使学生掌握数学思想、方法，形成技能技巧以及培养学生数学能力的重要手段。

如何充分发掘利用课本例题的价值，是数学教育工作者正在积极探索的一个热点问题。

奥加涅相说得好："必须重视，很多习题潜在着进一步扩展其数学功能、发展功能和教育功能的可能性……从解本题到向独立地提出类似的问题和解答这些问题，这个过程显然在扩大解题的武器库，学生利用类比和概括的能力在形成；辩证思维、思维的独立性以及创造性的素质也在发展。"

数学教育家波利亚也认为："一个有责任心的教师与其穷于应付烦琐的数学内容和过量的题目，还不如适当选择某些有意义但又不太复杂的题目去帮助学生发掘题目的各个方面，在指导学生解题过程中，提高他们的才智与推理能力。"

基于上述理念，笔者以一道课本题为例，借题发挥，探索一题多解、一题多变、一题多用的价值，以期培养学生学会从多层次、广视角、全方位地认识、研究问题，培养学生的创新意识和创新能力。

游戏引入：①师："上课前，我们猜一个谜，谜面是'考试不作弊'，猜一数学名词"；②有学生回答："真分数"，师乐，说："非常正确，那么用'考试作弊'猜一数学名词呢"；③全班学生异口同声答："假分数"；④师："很好，现在请大家任意写下一个真分数"；⑤师："分子、分母分别加上一个正数"；⑥师："新的分数与原分数的大小关系怎样"；⑦学生结论："一个真分数的分子和分母分别加上一个正数后其值增大。"

引出问题：

已知 a，b，$m \in \mathbf{R}^+$，且 $a < b$，求证：$\dfrac{a+m}{b+m} > \dfrac{a}{b}$。

（一）一题多解的教学价值

一道数学题，由思考的角度不同可得到多种不同的思路。广阔寻求多种解法，有助于拓宽解题思路，发展观察、想象、探索、思维能力。

证法 1（分析法）：课本中的证法，此略。

证法 2（综合法）：能用分析法证的题目，一般也能用综合法证，要求学生"口证"。

证法 3（求差比较法）：

因为 a，b，$m \in \mathbf{R}^+$，$a < b$，

所以 $\dfrac{a+m}{b+m} - \dfrac{a}{b} = \dfrac{m(b-a)}{b(b+m)} > 0$，

所以 $\dfrac{a+m}{b+m} > \dfrac{a}{b}$。

证法 4（求商比较法）：

$\dfrac{\text{左式}}{\text{右式}} = \dfrac{ab+bm}{ab+am}$，

因为 a，b，$m \in \mathbf{R}^+$，$a < b$，

所以 $bm > am$，$ab+bm > ab+am$，且右式 > 0，

所以 $\dfrac{\text{左式}}{\text{右式}} > 1$，左式 $>$ 右式。

证法 5（反证法）：

假设 $\dfrac{a+m}{b+m} \leqslant \dfrac{a}{b}$，

因为 a，b，$m \in \mathbf{R}^+$，

所以 $(a+m) b \leqslant a (b+m)$，即 $bm \leqslant am$，

所以 $b \leqslant a$，这与题设 $a < b$ 产生矛盾，

所以 假设不成立，故 $\dfrac{a+m}{b+m}>\dfrac{a}{b}$。

证法 6（放缩法）：

因为 $a,b,m\in\mathbf{R}^+$，且 $a<b$，

所以 $\dfrac{a}{b}=\dfrac{a(b+m)}{b(b+m)}=\dfrac{ab+am}{b(b+m)}<\dfrac{ab+bm}{b(b+m)}=\dfrac{a+m}{b+m}$。

证法 7（构造函数法）：

构造函数 $f(x)=\dfrac{x+a}{x+b}(a<b)$，

因为 $f(x)=1-\dfrac{b-a}{x+b}$ 在 $[0,+\infty)$ 上是增函数，

所以 $f(m)>f(0)$，即 $\dfrac{a+m}{b+m}>\dfrac{a}{b}$。

注：利用函数单调性证明不等式具有优越性，高中实验教材已把微积分列入必修内容，用导数研究函数的单调性很方便，故此法应予高度重视。

证法 8（增量法）：

因为 $a<b$，所以可设 $b=a+\delta(\delta>0)$，

则 $\dfrac{a}{b}=\dfrac{a}{a+\delta}=\dfrac{1}{1+\dfrac{\delta}{a}}<\dfrac{1}{1+\dfrac{\delta}{a+m}}=\dfrac{a+m}{a+m+\delta}=\dfrac{a+m}{b+m}$。

证法 9（定比分点法）：

由 $\dfrac{a+m}{b+m}=\dfrac{\dfrac{a}{b}+\dfrac{m}{b}\cdot 1}{1+\dfrac{m}{b}}$ 可知，$\dfrac{a+m}{b+m}$ 分 $\dfrac{a}{b}$ 与 1 为定比 $\lambda=\dfrac{m}{b}>0$，

所以，$\dfrac{a+m}{b+m}$ 在 $\dfrac{a}{b}$ 与 1 之间（内分点）。所以 $\dfrac{a}{b}<\dfrac{a+m}{b+m}<1$。

证法 10（斜率法 1）：

在直角坐标系中，$\dfrac{a+m}{b+m}=\dfrac{a-(-m)}{b-(-m)}$ 表示经过 $A(b,a)$ 和 $B(-m,-m)$ 两点所在直线的斜率，设其倾斜角为 α，而 $\dfrac{a}{b}=\dfrac{a-0}{b-0}$ 表示点 $A(b,a)$ 和原点 $O(0,0)$ 所在直线的斜率，

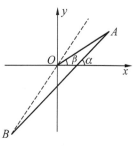

图 3-102

设其倾斜角为 β，如图 3-102，由 $a<b$ 可知 A，B，O 三点不

共线，且 A 点在直线 OB 的下方，所以有 $0<\beta<\alpha<\dfrac{\pi}{4}$，

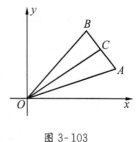

图 3-103

故 $\tan\beta<\tan\alpha$，即 $\dfrac{a-0}{b-0}<\dfrac{a-(-m)}{b-(-m)}$。因此，$\dfrac{a+m}{b+m}>\dfrac{a}{b}$。

证法 11（斜率法 2）：

在直角坐标系中，设 $A(b,\,a)$，$B(m,\,m)$，

则 AB 的中点 $C(\dfrac{b+m}{2},\,\dfrac{a+m}{2})$，如图 3-103。

由于 OA，OB，OC 三线的斜率满足 $k_{OA}<k_{OC}<k_{OB}$，故得 $\dfrac{a}{b}<\dfrac{a+m}{b+m}<1$。

证法 12（三角法）：

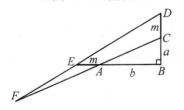

图 3-104

如图 3-104，在 $\mathrm{Rt}\triangle ABC$ 中，

$\angle B=90^\circ$，$BC=a$，$AB=b$，延长 BC 和 BA，使 $CD=AE=m$，

设 CA，DE 交于 F，则有 $\tan\angle DEB=\dfrac{a+m}{b+m}$，

$\tan\angle CAB=\dfrac{a}{b}$，

因为 $\angle CAB<\angle DEB$，$\tan\angle CAB<\tan\angle DEB$。

故 $\dfrac{a}{b}<\dfrac{a+m}{b+m}$。

"解需有法，解无定法。大法必依，小法必活。"前六种证法是大法，必须"牢牢依靠"；后六种证法是小法，要会"灵活应用"。尤其是后六种证法，我们在"意料之外"和"令人震惊"之中，又一次体验到了数学的神奇、数学的美！

事实上，本题还有其他证法至少 12 种，此略。

（二）一题多变的教学价值

一个例题，如果静止地、孤立地去解答它，即使再好充其量也只不过解决了一个问题。数学解题教学应突出探索活动，探索活动不仅停留在对原习题的解法上的探索上，而且应适当地有机地对原习题进行深层的探索，挖掘出更深刻的结论。这

就是数学教学中的变式艺术。变式，是一种探索问题的方法，也是一种值得提倡的学习方法；变式，可以激发学生学习数学的兴趣，可以有效地提高学生的数学水平。

变式 1：若 a，b，$m \in \mathbf{R}^+$，且 $a > b$，则 $\dfrac{a+m}{b+m} > \dfrac{a}{b}$。

变式 2：若 a，b，$m \in \mathbf{R}^+$，且 $a < b$，则 $\dfrac{b+m}{a+m} > \dfrac{b}{a}$。

变式 3：若 a，b，$m \in \mathbf{R}^+$，且 $a < b$，$a > m$，则 $\dfrac{a-m}{b-m} < \dfrac{a}{b}$。

变式 4：若 a，b，m，$n \in \mathbf{R}^+$，$a < b$，$n < m$，则 $\dfrac{a+n}{b+n} < \dfrac{a+m}{b+m}$。

变式 5：若 a，b，m，$n \in \mathbf{R}^+$，$a > b$，$n < m$，则 $\dfrac{a+n}{b+n} > \dfrac{a+m}{b+m}$。

上面的 5 种变式，是通过类比、猜想得到。但仍然感到"不痛快"，属"雕虫小技"之变式。能否再挖掘挖掘，"过把瘾"。从证明过程知 $\dfrac{a}{b} < \dfrac{a+m}{b+m} < \dfrac{m}{m} = 1$。这是不是一般的规律呢？联想到等比定理，进一步猜想，可得变式 6。

变式 6：若 a_1，a_2，b_1，$b_2 \in \mathbf{R}^+$，且 $\dfrac{a_1}{b_1} < \dfrac{a_2}{b_2}$，则 $\dfrac{a_1}{b_1} < \dfrac{a_1+a_2}{b_1+b_2} < \dfrac{a_2}{b_2}$。

作进一步的推广，可得变式 7。

变式 7：若 a_i，$b_i \in \mathbf{R}^+$（$i = 1$，2，$\cdots$，n），且 $\dfrac{a_1}{b_1} < \dfrac{a_2}{b_2} < \cdots < \dfrac{a_n}{b_n}$，则 $\dfrac{a_1}{b_1} < \dfrac{a_1+a_2+\cdots+a_n}{b_1+b_2+\cdots+b_n} < \dfrac{a_n}{b_n}$。

猜想正确吗？回答是肯定的。事实上，设 $\dfrac{a_1}{b_1} = k$，则 $a_2 > kb_2$，$a_3 > kb_3$，$\cdots$，$a_n > kb_n$。

求和 $a_1 + a_2 + \cdots + a_n > k(b_1 + b_2 + \cdots + b_n)$，则 $\dfrac{a_1}{b_1} = k < \dfrac{a_1+a_2+\cdots+a_n}{b_1+b_2+\cdots+b_n}$，右端不等式类似证明。有学生给出另一种证法：

由题设知，存在 $\sqrt{1}$，$\sqrt{2}$，$\cdots$，$\sqrt{n-1} \in \mathbf{R}^+$，使得 $\dfrac{a_1+\sqrt{1}}{b_1} = \dfrac{a_n}{b_n}$，$\dfrac{a_2+\sqrt{2}}{b_2} = \dfrac{a_n}{b_n}$，$\cdots$，$\dfrac{a_{n-1}+\sqrt{n-1}}{b_{n-1}} = \dfrac{a_n}{b_n}$。由此例性质，得 $\dfrac{a_1+a_2+\cdots+a_n+\sqrt{1}+\sqrt{2}+\cdots+\sqrt{n-1}}{b_1+b_2+\cdots+b_n} = \dfrac{a_n}{b_n}$，

故有 $\dfrac{a_1+a_2+\cdots+a_n}{b_1+b_2+\cdots+b_n}<\dfrac{a_1+a_2+\cdots+a_n+\sqrt{1}+\sqrt{2}+\cdots+\sqrt{n-1}}{b_1+b_2+\cdots+b_n}=\dfrac{a_n}{b_n}$，左端不等式可类似证明。

再进一步探索，可得变式 8，且知变式 1 至变式 7 均为变式 8 的特例。

变式 8：在变式 7 的条件下，有

$$\frac{a_1}{b_1}<\frac{a_1+a_2}{b_1+b_2}<\cdots<\frac{a_1+a_2+\cdots+a_n}{b_1+b_2+\cdots+b_n}<\frac{a_2+\cdots+a_n}{b_2+\cdots+b_n}<\cdots<\frac{a_{n-1}+a_n}{b_{n-1}+b_n}<\frac{a_n}{b_n}。$$

"真过瘾！""可以胡思乱想，但要小心论证。"

上述发现问题、解决问题、触类旁通、开拓创新的过程，不就是数学家的思维过程吗？数学家做什么工作？就做这个工作。我们也来当"数学家"。

引申、推广就是找出一些特殊问题中所蕴含的事物发展的规律性，从而得到更广泛的新结论。这种教学设计无疑增强了学生探求未知世界的信心和勇气，使他们体会到成功的喜悦和创造性工作的欢乐。

（三）一题多用的数学价值

教学例题大多有其广泛的应用。一题多解，实现由"点到线"的变化；一题多解，又由"线扩大到面"的变化；而"借题发挥"，则进一步实现由"面到体"的变化。这样，例题教学便可多层次、广视角、全方位地进行研究与拓展，充分发挥其潜能。

应用 1：依次写出 $\dfrac{1}{2}$ 与 1 之间的所有分母不大于 10 的分数。

分析：$\dfrac{1}{2}<1$，$\dfrac{1}{2}<\dfrac{2}{3}<1$，$\dfrac{1}{2}<\dfrac{1+2}{2+3}<\dfrac{2+1}{3+1}<1$，即 $\dfrac{1}{2}<\dfrac{3}{5}<\dfrac{2}{3}<\dfrac{3}{4}<1$。

仿此继续下去，可得

$$\frac{1}{2}<\frac{5}{9}<\frac{4}{7}<\frac{3}{5}<\frac{5}{8}<\frac{2}{3}<\frac{7}{10}<\frac{5}{7}<\frac{3}{4}<\frac{7}{9}<\frac{4}{5}<\frac{5}{6}<\frac{6}{7}<\frac{7}{8}<\frac{8}{9}<\frac{9}{10}<1。$$

应用 2：若 $0<m<b<a$，则不等式成立的是（　　）。

A. $\cos\dfrac{b+m}{a+m}<\cos\dfrac{b}{a}<\cos\dfrac{b-m}{a-m}$　　　　B. $\cos\dfrac{b}{a}<\cos\dfrac{b-m}{a-m}<\cos\dfrac{b+m}{a+m}$

C. $\cos\dfrac{b-m}{a-m}<\cos\dfrac{b}{a}<\cos\dfrac{b+m}{a+m}$　　　　D. $\cos\dfrac{b+m}{a+m}<\cos\dfrac{b-m}{a-m}<\cos\dfrac{b}{a}$

分析：由于 $0<m<b<a$，易知 $\dfrac{b-m}{a-m}<\dfrac{b}{a}<\dfrac{b+m}{a+m}<1$，

由余弦函数的单调性得 $\cos\dfrac{b+m}{a+m}<\cos\dfrac{b}{a}<\cos\dfrac{b-m}{a-m}$，故选 A。

应用 3：在 a 克糖和 $b-a$ 克水中，加入 m 克糖，糖水都变甜吗?

分析：由命题显然有 $\dfrac{a}{b}<\dfrac{a+m}{b+m}$，说明糖水变得更甜了。类似地，在变式 7 的条件下，浓度为 $\dfrac{a_1}{b_1}$ 和 $\dfrac{a_2}{b_2}$ 的两种糖水混合后，比"淡"的更"甜"，比"甜"的更"淡"。

应用 4：建筑学规定，民用住宅的窗户面积必须小于地面面积。但采光的标准，窗户面积与地板面积的比值应不小于 10%，并且这比值越大，住宅的采光条件越好。问同时增加相等的窗户面积和地面面积，住宅的采光条件是变好了还是变坏了?

分析：设窗户的面积为 S_1，地面积为 S_2，增加地面积为 S_0，显然有 $\dfrac{S_1}{S_2}<\dfrac{S_1+S_0}{S_2+S_0}$，说明住宅的采光条件变得更好了。

应用 5：

求证：$\left(1+\dfrac{1}{3}\right)\left(1+\dfrac{1}{5}\right)\cdots\left(1+\dfrac{1}{2n-1}\right)>\dfrac{\sqrt{2n+1}}{2}$（$n\in\mathbf{N}$，$n\geqslant2$）。

分析：$\dfrac{4}{3}>\dfrac{5}{4}$，$\dfrac{5}{4}>\dfrac{7}{6}$，$\cdots$，$\dfrac{2n}{2n-1}>\dfrac{2n+1}{2n}$。

设 $x=\dfrac{4}{3}\cdot\dfrac{6}{5}\cdot\cdots\cdot\dfrac{2n}{2n-1}=$左式，$y=\dfrac{5}{4}\cdot\dfrac{7}{6}\cdot\cdots\cdot\dfrac{2n+1}{2n}$，

则 $x>y$，$x^2>xy=\dfrac{2n+1}{3}>\dfrac{2n+1}{4}$，所以 $x>\dfrac{\sqrt{2n+1}}{2}$。

应用 6：

求证：$\dfrac{A+a+B+b}{A+a+B+b+c+r}+\dfrac{B+b+C+c}{B+b+C+c+a+r}>\dfrac{A+a+C+c}{A+a+C+c+r+b}$。

其中所有的字母都是正数。

分析：这是波兰数学家史坦因豪斯所编《一百个数学问题》中的第 12 题。原解答很繁，若对不等式 $\dfrac{a+m}{b+m}>\dfrac{a}{b}$（$0<a<b$，$m>0$）敏感的话，则可以使问题得到简捷的解法。

左式$>\dfrac{A+a}{A+a+c+r}+\dfrac{C+c}{C+c+a+r}$

$$> \frac{A+a}{A+a+c+r+C} + \frac{C+c}{C+c+a+r+A}$$

$$= \frac{A+a+C+c}{A+a+C+c+r}$$

$$> \frac{A+a+C+c}{A+a+C+c+r+b}。$$

同学们在今后的解题中还能找到更多的应用。

布置作业：

1. 不通分，比较 $\frac{2}{3}$ 与 $\frac{5}{7}$ 的大小；

2. 求证：$\frac{|a+b|}{1+|a+b|} \leqslant \frac{|a|}{1+|a|} + \frac{|b|}{1+|b|}$；

3. 求证：$\frac{1}{2} \cdot \frac{3}{4} \cdot \frac{5}{6} \cdot \cdots \cdot \frac{99}{100} < \frac{1}{10}$；

4. 设 $0 < a_1 < a_2 < \cdots < a_n < \frac{\pi}{2}$，求证：$\tan a_1 < \frac{\sin a_1 + \sin a_2 + \cdots + \sin a_n}{\cos a_1 + \cos a_2 + \cdots + \cos a_n} < \tan a_n$；

5. 已知 a，b，c 为一个三角形的三条边，求证：$\frac{c}{a+b} + \frac{a}{b+c} + \frac{b}{c+a} < 2$；

6. 已知 $i, m, n \in \mathbf{N}$，且 $1 < i \leqslant m < n$，证明：$n^i \mathrm{P}_m^i < m^i \mathrm{P}_n^i$。

附作业解答：

1. $\frac{2}{3} = \frac{4}{6} < \frac{4+1}{6+1} = \frac{5}{7}$。

2. 设 $m = |a| + |b| - |a+b| \geqslant 0$，则 $\frac{|a+b|}{1+|a+b|} \leqslant \frac{|a+b|+m}{1+|a+b|+m}$

$$= \frac{|a|+|b|}{1+|a|+|b|} = \frac{|a|}{1+|a|+|b|} + \frac{|b|}{1+|a|+|b|} \leqslant \frac{|a|}{1+|a|} + \frac{|b|}{1+|b|}。$$

3. 设 $p = \frac{1}{2} \cdot \frac{3}{4} \cdot \cdots \cdot \frac{99}{100}$，$q = \frac{2}{3} \cdot \frac{4}{5} \cdot \cdots \cdot \frac{100}{101}$，$p < q$，$p^2 < pq = \frac{1}{101} < \frac{1}{100}$，

所以 $p < \frac{1}{10}$。

4. 与变式 7 证法类似。

5. 由 $0 < c < a+b$，有 $\dfrac{c}{a+b} < \dfrac{c+c}{(a+b)+c} = \dfrac{2c}{a+b+c}$，

同理有 $\dfrac{a}{b+c} < \dfrac{2a}{a+b+c}, \dfrac{b}{c+a} < \dfrac{2b}{a+b+c}$。

因此得到 $\dfrac{c}{a+b} + \dfrac{a}{b+c} + \dfrac{b}{a+c} < \dfrac{2c+2a+2b}{a+b+c} = 2$。

6. 只需证 $\dfrac{\mathrm{P}_m^i}{\mathrm{P}_n^i} < \left(\dfrac{m}{n}\right)^i$，即证 $\dfrac{m(m-1)(m-2)\cdots(m-i+1)}{n(n-1)(n-2)\cdots(n-i+1)} < \left(\dfrac{m}{n}\right)^i$，

因为 $\dfrac{m}{n} = \dfrac{m}{n}, \dfrac{m-1}{n-1} < \dfrac{m}{n}, \dfrac{m-2}{n-2} < \dfrac{m}{n}, \cdots, \dfrac{m-i+1}{n-i+1} < \dfrac{m}{n}$，求积得证。

四、数学方法课："变"的魅力

执教老师：任勇

学生不爱学数学的原因是多方面的：数学比较枯燥，比较抽象，有时比较繁难。怎样让学生爱学数学呢？我主要采用寓"变"于教学之中的方法，用"变"的魅力来吸引学生，促使学生爱学数学。

数学题是永远做不完的。多做题固然可以积累经验，但如果善于变题，在变题中掌握一类题的解法，则会以少胜多，且可培养学生的探索精神和创造才能。

问题 1 在 $\triangle ABC$ 外边作正 $\triangle ABD$ 和正 $\triangle ACE$，求证：$BE = CD$。（见图 3-105）

学生不难通过证明 $\triangle ABE \cong \triangle ADC$ 得到 $BE = CD$。接着我改动题目的条件：将题中的三角形"变"成正方形，求证：$BG = CE$。（见图 3-106）

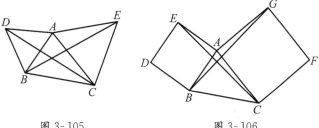

图 3-105　　　　　　图 3-106

学生感到有趣，纷纷动笔证明，很快就用类似的方法证得结论。然后我再问："变成正五边形、正六边形……正 n 边形能否得到类似的结论？"学生兴趣更浓，经过观察分析，用同样的方法又证得结论。我再改变题目的条件，将原题中的"外边"变为"形内"，上述结论也都成立，证法完全类似。这时学生的思维活跃达到高潮。他们起初惊奇、疑惑，略加验证后便豁然开朗，情绪激昂。"变"的魅力深深地吸引着学生，他们在不知不觉中解决了这道有一定难度的问题，"爱好数学"的萌芽在他们的头脑中渐渐扎下了根。

问题 2　已知 x，y 是实数，且 $4x^2+y^2=4x+4y+5$，求 $\log_x y$ 的值。

有不少学生感到"难以入手"，我问学生："已知 x，y 是实数，且 $(2x-1)^2+(y-2)^2=0$，求 x，y。这样的题你们会做吗？"学生答："会做。"我说："同学们将这道题中的等式左端展开看看。"当学生发现展开后可变成 $4x^2+y^2=4x+4y+5$ 时，都笑了起来。我风趣地说："老师'略施小计'就把你们给难住了，今后可要'善变'啊。"在教学中，不仅要将一般的问题引向深入，还要将复杂的问题"变"得简单些或分解成若干个较单纯的命题，让学生感到难题不难，难题是由简单的问题变（或组合）成的，数学并不难学。

问题 3　求 $y=\sqrt{x-4}+\sqrt{3x-15}$ 的值域。

大多数学生能利用函数的单调性解题：已知所给函数定义域为 $[5,+\infty)$，故当 $x=5$ 时，$y_{\min}=1$，可知所求值域为 $[1,+\infty)$。

大多数学生做完此题就罢手。这样，这些学生只学会解"一道题"，没有学会解"一类题"。

我问学生："求 $y=\sqrt{15-3x}+\sqrt{x-4}$ 的值域，会求吗？"

不少学生笑着回答："会，所给函数是个减函数，方法类似。"

我再问："求 $y=\sqrt{x-4}+\sqrt{15-3x}$ 的值域呢？"

学生愕然。有的试用平方法解答，终因运算量大，做不下去。

我引导学生探索：因函数的定义域为 $4\leqslant x\leqslant 5$，可设 $x=4+\sin^2\alpha\left(0\leqslant x\leqslant\dfrac{\pi}{2}\right)$，

故 $y=\sin\alpha+\sqrt{3}\cos\alpha=2\sin\left(\alpha+\dfrac{\pi}{3}\right)$。

因 $\frac{\pi}{3} \leqslant \alpha + \frac{\pi}{3} \leqslant \frac{5\pi}{6}$，故 $1 \leqslant 2\sin\left(\alpha + \frac{\pi}{3}\right) \leqslant 2$，即 $1 \leqslant y \leqslant 2$。

全班学生兴奋不已。

我又问："$y = \sqrt{x-4} + \sqrt{7-x}$ 呢？"

学生写道：因 $4 \leqslant x \leqslant 7$，故可设 $x = 4 + 3\sin^2\alpha \left(0 \leqslant a \leqslant \frac{\pi}{2}\right)$。

我很高兴，说："行了，同学们应学会在变题中解一类题。"

问题 4　求 $y = \dfrac{a + b\sin x}{c + d\sin x}$ 的值域。

思路：$y = \dfrac{a + b\sin x}{c + d\sin x} \Rightarrow \sin x = f(y)$，由 $|f(y)| \leqslant 1$，可求值域。

变 1：求 $y = \dfrac{a + b\cos x}{c + d\cos x}$ 的值域。解法类似。

变 2：求 $y = \dfrac{a + b\sin x}{c + d\cos x}$ 或 $y = \dfrac{a + b\cos x}{c + d\sin x}$ 的值域。解法还类似吗？

我们以"求 $y = \dfrac{\cos x - 2}{\sin x + 3}$ 的值域"为例解答如下。

思路 1：设 $\tan\dfrac{x}{2} = t$，则 $y = \dfrac{\dfrac{1-t^2}{1+t^2} - 2}{\dfrac{2t}{1+t^2} + 3}$，化简整理，得 $3(y+1)t^2 + 2yt + 3y + 1 = 0$。①

若 $y \neq -1$，t 为实数，则 $\Delta = (2y)^2 - 4 \times 3(y+1)(3y+1) \geqslant 0$，即 $\dfrac{-3-\sqrt{3}}{4} \leqslant y \leqslant \dfrac{-3+\sqrt{3}}{4}$ $(y \neq -1)$。

若 $y = -1$，由方程①，得 $t = -1$，原式有意义。

所以值域为 $\left[\dfrac{-3-\sqrt{3}}{4}, \dfrac{-3+\sqrt{3}}{4}\right]$。

思路 2：设 $A(\sin x, \cos x)$，$B(-3, 2)$，则 $y = k_{AB}$，其中动点 A 在单位圆上（见图 3-107）。

设 $l_{AB}: y' - 2 = k(x' + 3)$，即 $kx' - y' + 2 + 3k = 0$，

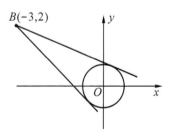

图 3-107

由 $\dfrac{|k\cdot 0-0+2+3k|}{\sqrt{1+k^2}}=1$，得 $k=\dfrac{-3\pm\sqrt{3}}{4}$。

所以值域为 $\left[\dfrac{-3-\sqrt{3}}{4},\ \dfrac{-3+\sqrt{3}}{4}\right]$。

思路 3：由 $y=\dfrac{\cos x-2}{\sin x+3}$ 得 $y\sin x-\cos x=-3y-2$，变形为 $\sin(x-\psi)=\dfrac{-3y-2}{\sqrt{y^2+1}}$，其中 $\tan\psi=-\dfrac{1}{y}$，因为 $|\sin(x-\psi)|\leqslant 1$，

所以 $\left|\dfrac{-3y-2}{\sqrt{y^2+1}}\right|\leqslant 1$，解之得 $\dfrac{-3-\sqrt{3}}{4}\leqslant y\leqslant\dfrac{-3+\sqrt{3}}{4}$。

问题 5　在 $\triangle ABC$ 中，已知 $A(4,-1)$，$\angle B$，$\angle C$ 的平分线方程分别是 l_1：$x-y-1=0$，l_2：$x-1=0$，求 BC 边所在直线的方程。

思路：A 关于 l_1 的对称点 A_1 在 BC 上，A 关于 l_2 的对称点 A_2 也在 BC 上，A_1，A_2 可求，故直线 BC 的方程可求。

教学片段：

"同学们会变吗?"

"变1：将 l_1，l_2 改为对应边的中线呢?"

"变2：将 l_1，l_2 改为对应边上的高呢?"

"变3：l_1，l_2 分别为对应边的中线、高呢?"

"变4：l_1，l_2 分别为对应边的中线、角平分线呢?"

"变5：l_1，l_2 分别为对应边的角平分线、高呢?"

"解答就留给同学们去探索吧！希望同学们在数学学习中，充分利用变题，学会解一类题。在变题中，学会探索；在变题中，学会创造；在变题中，把自己变得更聪明，更机智。"

变，小至题目的图形可变，数字可变，条件可变，结论可变；大至教法可变，考试方法可变，甚至教材内容可变。变，充满着神奇；变，孕育着创造。变的魅力吸引着好奇心、好胜心较强的中学生，学生一旦将单纯的兴趣与崇高的理想结合在一起，就会产生一种强大的力量，它能不断地促进学生去思考、去探索，逐步引导他们爱学数学、学好数学，从而发展他们的智力，为将来钻研科学技术打下牢固的基础。

五、数学新授课：铺砌问题

执教老师：任勇

（一）教学目的

通过对二维铺砌问题（亦称地板革上的数学问题、花砖铺设问题或镶嵌图案问题）的深入探索，引导学生初步掌握数学问题的研究方法，学会将数学问题特殊化和一般化，学会提出和探索新的数学问题。

（二）创新说明

创新训练1：引导学生通过活动，探索一种原始砌块的多种铺砌法；

创新训练2：引导学生通过活动，探索多种原始砌块的各种铺砌法；

创新训练3：学会用数学方法，研究新的数学现实问题；

创新训练4：从"直砌块"到"曲砌块"的创新探索；

创新训练5：由"二维铺砌"类比研究"三维铺砌"；

创新训练6：铺砌的"艺术化"探索、构建。

（三）探索点的处理意见

1. 按类型由浅入深、由易到难、由简到繁、由特殊到一般化探索；

2. 下一个探索点尽量由学生提出，每个探索点尽量由学生先给出实例，师生共同探索、归纳；

3. 在许多探索点处均可"留有空白"，留给学生继续探索；

4. 在探索中适时地有机地恰如其分地渗透探索方法。

（四）教学过程

引言：随着人们生活水平的提高，许多人喜欢用各种装饰用的花砖来铺地贴墙，这在数学里也是一门学问，叫作平面花砖铺设问题，也叫镶嵌图案问题。即采用单一闭合图形拼合在一起覆盖一个平面，而图形间没有空隙，也没有重叠。换言之，重叠或空隙部分面积为 0。什么样的图形能够满足这样的条件呢?

这个问题我们已布置同学事先去探索了,要求同学们去设计图案,现在请各组(4 人一组,共 12 组)代表展示你们的图案。

(让学生展示图案)

怎么来研究这些图案呢?

我想,我们可以先从简单的问题入手,先看能否铺砌,再看有几种铺砌方案。

不少同学的图案是三角形、四边形和正多边形的,我们就先来研究这几种情况。

探索 1:以三角形为基础的图案展铺

三角形是多边形中最简单的图形,如果用三角形为基本图形来展铺平面图案,那么就要考虑三角形的特点。由于三角形的三个内角和为 180°,所以要在平面上一个点的周围集中三角形的角,那么必须使这些角的和为两个平角。因此,若把三角形的三个内角集中在一起,并进行轴对称变换或中心对称变换的话,就可以得到集中于一点的六个角,它们的和为 360°,刚好覆盖上这一点周围的平面。变换的方法见图 3-108。

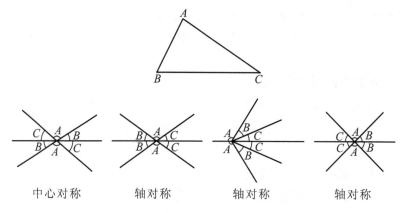

图 3-108

在中心对称的情况下,三角形不翻折,在轴对称的情况下,三角形要翻折。如果把三角形纸片按正、反两面涂上颜色,那么通过对称变换,正、反面就会明显地反映出来了。

　　用三角形为基本图形展铺平面图案，共有以下四种情况，如图 3-109。

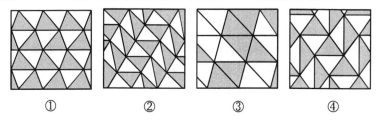

图 3-109

探索 2：以四边形为基础的图案展铺

　　由于四边形各内角和为 360°，所以，任何四边形都可以作为基本图形来展铺平面图案。图 3-110 中的①②③④分别是以矩形、菱形、梯形、一般四边形为基本图形的平面展铺图案。

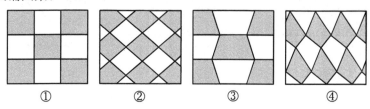

图 3-110

探索 3：以正多边形为基础的图案展铺

　　用正多边形为基本图形展铺平面图案，集中于一点的周围的正多边形的角的和应是 360°。但是这个条件只是必要条件而不充分。例如，正五边形的一个内角是 $(5-2) \times 180° \div 5 = 108°$，正十边形的一个内角为 $(10-2) \times 180° \div 10 = 144°$。两个正五边形的内角和一个正十边形的内角之和为：$2 \times 108° + 144° = 360°$，但是并不能用来展铺成平面图案。

　　如果用同种的正 n 边形来展铺平面图案，在一个顶点周围用了 m 个正 n 边形的角。由于这些角的和应为 360°，所以以下等式成立：

即 $m \times \dfrac{(n-2) \times 180°}{n} = 360°$,

即 $m \times \left(2 - \dfrac{4}{n}\right) = 4$,

因为 m, n 是正整数, 并且 $m > 2$, $n > 2$, 所以 $m-2$, $n-2$ 也都必定是正整数。

当 $n-2=1$, $m-2=4$ 时, 则 $n=3$, $m=6$;

当 $n-2=2$, $m-2=2$ 时, 则 $n=4$, $m=4$;

当 $n-2=4$, $m-2=1$ 时, 则 $n=6$, $m=3$。

这就证明了, 只用一种正多边形来展铺平面图案, 存在三种情况:

①由 6 个正三角形拼展, 我们用符号 (3, 3, 3, 3, 3, 3) 来表示 (见图 3-111)。

②由 4 个正方形来拼展, 我们用符号 (4, 4, 4, 4) 来表示 (见图 3-112)。

③由 3 个正六边形来拼展, 我们用符号 (6, 6, 6) 来表示 (见图 3-113)。

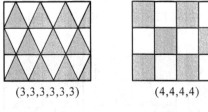

(3,3,3,3,3,3)　　　　(4,4,4,4)　　　　(6,6,6)

图 3-111　　　　　　图 3-112　　　　　图 3-113

如果用两种正多边形来拼展平面图案, 那么应有以下五种情况:

(3, 3, 3, 4, 4), (3, 3, 3, 3, 6), (3, 3, 6, 6), (3, 12, 12) 以及 (4, 8, 8)。

这五种情况的图形见图 3-114 至图 3-119。

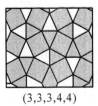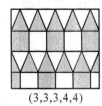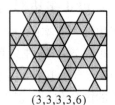

(3,3,3,4,4)　　　　(3,3,3,4,4)　　　　(3,3,3,3,6)

图 3-114　　　　　　图 3-115　　　　　图 3-116

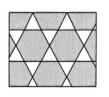

(3,3,6,6)

图 3-117

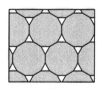

(3,12,12)

图 3-118

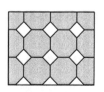

(4,8,8)

图 3-119

用三种正多边形拼展平面图案，就比较难考虑了。例如，有（4，6，12）及（3，4，4，6）。见图 3-120 和图 3-121。

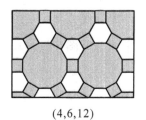

(4,6,12)

图 3-120

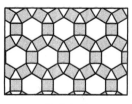

(3,4,4,6)

图 3-121

用三种以上的正多边形拼展平面图案，就更复杂了，但也更有趣。对此有兴趣的同学，可以继续探索，构思出几个图案来。

下面我们先给出两个图案（见图 3-122）。

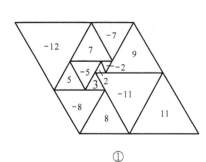

①

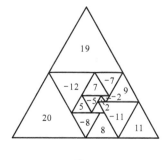

②

图 3-122

说明：正三角形中的数字表示边长，正、负号表示三角形正放和倒放。

探索 4：以不规则凸多边形为基础的图案展铺

事实上，任何不规则的三角形和四边形都可以覆盖平面。凸多边形能不能覆盖平面？

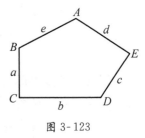

图 3-123

1918 年，法兰克福大学的一位研究生卡尔·莱因哈特曾研究过这个问题，后来发表了论文，确定五种可拼成平面的凸多边形。例如，他得出如果五边形 $ABCDE$ 的各边分别为 a，b，c，d，e，且 c，e 两边所对的角 C，E 满足 $C+E=180°$，又 $a=c$，那么这个五边形就能覆盖平面（见图 3-123）。同学们不妨复制几个铺铺看。

1975 年，美国人马丁·加德纳在《科学美国人》这本杂志上开辟了关于镶嵌图案的数学游戏专栏，许多数学家和业余数学爱好者都参加了讨论。其中有一位名叫玛乔里·赖斯的家庭妇女是最热情的参与者之一。赖斯有 5 个孩子，1939 年中学毕业前只学过一点儿简单的数学，没有受过正规的数学专业教育。她除了研究正多边形的拼镶问题以外，还研究了一般五边形。她独立地发现了一种五边形，并且向加德纳报告了这一发现："我认为两个边长为黄金分割的一种封闭五边形可以构成令人满意的布局。"加德纳充分肯定了赖斯的研究成果，并把她介绍给一位对数学与艺术的和谐具有职业兴趣的数学家多里斯·沙特斯奈德。在沙特斯奈德的鼓励下，赖斯又发现了解决拼镶问题的另外几种五边形，从而使这样的五边形达到了 13 种。

赖斯的家务很忙，但这没有影响她研究的热情。她对人说："在繁忙的圣诞节，家务占去了我大量的时间，但只要一有空，我便去研究拼镶问题。没人时，我就在厨房灶台上画起图案来。一有人来，我就急忙把图案盖住。因为我不愿意让别人知道我在研究什么。"

下面我们看几个玛乔里·赖斯发现的展铺图案。

说明：图 3-124 是 1976 年 2 月玛乔里·赖斯发现的五边形展铺图案的一种新类

型。图中给出了五边形所能取的形状的范围以及由此种类型中的一个代表图形所作出的展铺图案。由边长成黄金分割比的五边形所拼成的铺砌图案。

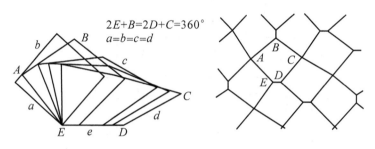

$$2E+B=2D+C=360°$$
$$a=b=c=d$$

图 3-124

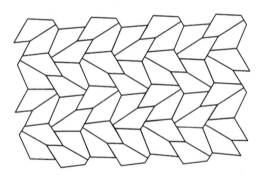

图 3-125

图 3-126

说明：图 3-125 与图 3-126 是玛乔里·赖斯在 1976 年 12 月所发现的第 11 型与第 12 型五边形，用它们可以铺满平面。

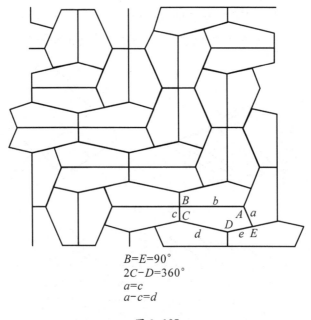

$B=E=90°$
$2C-D=360°$
$a=c$
$a-c=d$

图 3-127

说明：图 3-127 是玛乔里·赖斯在 1977 年 12 月所发现的第 13 型可供展铺的五边形。

同学们可探索其他凸五边形的展铺图案，还可继续探索其他凸 n 边形（$n \geqslant 6$）的展铺图案。

附：教师准备材料（目前已知的 13 类五边形可作为平面的单块合成组件）。

说明：图 3-128 是目前已知的 13 类五边形，它们可用作平面的单块合成组件。

探索 5：以其他"直砌块"为基础的展铺图案

是否存在以其他"直砌块"（边界为线段的原始砌块）为基础的展铺图案？

回答是肯定的。我们先看两个例子（参见图 3-129、图 3-130）。

同学们可继续进行探索，并研究。

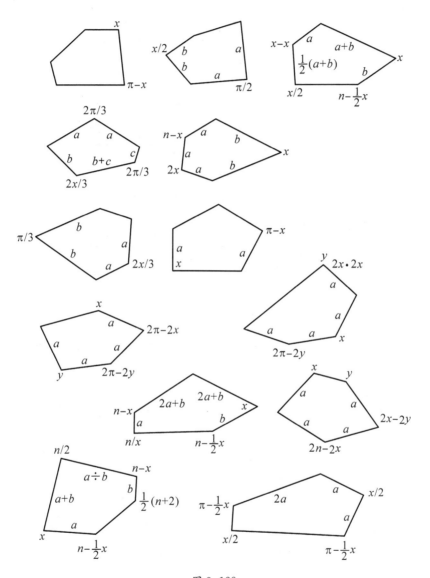

图 3-128

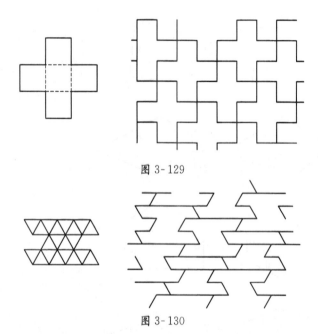

图 3-129

图 3-130

（1）"直砌块"的不同铺砌法问题。图 3-131 是一种"直砌块"的三种不同的砌法。

图 3-131

（2）多种"直砌块"的铺砌问题。图 3-132 是一种由六个"直砌块"铺砌的图案。

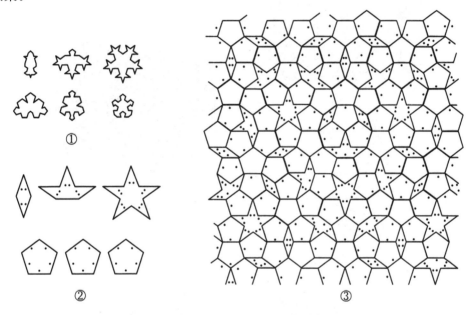

图 3-132

说明：由罗杰·彭罗斯所发现的第一组非周期性铺块。图①给出了这些原始砌块，图②则用数目字来表示突出与嵌入的部位，从而指出了一种"匹配条件"，0，1，2 必须与 0，1，2 分别配合。图③则显示了具体的铺砌图案。

事实上，还有许多"直砌块"可铺砌平面，有些图案非常有趣（见图 3-133、图 3-134）。我们在"意料之外"与"令人震惊"之中，又一次体验到了数学之美，数学之神奇！

说明：伏特堡氏铺块，它具有一种值得注意的性质，即该铺块的两个拷贝能把第三个拷贝全部围住（图 3-133②），甚至能把两个拷贝围住（图 3-133③）。图 3-133①则是把伏特堡氏铺块用作原始构形时的周期性铺砌图。图 3-133④是伏特堡氏的螺旋形铺砌图。

说明：此"直砌块"被称为"多才多艺者"，三种铺砌法不同。

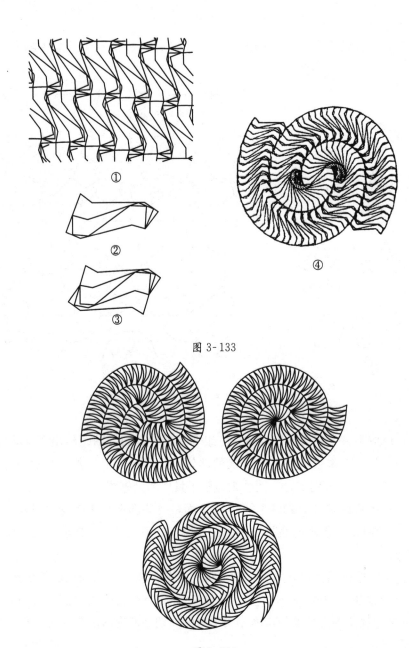

①

②

③

④

图 3-133

图 3-134

探索 6：以"曲砌块"为基础的展铺图案

是否存在以"曲砌块"（边界部分或全部为曲线的原始砌块）为基础的展铺图案？

这是不难解决的。因为，许多曲线是可以"对合"的。

下面是一些"曲砌块"的展铺图案（见图 3-135）。（注：教师可只给出一两种图案，其余由学生探索）

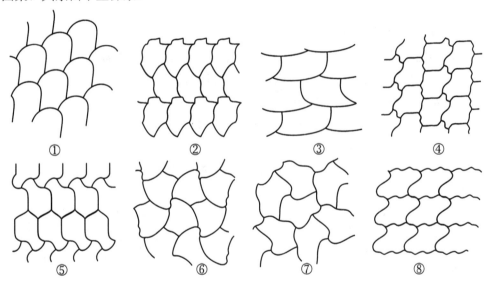

① ② ③ ④

⑤ ⑥ ⑦ ⑧

图 3-135

探索 7：二维铺砌的艺术化问题

既然"曲砌块"可铺砌，可否让铺砌"艺术化"些？即能否由原始砌块砌出美丽的图案？

让我们看三幅美丽的"曲砌块"（见图 3-136、图 3-137、图 3-138），同学们可以剪下复制若干块，再铺砌成一个美丽的图案。

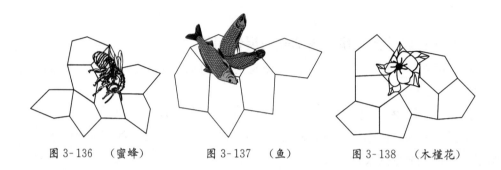

图 3-136　（蜜蜂）　　　　图 3-137　（鱼）　　　　图 3-138　（木槿花）

探索 8：三维铺砌问题

平面问题能否向空间发展？即将"二维铺砌"深化为"三维铺砌"问题？

答案是显然的。因为，"魔方"就是一个三维铺砌。

问题是还有没有其他的"原始砌体"？

下面我们给出一个"三维铺砌"实例（见图 3-139），同学们可按"二维铺砌"的探索之路探索"三维铺砌"问题。

说明：四个 N 型五连立方体所拼成的既约块上层中打圆点的单元应与下层中打×的单元配合。

图 3-139

（五）小结

对于一个欲探索的问题，可从以下十个方面着手进行探索：①从简单问题入手；②从具体对象入手；③从特殊情况入手；④从问题反面入手；⑤从观察联想入手；⑥从创新构造入手；⑦从形象直观入手；⑧从情况分类入手；⑨从直觉猜想入手；⑩从问题转换入手。

美国数学教育家 L. C. 拉松则给出了 12 种探索法：①寻找一种模式；②画一个图形；③提出一个等价问题；④改变问题；⑤选择有效的记号；⑥利用对称性；⑦区分种种情况；⑧反推；⑨反证法；⑩利用奇偶性；⑪考虑极端情况；⑫推广。

同学们可进行对比，并在探索实践中尝试上述方法。

尽管我们探索了不少"铺砌问题"，但我们的探索还仅仅是初步的。如果把"铺砌问题"看成大海的话，我们仅在海边拾了几个贝壳而已。

许多问题还有待于"有志者"继续探索。愿同学们在研究"铺砌问题"中学会探索，进而学会探索数学，学会探索世界。

社会反响

一、一门崭新而影响深远的课程

林明榕*

党的十三大报告指出："从根本上说，科技的发展，经济的振兴，乃至整个社会的进步，都取决于劳动者素质的提高和大量合格人才的培养。"目前，我国在校中学生约有 4 500 万，这支数目庞大的中学生队伍，既是我国各条战线劳动大军的后备兵源，又是高等学校大学生的预备力量。因此，提高中学生的科学文化素质，把他们培养成为德、智、体、美、劳全面发展的人，无疑是一件具有重大战略意义和影响深远的大事。

为了提高中学生的教学质量，开发中学生的智力，有许多工作需要做。但是，在中学生中开设一门"学习方法"课，向学生讲授科学的学习方法，乃是当前中学教学改革中的新的突破，具有不可估量的作用。原因有以下几个方面。

（一）科学的学习方法是开启中学生智力的金钥匙

初、高中时期是人的智力发展的重要阶段。这时中学生的大脑已发育完全，具备了发展智力的物质基础，他们正处在一种可塑性很强、在各方面力求定型的特殊时期。如果这个阶段，在教学中除了传授知识外，还教给他们科学的学习方法，培养独立思考、独立分析问题和独立解决问题的能力，使他们养成良好的学习习惯，便可以大大促进智力的发展，使他们终身受益。反之，如果在这个阶段不重视开发他们的智力，而是鼓励学生死记硬背，势必影响学生智力的全面发展，造成能力低下或能力畸形，贻害终身。

法国生理学家贝尔纳说："良好的方法能使我们更好地发挥运用天赋的才能，而拙劣的方法则可能阻碍才能的发挥。"学习是一种复杂而艰巨的脑力劳动，而脑力劳动本身最讲求科学性。只有运用正确的学习方法，才能充分发展中学生的智力。从

---

* 本文为林明榕教授为《初中学习方法与能力培养》（西北工业大学出版社，1988 年版）一书写的代序言。

这个意义上讲，掌握科学的学习方法，要比学习知识显得更为重要，它确实是把开启智力大门的金钥匙。

（二）开设"学习方法"课是中学教学的需要

教与学，是教师与学生矛盾双方对立的统一，教师的"教"是外因，学生的"学"是内因，外因必须通过内因才能起作用。因此，教学效果的好坏，在很大程度上取决于学生的学习态度和学习方法。《学记》中说："善学者师逸而功倍""不善学者师勤而功半"。意思是说，在教学中，学生有无良好的学习方法十分重要，有良好的学习方法，教师教起来既省力效果又好；学生缺乏良好的学习方法，教师教起来既费力又收不到好的效果。

在中学里常见到下列情况：有的学生一天到晚忙于应付背诵功课和做作业，深夜十一二点还不能就寝；有的学生不知道应该分清各门功课的主次，学会"弹钢琴"式的学习，而是西瓜芝麻一起抓，各门功课平均使用力量；有的学生平时不知道有计划地复习功课，在临考前才进行突击，大段大段地死背教科书；有的学生不懂得理解和记忆的关系，不知道记忆的规律性，把大部分力量花在死记硬背上，结果记得快忘得也快，做了许多无效劳动；有的学生不知道上课怎样听课以及预习和复习的重要性，而是上课记笔记，下课补笔记，考试背笔记，老打被动仗；有的学生缺乏独立思考能力，习惯于吞食教师"嚼烂"的知识，一步也离不开教师；有的学生不会合理安排时间，一天到晚忙忙碌碌，或者虚掷大块的时间……

上述种种现象表明：有不少中学生不懂得科学的学习方法。这个问题，不是一般课程所能解决的，也不是教师向学生介绍一些零星的学习方法所能解决的。学习是一门科学，有其内部的规律性和方法论，只有在中学开设一门"学习方法"课，专门向学生讲授学习的规律和方法，才能解决上述问题。一方面可以提高教师"教"的效果，又可以使学生摆脱盲目、被动、效率差的学习局面，充分发挥在学习中的主体作用。

（三）开设"学习方法"课是中学生毕业后进行自学的需要

学校既应为大学输送合格的大学生，又应为社会输送训练有素的大批劳动者。由于目前我国各级各类学校还远远不能满足实际需要，每年都有数目庞大的求知欲旺盛的青少年不能升学，他们都必须走另一条继续学习的道路——自学。在这支自学队伍中，除少数人待业在家外，绝大部分人将走上工作岗位，他们的知识水平和能力状况怎样，将直接影响着各条战线劳动大军的素质，关系到国家的命运和前途。如何帮助这些青少年有效地进行自学，不断提高他们的科学文化水平，是当前自学中亟待解决的迫切问题。

目前，我国有成千上万勤奋好学的青少年，正在自学的道路上为四化建设刻苦地学习着。学习不是一件容易的事情，自学的困难就更多一些。他们在没有教师指导、缺少图书资料、仪器设备和时间少的条件下进行学习，必然会遇到这样或那样的困难和问题。尤其在今天，由于现代科学技术的迅猛发展，已使科学知识在短期内发生了急剧性的增长，在这知识爆炸得令人眼花缭乱的形势下，自学青少年更需要用科学的学习方法来指导学习，才有可能掌握先进的科学技术，在工作中做出贡献。因此，在中学开设"学习方法"课，不仅是中学阶段学习的需要，而且也是走出校门的人数众多的高（初）中毕业生进行自学的需要，更是四化建设的需要。

（四）开设"学习方法"课是高等学校培养人才对中学教育的反求

中学到大学，这是由中学普及性的一般文化知识课程进入到大学分科专业性课程的学习，教材内容有了明显的改变，需要学生独立自学的时间多，更要求学生懂得科学的学习方法，发挥他们在学习中的主体作用。

近年来，我国高等学校招收的新生虽然入学考试的分数较高，但不少学校反应，学生的能力普遍较差，其中不少人是"高分低能"，进入大学后，他们仍然习惯于"手把手""抱着走"的教学方法，缺乏独立自学能力，严重影响了大学教学质量的提高。据《中国青年报》调查统计，1982 年上海交通大学、上海工业大学、华东师范大学等 13 所高等院校共有 55 名学生因成绩差而退学。这些大学生，原来在中学阶段都是班上"凤毛麟角"的佼佼者，在高等学校里竟被淘汰了。原因何在呢？主要原因之一就是学习方法不对头，不会学习。

因此，开设"学习方法"课，是大学阶段学习对中学教育的反求。只有这样做，才能改变目前中学生不善于学习和能力差的状况，使中学生进入大学后能较快地适应大学的学习生活，独立学习，独立研究，保证大学教学质量稳步提高，为国家培养出高质量的专门人才来。

科学的方法是通往胜利的道路，是走向成功的桥梁。掌握了科学的学习方法，就可以有效地开发智力，使我们更好更快地掌握知识和技能，为四化建设贡献力量。开设"学习方法"课，是为了总结前人和当代人治学的经验，帮助广大青少年学生在学习中少走弯路，加快成才的步伐。当然，讲授学习方法，还需要有一个正确的态度。我们绝不是把讲授方法当作向学生传授学习"秘诀"和"窍门"，引导他们走"省劲""偷懒"的道路。这显然是错误的，也是对这门课程的曲解。因为科学的学习方法，本身就包含着不怕困难的精神和艰苦的学习。另外，开设"学习方法"课，并不意味着可以忽略教师在教学中的主导作用。相反，教师更应该发挥主导作用，在传授知识的同时，加强对学生能力的培养，特别是自学能力和独立思考能力的培养。而且"学习方法"课本身又反求教师在教学中一定要注重教学方法，对提高中学教学质量又是一个促进。

福建龙岩一中（现为厦门一中）青年教师任勇所编著的《初中学习方法与能力培养》一书，正是探索开设"学习方法"课的可喜成果。这本书内容丰富、深入浅出，密切结合中学生的实际，抓住了他们在学习过程中的问题，介绍了许多科学的学习方法，确实是中学生的学习挚友，值得推介。

在此书正式出版之际，我写了以上意见，以致祝贺。

（作者系全国学习科学研究会筹委会主任，山西大学师范学院教授）

二、做全面发展的研究型教师

张 苊*

任勇老师现任教于厦门第一中学，是迄今我国最年轻的中学特级教师之一，被誉为福建省中学教坛上一位令人瞩目的新秀。20 世纪 80 年代以来，他先后获得了"福建省优秀青年教师""福建省科技教育十大新秀"以及中共福建省委和省人民政府命名的"福建省优秀专家"等 20 多项光荣称号，他的事迹曾被《福建日报》《教

---

* 本文为张苊研究员为《任勇中学数学教学艺术与研究》（山东教育出版社，2000 年版）一书写的研究篇。

坛群英》《八闽英模》和当地电台、电视台广为报道。在最近刚刚揭晓的"苏步青数学教育奖"评选活动中，任勇老师又一举折桂，荣获一等奖。所有这些，都是对他的才华和贡献的充分肯定，他是当之无愧的。思索任勇老师的成功之路，我们不能不把视线首先集中到他常说的"做全面发展的研究型教师"这句话上。事实上，这也是对他的成长历程的高度概括。

（一）把教书育人作为毕生追求的事业

任勇老师对自己从事的教育事业充满感情，他经常这样表露心迹："假如有机会让我重新作出选择，我将毫不犹豫地选择中学教师这一职业。"从教近 20 年来，他以对党和人民教育事业的一片赤诚之心，严以律己，为人师表，勇挑重担，乐于奉献，锐意进取，屡创佳绩。

任勇老师当班主任，重视教书育人，注意创造性地开展生动活泼的思想政治工作。他总结的《寓思想教育于各项活动之中》的经验在中学政教处主任会议上介绍，受到广泛赞扬。他带的班具有良好的班风、学风，多次被评为先进集体，学生德智体美劳全面发展、健康成长。他在班主任工作中摸索出"作业谈心法""召开家长会的几种形式"等许多成功经验，从不因学生的偶然过失而向家长"告状"，相反却对学生哪怕是一点一滴的长进都要给予及时公开的表扬，并向家长"报喜"。他认为，主动和学生家长取得联系，把学生的成长进步报告给家长，对于教师来说无异于举手之劳，有时甚至只需打一分钟电话，也会给学生以莫大的激励，会给家长乃至一个家庭"带去整整一星期的欢乐"。

为了创造和利用更多的教育机会，任勇老师积极组织学生开展丰富多彩的课外活动，即使工作再忙再累，也要坚持每周和学生一起打两三场球。这些精心设计和组织的活动取得了显著成效：他带出过该校历史上第一个"三连冠"，即连续三年获得校运动会团体总分第一名的班级；他指导的学生的"小发明、小制作、小论文"作品多次受到省、市有关部门的奖励，多篇学生的小论文在省级刊物上发表；他以多种多样的形式指导数学兴趣小组活动，带出了由共青团中央评出的"全国先进兴趣小组"；他在数学竞赛指导方面也成绩卓著，仅在全国高中数学竞赛中，经他指导的学生就有十多人获省一、二等奖。

（二）在学习和实践中成长

任勇老师工作勤奋，精于业务，善于创新，形成了系统、严谨、有趣的教学风格，深受学生和家长的欢迎。

作为一名特级教师，他的才华和贡献集中地反映在课堂教学之中。教数学对他来说始终是一种乐趣；而对于他的学生们而言，上任老师的课则不失为一种精神享受。学生们说，每当要上任老师课的时候，总会产生一种激动感和期盼感。仅从这一点我们就可以作一个判断，即学生们热爱他们的老师，喜欢上他的课，对他所教的这门学科产生了浓厚的兴趣。这不正是"亲其师而信其道"的又一佐证，不正是为人师者的最大成功吗？

为了充实和更新知识，任勇老师如饥似渴、坚持不懈地进行学习。他自费订阅了国内各种中学数学杂志和多种教育理论刊物。他拥有 6 000 余册教育教学方面的书籍，几乎所有的稿费都用来买书了，读书已成为他的一种嗜好。任勇老师有两种独特的读书方法：一是读透一本书，苏霍姆林斯基《给教师的一百条建议》他不知读了多少遍。二是同类书一起读，教学改革类的一起读；竞赛指导类的一起读；德育类的一起读；美育类的一起读……正是这种孜孜以求的精神使他的教育思想不断丰富，自身素质不断完善，创新思路不断涌现，教育教学水平稳步提高，成为在"教学相长"方面极具说服力的一个典范。

任勇老师认为，教师的成长离不开学习，要做学习中的有心人。除了结合工作长期坚持自学外，系统的进修提高也是十分必要的。从 1980 年起，他开始了福建师范大学数学系本科函授学习，在其后的 6 年里，他既是老师又是学生，克服了种种困难，以优异的成绩完成全部学业，并被评为优秀函授生。他总结自己的学习体会，撰写的《边学习边实践边提高》《函授学习促我成长》等文章分别被国家教委主办的《高师函授》和福建师范大学主办的《理科函授》及《成人高等教育》刊登。1997年，他又在职攻读数学教育专业研究生，现已毕业。

在教学实践中，任勇老师大胆进行新的探索。概念教学，力求体现系统性、科学性和趣味性；解题教学，注意一题多变，发展一题多思，实现一题多解、一题多用，促进学生智力的发展；在复习课教学中，他总结筛选出"资料选择合理、重点知识突出、能力培养分层次"等 10 条成功经验。

根据教材的特点和初中生的身心发展水平，任勇老师十分重视挖掘教材中的趣味性因素。为此，他进行了"初中数学引趣教学"改革实践。基于"高中解题教学应突出更深层次的探索活动"的认识，他在高中数学教学中采取了通过多种途径将问题加以引申的方法，培养学生善于从千变万化、错综复杂的现象中抓住并揭示事物本质的能力。他开展的"数学多维教育实验"，从教育目的、教育渠道、教育层次三个维度进行大胆的尝试，不仅在理论上有独到的见解，实践上也取得了明显的成效。他大胆改革传统的作业批改方式，采用包括符号、提示、置疑、重做、"还原"、强化、借鉴、另解、引申、论文等内容的"数学再生作业"的方法，收到了较好的效果。

从教以来，任勇老师已作各类公开课 180 多节，其中两节示范课被评为全国优质课例，一节优质课教学录像获广泛好评并在全省发行。在一些全国性学术会议上，他也多次登台作示范课。多年来，他面向全校学生开设讲座，丰富的内容、生动的讲述深受学生欢迎。在正常教学工作量已经满负荷的情况下，他坚持每年承担"学习方法课"教改实验教学，长期的实践和不懈的探索，使得他在学习科学及数学学习指导方面颇具造诣，现担任全国中学学习科学研究会副秘书长、福建省教育学会学习科学研究会副会长、中国学习科学学会理事等职务，成为这一领域的专家。

（三）在研究状态下工作

任勇老师说，作为一名数学教师，理所当然地应当投入到教育科研中去，自觉地将实践纳入科研的轨道。他认为，如果说他是成功的，那么其根本原因就在于植根于中学教育实践的沃土，不断提高自己的研究能力。福建省的同志也说，任勇老师对教育科研很有热情，有一种执着的追求。1992 年，他第一次参评高级教师职称时，仅带有 CN 刊号的文章就达 102 篇，给人们留下深刻的印象，被破格晋升为中学高级教师。

1984 年 6 月，他撰写的第一篇论文《趣味数学与智力发展》在华东师范大学数学系主办的杂志《数学教学》杂志上发表，他感到了自己的力量，并为此兴奋、激动。不久，他的另一篇论文被湖北大学《中学数学》刊载，并引起数学教育界的重视。随后他以每两周一篇稿子的速度向报刊投稿，然而大量的退稿信也随之而来。现实使他冷静下来，陷入深深的思索。他逐渐悟出了这样的道理：科学需要默默地探索，长期积累，偶然得之。教育理论如果没有实践的基础，便会失去它的价值，而教育实践如果没有理论作指导，便会导致盲目的实践。必须走理论与实践相结合的教育科研之路！于是，他一方面埋头于各类教育理论书籍之中，努力提高自己的教育理论水平；另一方面，他使自己置身于课堂和学生之中，不断获得鲜活的第一手材料。丰富的理论与生动的实践有机结合这一教育科研之真谛的获得，使他的教育科研之路越走越宽，范围越来越广。根据对任勇老师的论文和著作的分析，我们发现他对中学数学教育的主要问题都有不同程度的研究。迄今为止，他已出版《中学数学学习法》等专著 5 部，约 110 万字；主编或合编书籍 45 部，其中亲自撰稿90 余万字；发表论文、经验介绍、竞赛及学习指导等各类文章 500 余篇，仅河南省教委主办的《中学生数理化》（高中版）1991 年全年就刊载了任勇老师撰写的 12 篇有关数学能力培养的文章。

除了结合日常教学工作开展研究之外，任勇老师还主持或参与许多科研课题的研究工作，其中包括国家教委（教育部）"八五"和"九五"教育科研重点课题 3项，已完成的课题获全国一等奖 2 项。

透过这些数字，我们分明看到了任勇老师的勤奋和睿智，也足以感受到他是怎样在研究状态下度过每一天的。

为了更好地传播教育理论和教改经验，任勇老师利用节假日先后应邀在省内外讲学 200 余场，听讲者超过 3 万人次。尤其难能可贵的是，他不仅自己对教育科研有一股不懈的钻劲儿，还以高度负责的精神热心指导其他青年教师，并且取得显著成效。据他所在学校统计，经他指导，现已有 6 人被评为特级教师，6 人被评为省优秀青年教师和高级教师；20 余人次的论文或公开课获奖；50 多人次发表了论文。

我们在对任勇老师作个案研究的过程中明显地感到：研究已不仅仅是他的志趣，而几乎成了他的习惯，对许多事物他都愿意去研究、去探索。比如，在科普写作和灯谜研究方面，他也有所专长。他主编的科普书籍《科苑奇葩荟萃》深受广大学生读者的喜爱，中国科学院原院长卢嘉锡同志亲笔为该书题写了书名。他还是一位公认的谜家，担任省谜协理事、地区谜协副会长。他编著了《猜谜制谜诀窍》《趣味灯谜荟萃》等书，制作了 2 000 多则灯谜，首创了电脑程序谜，经常在学校举行灯谜活动。在他有关谜论的 20 余篇文章中，有一篇题为《灯谜与教育》，很明显，他是把灯谜作为一种教育形式和手段。这是否也可以说是任勇教学艺术的一个"花

絮"呢?

许多人在评价任勇老师时,称他为"素质全面的学者型教师和研究型的管理者",也有人说他"全面+特长"。的确,说他"全面",是因为他在教学、管理、德育、指导课外活动和青年教师,以及著书立说、开展学术交流等方面都是行家。在教育科学研究方面,他脚踏实地,硕果累累,成效显著,研究无疑是他的"特长"。

我与任勇老师仅有一次短暂的会面,但他淳朴沉稳的神情中显示出的刚毅和自信,机敏流畅的谈吐中表现出的才华和智慧,给我留下了很深的印象。作为一名特级教师,他经常要面对成功和荣誉,而他却始终清醒地把自己定位为"探索者"和"奋进者"。他说:"探索者不忘烛光,奋进者感怀路石。这烛光是党为我点燃的,这路石是领导、老师为我铺设的。一点点成绩只意味着昨天,明天需要我加倍努力去奋斗、去开拓、去创造,以更大的热情投入到我所热爱的教育事业中去。"

我们相信,明天的任勇老师会更加出色!

(作者系中央教育科学研究所研究员、课程教材研究中心主任)

三、奋力攀登数学教育的高峰

张 芃*

两年前,为了撰写《任勇中学数学教学艺术与研究》一书的"研究篇"(任勇老师写"探索篇"),我与任勇老师有过一次短暂的会面,当时,他淳朴沉稳的神情中流露出的刚毅和自信,机敏流畅的谈吐中展现出的才华和睿智,至今仍深深地保留在我的记忆里。在对任勇老师的教育教学和研究工作有了较多了解之后,我真切地感到,他之所以取得如此骄人业绩,是与他对"育人观""课程观""教学观"和"学习观"深入的和独到的见解紧密联系在一起的。

(一)新育人观:按"理念教学"

按我的理解,教育理念即教育者对于"为什么而教"的动机、态度、抱负和追

---

* 本文发表于《人民教育》2001年第10期。

求。试想，一个教师如若不首先树立崇高的教育理想和献身事业的坚定信念，忽视对教育真谛的积极求索，不能对教育的价值作出全面和准确的判断，是不可能成就一番事业的。作为教师，唯有像任勇老师那样，以育人为己任，一切以育人为准绳，才会主动地从"经师"走向"人师"；才会做到"师德""师能"兼备；才会有处处洋溢着美的教育和时时充满真情的师爱；才会有创新的教育和育人的成就。

（二）新课程观：立足于培养全面素质

数学必修课程的教学是发展学生数学素质的主渠道。在这方面，任勇老师进行了许多新的探索。基于"全面培养和发展学生的数学素质"的思想，他把与数学有关的许多内容，按照区分层次、注重思想、淡化形式和强调应用的原则，设计成选修课程、活动课程、潜在课程等，纳入他所构建的大课程体系之中，并通过这些课程发展学生的素质。设计和开设这些课程，需要付出大量的心血和艰苦细致的劳动，但也正是因为这样，才使得任老师"在振奋别人的同时振奋自己，在照亮别人的同时也发展自己"，真正实现了教学相长。

任老师在先进课程观指导下，超前地设计并实施这种数学课程结构，符合当代课程改革和发展的大趋势。近年来，为了适应时代对教育的新要求，这种大课程体系在我国又有新的发展，有的演变为"校本课程"，有的被拓展为"研究性学习"的内容。应当指出，"研究性学习"作为"综合实践活动"的一种类型，已经纳入国家规定的必修课程，需要我们特别关注。

（三）新教学观：着眼于主动探索中的发展

"让学生在主动探索中得到主动发展"，是任勇老师在长期的数学教学实践中获得的真知。它与为数学教育界所普遍认同的"学数学"即"做数学"的观点是一致的。任老师的课堂教学虽不曾冠以"某某教学法"或"某某教学模式"之类的名称，但他紧紧抓住数学教学中"探索"这一核心，并视之为教学的"生命线"，从而形成了其鲜明的教学风格与独特的教学艺术。

教学主体的主动性是主体自身获得新知、形成技能、有所发现和创新的基础。任老师以"探索"的形式来"物化"主体的主动性，使学生对于知识的理解、掌握、应用、迁移以及技能的形成，都得以通过"自我建构"的方式实现，这无疑是抓住

了教学规律的本质。

（四）新学习观：让学生成为学习的主人

一般地说，学生的学习离不开教师的指导，特别是关于学习方法的指导。但我们也应注意到，迄今有目的、有意识地对学生进行学习指导的数学教师还不是很多，因而任勇老师"在教学过程（计划、预习、听课、复习、作业、总结、课外学习）中全方位、多层次、广渠道地进行学习指导渗透"的做法，就显得更加难能可贵。

当前，如何使学生"学会学习"，已成为世界范围内基础教育教学改革的焦点之一。在我国，学习指导日益受到重视。广大教师已逐渐认识到：不仅要让学生学会知识，而且要让学生掌握科学的学习规律和方法，使他们具有进行学习所必需的技能，并能够自如地运用于学习过程。这是实现终身学习的必要条件，是实施素质教育的一项重要内容。任老师长期致力于数学学习指导的研究与实践，取得了不少成果。对此有兴趣的同行可参阅他的有关著述，相信一定能够从中获得有益的启示。

许多人在评价任勇老师时，称他为"素质全面的学者型教师和研究型的管理者"，也有人说他是"全面加特长"。这些概括都是中肯的，因为他热爱教育事业、勤于思考、注重研究，他在教学实践中将新的育人观、课程观、教学观和学习观融会贯通地、合理地实施，共同影响和促进学生包括数学素质在内的全面素质的形成和发展，并收到了令人信服的实效。

（作者系中央教育科学研究所研究员、课程教材研究中心主任）

四、任勇老师应该算得上是一名教育家

顾明远*

福建教育出版社要编一套"本土教育家丛书"这个想法很好。我国教育界和出版界总是介绍外国的教育家，介绍他们的理念，似乎中国就没有教育家。这就中了中国一句俗话，叫作"外来的和尚好念经"。其实本土的和尚念的经可能更切合实际。

---

* 本文系顾明远教授为《走向卓越：为什么不？》（福建教育出版社，2009 年版）一书写的序言。

中国五千年历史，教育还是很落后的，但出了许多教育家。可是新中国成立以来，我国的教育已经取得了五千年无可比拟的成绩，却反而没有教育家。这是为什么？我想，可能因为古代教育家凤毛麟角，有一点教育主张，就被后世封为教育家。现在教育家太多了，反而不稀罕了。还有一种文人相轻的味道，你说张三是教育家，难道李四就不是教育家？中国人总是要讲平衡，总觉得摆不平。所以我编《教育大辞典》时收录教育家，大家一致意见，在世的不收，只有去世的才收录。这样一来，我国只有死教育家，没有活教育家。温家宝同志提出，要由教育家来办教育。那么总不能让死教育家来办教育吧！

其实新中国成立以后我国培养了数千万甚至以亿计的人才，现在有两亿五千万人在各级各类学校中学习，一定有许许多多教育家。他们有教育理想，有教育理念，有丰富的教育经验，他们就是教育家。当然也不是所有从事教师职业的都是教育家。我曾在2004年一篇题为《中国呼唤当代教育家》的文章中说过："我认为，教育家应该是长期从事教育工作，有自己的理论见解，在教育界有较大影响，被广大教师公认的人，不论他是第一线的教师，还是教育行政工作者或是教育理论研究者。"按这个标准，我国有许多教育家。

教育家的成长要有一定的土壤，即一个能够让他施展教育才能和智慧的舞台，以及能够让他的经验得以传播的平台。福建教育出版社编辑《本土教育家丛书》，就是为教育家成长搭建了一个很好的平台。

《走向卓越：为什么不？》是丛书中的一本，是任勇老师的从教心得。任勇老师应该算得上是一名教育家，他当过老师、校长、教育局局长，在长期的教育实践中，不仅积累了丰富的经验，而且领悟到教师成长的规律，提出了自己的教育理念。他在前言中宣告，教师不仅能够达到优秀，而且能够走上卓越。我不是词语专家，我不知道优秀与卓越有什么本质区别。但任勇老师引用柯林斯的话说"优秀是卓越的大敌"。我没有读过他这本书，不太理解他这句话的意思。看他后面的解释才明白，有些优秀教师达到优秀了，就不再努力了，就不再进步了，就达不到卓越了。其实按我的理解，如果一名教师达到了优秀而不再努力进步，那就不是一名优秀教师，或者他曾经是优秀，现在落后了，不优秀了，当然也就成不了教育家。

任勇老师总结的"为师八观"，即名师观、教学观、课程观、育人观、学习观、教研观、发展观、境界观，很有创意，也很全面，听来耳目一新。他用自己的亲身经历讲述这"为师八观",肯定是生动活泼,有血有肉的。他在前言中也说到,他的讲演受到广大听众的欢迎。我虽然来不及通读全书,但我对他前言所说的深信不疑。讲演总是有局限性,一次讲演听众只能是几百几千,现在出版成书,就能让广大教师、师范生从中受益。我们要感谢任勇老师为教育事业做出的贡献,感谢福建教育出版社服务于广大教师的热情。

(作者系国家教育咨询委员会委员、中国教育学会名誉会长、北京师范大学教授)

五、平实中的超越

——读"教育家成长丛书"之一《任勇与数学学习指导》有感

顾泠沅*

《任勇与数学学习指导》是北京师范大学出版社出版的"教育家成长丛书"中的一本。

初识任勇,是 22 年前的事。那时我们在黄山开完全国第二届数学教学研究会后,一同乘黄山到上海的汽车,我要回青浦,而他要去上海买书。那时他才 26 岁,一路上问了许多数学教育方面的问题,他淳朴沉稳的神情中流露出的刚毅和自信,机敏流畅的谈吐中展现出的才华和睿智,至今仍深深地保留在我的记忆里。这些年来,看到他在学术杂志上发表了不少文章,在学术会议上常有新的论文,尤其在学习科学领域异常活跃。功夫不负有心人,我手头上的这本他的新著,书名就是由他的姓名和数学学习指导构成的。

虽然我对任勇还算是有一定的了解,但在认真读完这本书后,我才算是对这位成长中的教育家有了更深的了解。

成长之路:在足与不足中逼近事业的最大值

任勇感言:人生之路,是一个不断自我完善的过程。人生之路,也是伴随着足

---

* 本文系顾泠沅教授在《人民教育》2006 年第 20 期上发表的书评。

与不足的过程。足与不足，一切尽在认识自我、战胜自我中。

我们看看任勇的成长之路。就学历而言，专科生→本科生（函授）→研究生（班）→博士生（班），求学之路，头尾算来，30年！就职务而言，初中教师→高中教师→教研室副主任→教务处副主任→教研室主任→校长助理→副校长→校长→副局长，从基层干起，从一线干起，踏踏实实，一步一个脚印！就学术而言，教育小论文→科普文章→教育经验总结→学术论文→数学教育著作→教育专著，由小而大，由浅入深，不断跃上学术的新台阶！就荣誉而言，省优秀数学园丁→省优秀青年教师→省优秀专家→特级教师→苏步青数学教育奖一等奖→国务院政府特殊津贴→全国学习型家庭，虽然他"把荣誉看淡一点儿"，但因业绩不俗，组织上还是给了他许多殊荣。

他足吗？足。他果真足吗？我看未必，他一定又在弥补某个不足，去逼近事业的最大值。

教育观念：在和谐发展中走向教育的新境界

任勇的教育观，包含三个层面：他心中的教育，他的数学教育理想，他在数学学习指导上的具体操作。

他心中的教育，着重论述了他的教育观、名师观、课程观、教学观、学法观、教研观、学习观、成才观、人生观和健康观。他的每一观，读来皆有新意。在教育观中，他说："'无德'不能当老师，'无能'不能当好老师。时代呼唤'德能并重'的教师。"在名师观中，他说："名师成长的关键在'自我'。认识自我、发现自我是成为名师的基础和根本；完善自我、战胜自我是成为名师的关键；实现自我、超越自我是成为名师的永不满足的目标。"在课程观中，他说："新的课程观，是构建数学必修课程（学科课程和综合课程）、选修课程、活动课程、微型课程和潜在课程大课程体系，这五类课程按数学素质教育的目标和要求进行实施。诸种课程具有各自的教育价值，是相辅相成的有机整体，组成一个优化的数学课程结构。"在教学观中，他说："教需有法，教无定法。大法必依，小法必活。"在学法观中，他说："一个学生要想取得优良的学习效果，单靠教师教得好、教得得法是不行的，学生自身还必须学得好、学得得法。实践证明，忽视了学，教也就失去了针对性，减弱其实效性。"在教研观中，他说："一所学校，只有坚持不断地提高教育科研品位，才能有长足的发展；一个教师，也只有走教学与教研相结合之路，才能将教育教学工作提高到一个新的境界。"在学习观中，他说："教师的成长，离不开学习，应抓住各种学习的机会，随时随地学习，做学习中的有心人。"在成才观中，他说："一个数学教师若只满足于当一个教书匠，而没有远大的志向，是绝对不可能成为杰出的数学教育家的。"在人生观中，他说："我奉行'人生在于奉献，在于完善。既要照亮别人，也要完善自我。'"在健康观中，他说："健康，是你的权力，是你的尊严，也是你的财富。追求健康，就是追求文明进步。"

他的数学教育理想的核心，就是致力于数学学习的实践探索和理论研究，并将数学学习指导形成具体的可操作的一系列方法。就任勇的数学学习指导而言，我认为最具价值的是"全程渗透式数学学习指导"，即在制订计划、课前预习、课堂学习、课后复习、独立作业、学习总结和课外学习中渗透学习方法，要求教师要有强烈的渗透意识，要把握渗透时机、渗透方式、渗透范围、渗透深度等问题。

教师的教与学生的学必须和谐发展，这样才能走进教育的新境界。

走进课堂：在渗透学法中激活课堂的数学场

可以想象，任勇的数学课堂是时时渗透学法的。当你读完他的课例后，你又会惊奇地发现，他的课妙趣横生，他的课主体参与、分层优化、"成片开发"、过程教学、问题解决，在一题多解中你能感受到他的灵巧，在一题多变中你能感受到他的睿智，在一题多用中你能感受到他的机敏。他的数学课堂被激活了，他学生的思维被激活了。

任勇的课，充满"变"的魅力。

"变，小至题目的图形可变，数字可变，条件可变，结论可变；大至教法可变，考试方法可变，甚至教材内容可变。变，充满着神奇；变，孕育着创造。变的魅力吸引着好奇心、好胜心较强的中学生，学生一旦将单纯的兴趣与崇高的理想结合在一起，就会产生一种强大的力量，它能不断地促进学生去思考、去探索，逐步引导他们爱学数学、学好数学，从而发展他们的智力，为将来钻研科学技术打下牢固的基础。"

社会反响：在追求理想中成为未来的教育家

任勇是不想张扬的。但又因发表论文多、学术观点新、著书立说勤，时常不小心出了名。全国学习科学研究会主任林明榕教授为他的第一本书作序，中国教育学会会长顾明远教授为他的第 61 本书作序，令你惊叹吧？中央教育科学研究所张芃研究员两次撰文高度评价任勇，一次是为《任勇中学数学教学艺术与研究》一书写的"研究篇"《做全面发展的研究型教师》，一次是为《人民教育》写的"专家评价"《奋力攀登数学教育的高峰》。

不仅是专家在评价任勇，媒体记者也在追踪任勇。《江西教育》记者学慧写的《做学习中有心人》，《中国青年报》记者陈成龙写的《他不满足于当一个教书匠》，《海峡导报》记者张惠阳写的《任勇：探求最大值》，《厦门晚报》记者孙丽萍写的《师德·师能·师智·师魂》，一篇篇文章记录着一位追求教育理想的成长中的教育家的奋斗足迹。

思想索引：在超越自我中心向往之的十百千

尽管我知道任勇写了不少论文，但我真没想到他如此"多产"：课题做了十多个，论文写了 630 余篇，著作 65 部。他说特级教师要不断超越自我。他在评上特级教师之后，曾给自己定下许多目标，其中有一个"十百千工程"：在有生之年，主持或负责完成十个市级以上的实验课题（或教育部、省教育厅的子课题），争取出版一百本书（含专著、主编、合编），争取正式发表一千篇教育文章（提"文章"而不提"论文"，是包含了教育经验文章之意）。他说，有了一个目标，就有了一个前进的方向，就有一种动力，就会逐步逼近目标，所以才有了以往的教育教学成果。据了解，课题已超额完成，出版了 72 本著作，发表了 680 余篇文章。他说，离"目标"还相距甚远，还要加把劲呀。他还说，他是有信心的。

我衷心地预祝他"梦圆十百千"。

读"教育家成长丛书"，读成长中的教育家。读任勇，评任勇，一句话：平实中的超越！

（作者系上海市教育科学研究院副院长、特级教师、教授、华东师范大学博士生导师）

六、众说任勇

（一）魏书生：一位不断超越自我追求卓越的学者型教师

任勇老师是一位不断超越自我追求卓越的学者型教师。他的经历与著作，多年来一直给我以激励与启示。读了他的新作《走向卓越：为什么不？》，感悟良多，他捧着一颗真诚的、善良的心，一遍又一遍地劝说："优秀教师啊，你不能安于现状，要努力走向卓越。"他还毫无保留地讲解如何确定卓越的方向，选择卓越的途径，甚至包括走向卓越的台阶细节。盼望越来越多的青年教师，在这本书的引领下，超越自我，踏上奔向卓越的旅程，将"？"变为"！"。

（魏书生，首届中国十大杰出青年、当代著名教育改革家，本文系《走向卓越：为什么不？》的封底书评）

（二）肖川：拥有一种高贵生命形态

任勇先生对于教育的热忱、探索和智慧在他的这本书中得到了卓越的体现。他的成长足迹告诉我们：作为教师，重要的是要有一颗开放、细腻和敏感的心，善于去捕捉教育生活中那些有意味的现象和事实，并用心品味。这样，我们就能够不断成长，不断发现生活与工作的乐趣和意义，从而拥有一种高贵生命形态。因为，"优于别人，并不高贵。真正的高贵应该是优于过去的自己"。

（肖川，北京师范大学教授、博士，本文系《走向卓越：为什么不？》的封底书评）

（三）谭南周：任勇其人其事

我们都喜欢叫他任勇老师，其人说三，其事道四。

他是一个好学习的人，具有终身学习理念并且善于学习，他家被评为全国学习型家庭；他是一个干事业的人，不论是当老师、当主任，还是当校长、当局长，他就是要把他的工作干得最好，取得事业的最大值；他是一个爱运动的人，只要有机会，他就去运动，至今是学校教工男篮首发且打满四节的主力队员，运动使他有一个健康的身体和一个高速运转的大脑。

办学要抓好建设这件事，包括制度建设、队伍建设、硬件建设，当今时代"要大楼更要大师"；办学要抓好发展这件事，抓住机遇，用好机遇，主动发展，坚持发展，"不进则退，慢进则亡"；办学要抓好文化这件事，理想的学校文化是一种健康的、和谐的、积极的、人文的、向上的和可持续发展的学校氛围，这种文化具有高尚的价值取向，是学校的灵魂所在；办学要抓好落实这件事，抓而不实，等于不抓，只有踏踏实实地沉下去，才能潇潇洒洒地浮起来。

（谭南周，《中国教育报》记者，福建省厦门市教育科学研究所所长，本文于2006年发表于《教育文摘周报》）

（四）丛树森：追寻那份无法预约的美丽

每位教师都应在课堂上努力追寻更多的"非预设生成"，并及时地捕捉住因其而产生的智慧火花，就像任勇所说的"让无法预约的美丽来得更突然些吧"。

读任勇的《为发展而教育》，与读其以前的著作有着完全不同的感受。文中既有深邃的理论引领，又有深入浅出的实践指导，是一部承载了传统的厚重并有着时代感的教育专著。书中"不要吃老本""教师要学习'水'的智慧"等独特观点让人耳目一新。

具体来说，他在《智慧点燃创新火花》中，对预设性生成和非预设性生成的阐述就很精彩："'生成'只青睐于有准备的课堂。当然，我更希望每节课都有一些非预设性生成，这样的课堂，就是生成的、开放的创造天地。"是的，作为一线的农村教师，在教学过程中，我也注意师生交往互动、共同发展，但很多环节往往是知其然不知其所以然。任勇的论述让我明白，学生不是配合教师上课的配角，而是具有主观能动性的主体。没有预设，生成就不会产生有意义的非预设性生成，如果把预设性生成比作一棵树的枝干和绿叶，那么非预设性生成就是枝头被绿叶衬托着的花朵。一个真实的具有生命力的课堂应包括预设下的生成，也孕育着众多的非预设性因素。由于这些非预设性生成的存在，才使课堂教学过程充满了生命力。这一点我是深有体会的，在教学《伯牙绝弦》这篇古文时，我在以前的基础上完全放手让学生自主学习，学生在小组讨论中制订了本节课的学习目标。当学生从遇到知音的欣喜若狂一下进入失去知音的悲痛欲绝时，我问学生："此时此刻你想对伯牙说些什么？"很多学生回答都是意料之中的。可我没有想到的是，有个学生竟然说："伯牙你也太脆弱了，知音虽难觅，贵在你曾经拥有，你又何必断琴绝弦呢？"太精彩了！这个结果是我没有预想到的，于是我抓住这点适时点拨，并充分让学生发表对这个观点的看法，并向学生渗透了积极的价值取向和社会责任感。

可以说，非预设性生成往往是学生不满足学习目标而对该知识作出的自主探究。这种探究冲动在课堂中能否得到老师的支持，对学生的学习发展影响深远。每位教师都应在课堂上努力地促进更多的非预设性生成，并及时捕捉因其产生的智慧火花，使课堂因生成变得更美丽，就像任勇所说的"让无法预约的美丽来得更突然些吧"。

（丛树森，吉林省抚松县兴参镇小学教师，本文于 2009 年发表于《中国教育报》）

（五）蒋秀华：一条走向优秀教师的捷径

只要踏踏实实地沉下去，只要经得起教育探索的艰辛，每天都优于昨天的自己，一路坚持不懈，平凡的教师也能一点点地走向优秀，实现人生的价值和追求。

每位教师都期望成为优秀教师：最大程度地发挥个人潜能，实现自己的追求和理想，获得别人的尊重，赢得社会的认可。尽管优秀之路艰辛而遥远，但许多教师始终坚持探索，并留下了成长的足迹。著名特级教师任勇老师的新著《你能成为最好的数学教师》，就为我们展现了一条走向优秀的道路。

教书育人是教师的职责，优秀教师之所以优秀，一个非常重要的原因就是，他们在育人的同时，还在孜孜不倦地"育己"，即主动学习、寻求发展。教师如何"育己"呢？首先，精通所教的学科，了解本学科的前沿动态。苏联教育家加里宁曾说："教师应该首先精通他所教的学科，不懂得这一门学科或对这一门学科知道得不是很好，那么他在教学上就不会有成绩。"其次，关注课堂教学的全过程，钻研教育教学理论，让自己越来越专业。如果不能让自己更专业，就无法成为优秀教师，只能沦为教书匠。最后是博学，广泛汲取各方面的知识，积极培养和发展个人的兴趣、特长。

在书中，任勇分享了他的"育己"之道：天天学习，天天进步；终身学习，终身受益；自主学习，自我发展。在任勇看来，教育科研使他由一名普通的师专生成为一名特级教师。其实，教育科研并没有我们想象的那么深奥难懂。我们完全可以从身边的小事开始、从教学的细节做起。研究对象可以是我们的学生、班级乃至所教的年级、所在的学校；研究的内容，可以是一次备课、一次讲课、一次作业批改、一道题、一次测验。教师的工作具有典型的实践性，为了提升实践和超越经验，目前最有效的方式是进行教学反思。

在这本书里，任勇老师结合自己的成长历程和对名师特征的研究，亲切地告诉读者，你能成为最好的教师！道路就在眼前：主动学习，不断地将学习的收获运用于教学实践，开展教育科研，并在实践、科研中反思，通过反思改进和提升，如此循环往复、螺旋上升，逐步接近最优的教育。

（蒋秀华，广东省深圳市福田区荔轩小学教师，本文于 2011 年发表于《中国教育报》）

（六）白杏珏：我眼中的任校长

期待

我一直都对"校长"这个名词怀有深切的敬畏之心，从小到大，都觉得这个词神圣而又崇高。学校是知识的殿堂，而校长就掌管着这个殿堂，甚至可以说，一个学校的成功与否，就在于校长。但如果说学校是知识的殿堂，那一中，就是一座历经百年风雨依旧华丽的殿堂。掌管这么一座华丽殿堂的人，该是多么出类拔萃！初踏入一中，我暗想着，也对素未谋面的任校长充满期待。

数学课

原本想着，不知我这么一个普普通通的学生，能否见到校长，不料幸运竟如此快地来到——老师通知我们，任校长即将给我们班上一堂数学课。全班同学立刻兴奋起来，窃窃私语着，而我的脑海中则立刻浮现了一张曾在报纸上看过的校长的照片：没有弧度的嘴角，坚定的眼神。怎么说呢，我觉得任校长似乎不是一位容易接近的人。心中有些忐忑，但却万分期待着即将到来的数学课。

数学课如期而至。只记得当时任校长步入教室，全体同学立刻鸦雀无声，用带着敬畏和一点儿好奇的眼光打量着任校长，任校长只是一笑，迅速地发下早已准备好的材料，紧接着在黑板上画出了图形，就开讲了。那节课讲的是奥数，原本可以说是枯燥无味的奥数，经任校长一讲，竟变得妙趣横生、活色生香，全体同学在任校长的引导下渐渐体会到了奥数之奇妙有趣，也渐渐不再畏惧任校长，敢大胆发言了。总之，一节课，我想，可以用"其乐无穷"来形容吧！虽说那节课离现在已有一年之久，细节已模糊起来，但我的感觉，至今还是清晰的。对于我来说，不仅发现了奥数的有趣，还发现了任校长其实不是一个不苟言笑的人，他也和蔼可亲，更重要的是，他上课的水平之高，是我从未见过的。我对这位校长产生了由衷的钦佩，在庆幸自己能来到一中之余，也不免有一些小小的遗憾：任校长的事务太多，以至于现在无法更多地给学生完整地上课了。对于学生来说，这是一个莫大的损失。

经过了这么一节课，尚为新生的我眼中的任校长，是一位和蔼可亲、风趣幽默、才华横溢的校长。任校长，这座华丽殿堂的掌管者，如此出色，带领着全体师生往更高处走去。

了解

后来，满怀着好奇，我打算了解一下任校长，使我心中的任校长形象更加饱满。上网一查资料，任校长的简介可着实把我吓了一跳……可以说，任校长是当之无愧的。

通过了解任校长的资料，我更加深切地体会到，任校长绝对是一位出色的老师、校长、学者，之前，经过那一节数学课，我是这么认为的，现在大量的资料也有力地证明了这一点。我眼中的任校长，已是越来越高大了。

怀念

现在我已上初二，在一年的时光里，我对任校长的崇敬之情不但没有减弱，反而增强了，此时，在我眼中，任校长就是我学习的楷模。遗憾的是，任校长即将离开一中，去教育局工作了。想到这么一位好校长就要离位，我总觉得心里空落落的。更不知，一中这么多年在任校长的领导下走得那么好，现在这座殿堂易主，将来会是什么光景。但无论如何，我都要在这里献上我对任校长的祝福，希望任校长将来能在另一条道路上走得更好。

这是一篇我站在自己的角度来看待任校长的文章。谨以此文表达我，一个普通学生对于心中的楷模——任校长的崇敬。

（白杏珏，福建省厦门第一中学学生，本文发表于厦门一中校园网）

（七）郭文娟：书神级人物——任勇

骨子里"帅"出来的魅力，来自读书涵养的"学气"

上周，任勇从北京领回了一个大奖——"2013 年推动读书十大人物"。这个大奖对他来说意义非凡，"让社会认同我是一个读书的人，一个推动读书的人，对我个人而言，这是很大的荣耀。"他说。

这个评选活动由《中国教育报》、商务印书馆、中国教育学会中学语文教学专业委员会共同主办，有人戏称评选的是中国十大精神富豪榜——10 名来自全国教育战线的推动读书典型人物入选。任勇是福建省唯一的入选人物，这也是他的家庭在今年 2 月获评首届全国"书香之家"的荣誉后，又一项与读书有关的奖励。

家有藏书万余册，上班途中也读书

在学生眼里，数学教师出身的任勇，有着一股"从骨子里帅出来"的魅力。他知识广博，"很数学"又"很文化"，能够把文化巧妙地融入数学教学，有一种独特的气场。

任勇自己总结，所谓的"气场"来源于读书。多读书涵养了学气，而"学气"让他有了书生的"气场"，就能时时、处处感染人。

他的读书量之多、面之广让人惊叹。家中有一万多册藏书，为了安放这些"宝贝"，还专门购买了一房一厅的"书房"；办公室有数千本藏书，其中一半以上是与数学有关的书。

他推崇跨学科阅读，理科教师也要读人文类的书，文科教师也要读科学类的书。他读书的时间不固定，都是利用零碎的时间，如上班途中、出差路上等。

"一名教师至少要涵养四个方面的'学气'：专业学气、教育学气、文化学气、古今学气。这样，就会形成独特的'气场'，在无心无意间也能推动他人读书。"他说。

如今，任勇家的书房成了学生流连忘返之地。经常会有一些学生上门求教，以求"熏书香、悟学道"，也有家长带着孩子慕名而来请他点拨的。

任家四兄妹，一个"特级"两个博士

在学生、家长乃至教育界人士眼里，任勇是当之无愧的"明星"，但他一贯保持低调。素来不爱抛头露面的他，这次却自荐参加"推动读书十大人物"评选，只是在评选期间他没有声张，几乎没人知道他参评。

任勇说，获得社会认同，再去推动别人读书，远比副局长、特级教师等头衔来得管用。"读书是教师最美的姿态，也是人生最美的姿态。"在他看来，教书育人是教师的天职，推动读书则是教师的要职。

不过，读书如果只停留在"读"的层面上，是远远不够的。任勇说，从小在小县城长大，家里只有几本新华字典，书少得可怜。有个邻居是从上海迁来的，满屋都是书。两家都有四个小孩，玩得很好。任家四个孩子常常到邻居家去看书、抄书、背书，那时候，父亲就告诉他们，不能死读书，一定要思考。

后来，任家四兄妹出了一个特级教师、两个博士；家藏万卷书的邻居家，没有一个孩子考上大学。如今回忆起来，任勇仍深有感慨：同样读书，有"思"与无"思"成效迥异。"读书，特别是教师读书，仅仅读是不够的，要在读的基础上，走向思、研、行、写的更高境界。"

（郭文娟，《厦门晚报》记者）

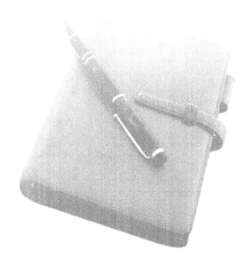

附　录

一、主要论文

　　发表论文、经验总结、科普文章等 1 080 余篇，下面列出 165 篇，为保持原貌，有关作品编号仍保留。

1. 二元一次方程的一种"列表解法".《中学数学报》，湖北省数学会主办，1983 年第 5 期。（处女作）

3. 趣味数学与智力发展.《数学教学》，华东师范大学主办，1984 年第 3 期。

4. 培养初中生学习数学兴趣的几点做法.《中学数学》，湖北大学主办，1984 年第 8 期。

5. 根式教学中注意培养学生的运算技巧.《中学数学杂志》，山东省数学会主办，1984 年第 4 期。

8. 初一数学与小学数学的衔接.《中学数学教学参考》，陕西师范大学主办，1985 年第 1 期。

11. 培养数学探究能力的几点做法.《数学教师》，中国教育学会数学教学研究会主办，1983 年第 3 期。

26. 限制解题方法，培养创造能力.《中学数学》，湖北大学主办，1986 年第 3 期。

28. 编选初中数学题应注意的几个问题.《山东教育》，山东省教委主办，1986 年第 4 期。

29. 用引趣的方法上好初中数学课.《中学数学教学参考》，陕西师范大学主办，1986 年第 4 期。

30. 数学作业中的题外题.《中学数学教学》，安徽省数学会主办，1986 年第 4 期。

41. 初中数学教学分化点的表现及其教学.《数学教师》，中国教育学会数学教学研究会主办，1987 年第 3 期。

44. 适应性试题考查学生哪些适应能力.《福建中学数学》，福建师范大学主办，1987 年第 3 期。

47. 公式教学教什么.《福建中学数学》，福建师范大学主办，1987 年第 6 期。

53. 数学课结尾的教学设计.《教学与研究（中学数学）》，浙江师范大学主办，1987

年第 10 期。

56. 用分步换元法解无理方程.《中学数学》，湖北大学主办，1987 年第 12 期。

67. 求一类最值问题的一般方法浅谈.《福建中学教学》，福建教育学院主办，1988 年第 4 期。

73. 用参数法求轨迹方程的选参类说.《福建中学教学》，福建教育学院主办，1988 年第 6 期。

77. 置身教改，重视学法.《智力》，天津市科协主办，1988 年第 12 期。

86. 课末结尾巧设计.《中国教育报》，国家教委主办，1988 年 12 月 13 日。

97. 巧用互为反函数的函数图像间的关系解题.《中学数学教学参考》，陕西师范大学主办，1989 年第 6 期。

98. 证明组合恒等式的若干方法.《中学数学》，湖北大学主办，1989 年第 6 期。

100. 一个最值问题的解题思路.《中学生数学》，首都师范大学主办，1989 年第 3 期。

112. 学科学习学试探.《江西教育科研》，江西省教育科学研究所主办，1990 年第 2 期。

116. 让学生参与编拟数学试题的尝试.《中学数学教育》，哈尔滨师范大学主办，1990 年第 4 期。

118. 数学学习学试探.《数学教师》，河南省教育科学研究所主办，1990 年第 9 期。

138. 证明递推数列不等式的若干方法.《中学数学月刊》，苏州大学主办，1991 年第 1 期。

139. 批改数学作业的我见.《数学通报》，中国数学会主办，1991 年第 5 期。

140. 谈数学教学中思想品德教育的内容.《教育评论》，福建省教育科学研究所主办，1991 年第 1 期。

154. 试论数学多维教育.《中学数学》，湖北大学主办，1991 年第 5 期。

162. 高中数学总复习"十化".《考试报》，海南省考试局主办，1991 年 10 月 15、22 日。

167. 数学多维教育实验的理论与实践.《福建中学教学》，福建教育学院主办，1991 年第 11 期。

171. 试论学法指导多维教育.《教育与学习研究》，山西大学师范学院主办，1992 年第 1 期。

173. "重合"在解析几何证题中的应用.《中学数学》，湖北大学主办，1992 年第3 期。

177. 我国中学学习科学的研究现状.《教育与学习研究》，山西大学师范学院主办，1992 年第 3 期。

178. 我国中学学习指导实验发展的趋势.《教育与学习研究》，山西大学师范学院主办，1992 年第 3 期。

196. 试论学法指导多维教育.《中国当代中小学教师优秀论文选》，北京师范大学出版社出版，1993 年 3 月。

210. 对提高教学活动频率的探讨.《福建教学与研究》，福建省普教室主办，1993 年第 2 期。

220. 未来理想教师的素质.《教学与管理》，山西教育学院主办，1993 年第 4 期。

224. "源头活水"来自《教育研究》.《教育研究》，中央教育科学研究所主办，1993 年第 8 期。

235. 列表解题应用种种.《福建中学教学》，福建教育学院主办，1993 年第 12 期。

240. 空间共点问题的处理方法.《中学生理科应试》，哈尔滨师范大学主办，1993 年第 12 期。

266. 论教育改革与经济改革的协调发展.《教学与管理》，山西教育学院主办，1994 年第 1 期。

271. 从影响学习方法的因素谈学习指导的深化.《教育与学习研究》，山西大学师范学院主办，1994 年第 2 期。

307. 中学教研室工作刍议.《教育评论》，福建省教育科学研究所主办，1994 年第 10 期。

311. 男女智力差异与数学学习.《教学与管理》，山西教育学院主办，1994 年第 11 期。

386. 中学数学学习的特点、原则和迁移.《教育与学习研究》，山西大学师范学院主办，1995 年第 4 期。

389. 数学作业再生法.《中学数学教育论文选编》，中国教育学会数学教育研究会主编，江苏教育出版社出版，1995 年 6 月。

395. 学科竞赛学习指导的若干原则.《现代特殊教育》，江苏省教育科学研究所主办，1995 年 10 月。

398. 从影响科技活动的因素谈科技活动的深化.《科技辅导员》，中国青少年科技辅导员协会主办，1995 年 10 月。

437. 普通中学学习指导的理论与实践.《教育与学习研究》，山西大学师范学院主办，1996 年第 1 期。

439. 数学教学中的"科际联系".《中学数学教育论文集》，科学普及出版社出版，1996 年 10 月。

440. 初中数学学习指导的一种综合模式.《数学教师》，河南省教育科学研究所主办，1996 年第 5 期。

442. 迁移高等数学方法，提高学生解题能力.《数学教育研究论丛》，大连海事大学主办，1996 年第 5 期。

443. 数学解题中的联想.《中学数学》，湖北大学主办，1996 年第 6 期。

444. 数学渗透式学习指导初探.《学科教育探索（上海师范大学学报教育版)》，上海师范大学主办，1996 年第 4 期。

449. 谈中学数学学习指导的几个问题.《中学数学》，湖北大学主办，1996 年第 10 期。

452. 重点中学试办高中理科实验班的理论与实践.《中国教育实验与改革》，新疆大学出版社出版，1996 年 9 月。

457. 学习指导与德育渗透.《现代中小学教育》，东北师范大学主办，1997 年第 1 期。

458. 构建课程体系，实施素质教育.《教育与学习研究》，山西大学师范学院主办，1997 年第 3 期。

460. 浅谈中学数学学习指导教材建设问题.《教育与学习研究》，山西大学师范学院主办，1997 年第 1 期。

464. 学习指导的实效性问题.《学会学习与素质教育》，全国中学学习科学研究会主办，1997 年第 11 期。

465. 课程化数学素质教育模式初探.《福建中学教学》，福建教育学院主办，1998 年第 6 期。

466. 学习策略教育实验的初步实践.《福建中学教学》，福建教育学院主办，1998 年第 8 期。

468. 中学整体优化改革初探.《教育与学习研究》，山西大学师范学院主办，1998 年第 1 期。

475. 课程化数学素质教育模式初探.《中小学数学》，中国教育学会主办，1998 年第 7 期。

478. 当代教师成长的探索.《福建中学教学》，福建教育学院主办，1999 年第 4 期。

479. 中学心理教育实验研究的几点探索.《福建中学教学》，福建教育学院主办，1999 年第 11 期。

480. 学会在研究状态下工作.《教师报》，陕西省教委主办，1999 年 3 月 1 日。

486. 数学素质教育的研究与实践.《厦门教育学院学报》，厦门教育学院主办，1999 年第 6 期。

490. 我的数学教育教学教研观.《中学数学》，湖北大学主办，2000 年第 1 期。

498. 三个面向与普通教育改革.《福建中学教学》，福建教育学院主办，2000 年第 5 期。

504. 数学素质教育研究与实践.《21 世纪学会学习与素质教育论丛》，中国文联出版社出版，2000 年 9 月。

506. 学习策略教育的功能.《论学习策略教育》，科学普及出版社出版，2000 年 3 月。

516. 我的数学素质教育研究与实践.《名师论教（福建省特级教师论文集）》，福建教育出版社出版，2000 年 8 月。

522. 非智力因素与数学学习.《学习·发展·创新论丛》，中国文联出版社出版，2001 年 6 月。

524. 我的学习方式.《人民教育》，中华人民共和国教育部主办，2001 年第 3 期。

525. 追求数学教育的真谛.《人民教育》，中华人民共和国教育部主办，2001 年第 10 期。

527. 为师八观.《教育人事》，中华人民共和国教育部主办，2001 年第 1 期。

529. 师培所得所思.《福建中学教学》，福建教育学院主办，2001 年第 2 期。

538. 学习科学使我走向成功之路.《教育与学习研究》，全国学习科学研究会主办，

2001 年第 4 期。

545. 时代呼唤"德能并重"的教师.《明日教育论坛》，福建教育出版社出版，2001 年 4 月。

566. 教育科学，我的发展之本.《教育世纪》，大象出版社出版，2002 年 3 月。

572. 高三教育管理的理性探索与科学实践.《福建教育学院学报》，福建教育学院主办，2002 年第 5 期。

573. 课程改革实验方案的设计.《福建教育学院学报》，福建教育学院主办，2002 年第 3 期。

574. 探索课：路在何方.《中学数学教学参考》，陕西师范大学主办，2002 年第 6 期。

578. 校长在课程改革中的角色.《福建教育》，福建省教育厅主办，2002 年第 10 期。

580. 教师该怎样学习.《学为人师，行为世范》，人民教育出版社出版，2002 年 8 月。

582. 对中学心理健康教育的实践与思考.《开启心灵》，鹭江出版社出版，2002 年 12 月。

583. 高师教育创新之我见.《特级教师论坛文集》，福建师范大学主办，2002 年 12 期。

592. 数学"双基"教学要有新的发展.《福建教育学院学报》，福建教育学院主办，2003 年第 3 期。

596. 渗透式数学学习指导的研究与实验.《数学通报》，北京师范大学主办，2003 年第 7 期。

598. 足与不足.《人民教育》，中华人民共和国教育部主办，2003 年第 23 期。

602. 感悟教育.《福建教育》，福建省教育厅主办，2003 年第 8 期。

603. 今天，我想这样当校长.《福建教育学院学报》，福建教育学院主办，2003 年第 9 期。

604. 特级教师要不断超越自我.《教育家》，中国教育出版社主办，2003 年第 12 期。

607. 研究民族学习思想，深入进行学法改革.《教育家》，中国教育出版社主办，2004 年第 1、第 2 期。

609. 新课程背景下校长面临的挑战及多元思考.《福建教育学院学报》，福建教育学院主办，2004 年第 2 期。

624. 说我不行我就行.《中国教师报》，中国教育报刊社主办，2004 年 9 月 8 日。

627. 学校文化是学校的灵魂.《厦门日报》，中共厦门市委主办，2004 年 5 月 10 日。

631. 开发新时代的学校课程.《厦门教育》，厦门市教育局主办，2005 年第 1 期。

632. 时代呼唤绿色高考.《厦门教育》，厦门市教育局主办，2005 年第 2 期。

648. 细节是教育的生命.《厦门教育》，厦门市教育局主办，2006 年第 1 期。

652. 试论学校文化管理.《文化传承与教育创新》，人民教育编辑部主办，2006 年 11 月。

703. 跳出教育看教育.《福建职业与成人教育》，福建省教育厅主办，2008 年第 2 期。

709. 学生、教师、校长发展与核心竞争力.《中小学校长》，国家教育行政学院主办，2008 年第 10 期。

710. 教师要学会"弹钢琴".《人民教育》，中华人民共和国教育部主办，2008 年第 20 期。

716. 从"四等分圆面积"说起.《福建教育学院学报》，福建教育学院主办，2008 年第 6 期。

717. 数学情境三例.《福建中学数学》，福建师范大学主办，2008 年第 9 期。

728. 与书结缘.《福建教师》，福建教育出版社主办，2008 年第 12 期。

729. 数学名师与精彩之解.《海峡导报》，福建日报报业集团主管主办，2009 年 1 月 9 日。

733. 我的忙闲之道.《福建教育》，福建省教育厅主办，2009 年 B2 期。

737. 多媒体网络教学十问.《福建教师》，福建教育出版社主办，2009 年第 4 期。

749. 猜谜也能用数学.《中华谜艺》，中华灯谜学术委员会主办，2009 年第 3 期。

767. 新课改：课当如何备之.《福建基础教育研究》，福建教育学院主办，2009 年第 1 期。

771. 学生"会学"之道.《海峡导报》，福建日报报业集团主管主办，2009 年 11 月 6 日。

784. 艺术教育的理性走向.《福建教育》，福建省教育厅主办，2010 年第 2 期。

786. 学名师之经，悟优秀之道.《福建基础教育研究》，福建教育学院主办，2010 年第 2 期。

808. 乘"机"学习.《教师月刊》，福建人民出版社主办，2010 年第 9 期。

810. 校长激励教师的十个关键词.《福建教育》，福建省教育厅主办，2010 年第 9 期。

811. 教育管理宜走向文治.《福建职业与成人教育》，福建省教育厅主办，2010 年第 4 期。

812. 为师十学.《基础教育参考》，中华人民共和国教育部主办，2010 年第 6 期（下）。

819. 家庭教育辩证观.《福建教育》，福建省教育厅主办，2010 年第 10 期。

825. 期盼寒假作业多样化.《福建教育》，福建省教育厅主办，2010 年第 12 期。

827. 师者：做更好的自己.《福建基础教育研究》，福建教育学院主办，2010 年第 10 期。

842. "远近高低" 各不同.《福建教育》，福建省教育厅主办，2011 年第 14 期。

872. 师者之 "写".《福建教育》，福建省教育厅主办，2011 年第 4 期。

873. 学校品牌与学校发展.《厦门日报》，中共厦门市委主办，2011 年 4 月 27 日。

882. 我教数学的 "土" 经验.《人民教育》，中华人民共和国教育部主办，2011 年第 12 期。

884. 我问故我在.《福建教育》，福建省教育厅主办，2011 年第 24 期。

893. 在 "学、思、研、行、写" 中成 "型".《福建基础教育研究》，福建教育学院主办，2011 年第 7 期。

894. 涵养校长文化的基石.《中国教育报》，中华人民共和国教育部主办，2011 年 8 月 30 日。

895. 现代德育的几个走势.《福建教育》，福建省教育厅主办，2011 年第 17 期。

898. 期盼数学教学 "气" 象万千.《数学通报》，北京师范大学主办，2011 年第 9 期。

905. 佳谜润心细无声.《中国教育报》，中华人民共和国教育部主办，2011 年 11 月 21 日。

906. 研究：走向智慧管理的必由之路.《中国教育报》，中华人民共和国教育部主办，2011 年 11 月 29 日。

907. 如何让师者更有魅力？《福建教育》，福建省教育厅主办，2011 年第 46 期。

911. 时间管理的 "经意" 与 "不经意".《福建教育》，福建省教育厅主办，2011 年第 50 期。

914. 选题的策略、方法、经验.《福建教育》，福建省教育厅主办，2011 年第 48 期。

917. 校长课程领导的基本走向.《中国教育报》，中华人民共和国教育部主办，2012

年 2 月 14 日。

919. 纷扰中沉淀书生本色.《福建教育》，福建省教育厅主办，2012 年第 2、第 7 期。

940. 胸中有"标准"，进取无止境.《福建基础教育研究》，福建教育学院主办，2012 年第 2 期。

945. 聆听启智 智造"明师".《中国教育报》，中华人民共和国教育部主办，2012 年 5 月 14 日。

949. "明师"群起的成长之源.《人民教育》，中华人民共和国教育部主办，2012 年第 18 期。

959. 关于名师的几点思考.《福建教育》，福建省教育厅主办，福建省教育厅主办，2012 年第 41 期。

964. 在专业成长中获得幸福.《福建教育》，福建省教育厅主办，2013 年第 4 期。

982. 适度顿感是一种无痕境界.《福建教育》，福建省教育厅主办，2013 年第 17 期。

983. 从"关系"入手谈"特色".《福建教育》，福建省教育厅主办，2013 年第 3 期。

987. 非正式沟通：善用、善待、善管.《福建教育》，福建省教育厅主办，2013 年第 12 期。

989. 学学名师的修炼艺术.《新教师》，福建教育出版社主办，2013 年第 5 期。

992. "善用"与"智管".《江苏教育（教育管理)》，江苏省教育厅主办，2013 年第 5 期。

997. 于细微处见本真.《中国教育报》，中华人民共和国教育部主办，2013 年 9 月 27 日。

998. 学校应走好内涵发展之道.《福建教育》，福建省教育厅主办，2013 年第 36 期。

999. 让学生考老师.《人民教育》，中华人民共和国教育部主办，2013 年第 19 期。

1000. 数学教学中的"赞美"之策.《数学通报》，北京师范大学主办，2013 年第 11 期。

1001. 从"好玩"到"玩好".《福建教育》，福建省教育厅主办，2013 年第 45 期。

1002. 明师应是研究者.《新教师》，福建教育出版社主办，2013 年第 11 期。

1019. 论中小学生的创新学习.《创新人才教育》，中国人民大学主办，2014 年第 1 期。

1020. 跨学科学研.《福建教育》，福建省教育厅主办，2014 年第 13 期。

1022. 涵养学气才有推动之力.《中国教育报》，中华人民共和国教育部主办，2014 年

4 月 23 日。

1023. 每天备课多一点.《现代教育报教师周刊》，北京市教委主办，2014 年 4 月 14 日。

1024. 阅读·悦读·深读.《福建教育》，福建省教育厅主办，2014 年第 17、第 21 期。

1025. 坐拥书屋话读书.《中国教育报》，中华人民共和国教育部主办，2014 年 4 月 12 日。

1027. 试论校长影响力.《江苏教育》，江苏省教育厅主办，2014 年第 3 期。

1028. 高考改革的辩证思探.《福建基础教育研究》，福建教育学院主办，2014 年第 4 期。

1030. 给 2014 高考考生 30 条建议.《中国教育报》，中华人民共和国教育部主办，2014 年 5 月 29 日。

二、主要著作

已出版专著、主编和参与编写著作 65 部，下面列出 31 部。

1. 初中学习方法与能力培养. 西北工业大学出版社出版，1988 年 3 月。

2. 猜谜制谜诀窍——灯谜大世界. 福建少年儿童出版社出版，1989 年 12 月。

3. 趣味灯谜荟萃. 福建少年儿童出版社出版，1990 年 12 月。

4. 高中生学习法与能力培养. 福建少年儿童出版社出版，1991 年 6 月。

5. 初中生学习法与能力培养. 福建少年儿童出版社出版，1991 年 6 月。

6. 科苑奇葩荟萃. 西北工业大学出版社出版，1991 年 10 月。

7. 中学数学学习法. 西北工业大学出版社出版，1995 年 7 月。

8. 初中学习方法指导. 福建少年儿童出版社出版，1996 年 8 月。

9. 中学数学解题百技巧. 福建少年儿童出版社出版，1998 年 1 月。

10. 任勇中学数学教学艺术与研究. 山东教育出版社出版，2000 年 6 月。

11. 学生实用数学高考必备. 中国青年出版社出版，2001 年 8 月。

12. 你能学好高中数学. 人民日报出版社出版，2002 年 1 月。

13. 学生实用数学中考必备. 中国青年出版社出版，2002 年 7 月。

14. 中学数学学习指导的研究与实践．中国宇航出版社出版，2002 年 10 月。

15. 数学学习指导与教学艺术．人民教育出版社，2004 年 9 月。

16. 高中新课程数学学习法．鹭江出版社，2005 年 4 月。

17. 中学生灯谜猜制与训练．鹭江出版社，2005 年 11 月。

18. 任勇与数学学习指导．北京师范大学出版社，2005 年 12 月。

19. 走向卓越：为什么不？福建教育出版社，2009 年 3 月。

20. 师者回眸．北京师范大学出版社，2009 年 6 月。

21. 为发展而教育．高等教育出版社，2009 年 7 月。

22. 你能成为最好的数学教师．华东师范大学出版社，2011 年 1 月。

23. 精彩数学就在身边．中国人民大学出版社，2011 年 6 月。

24. 研究让教育更精彩．首都师范大学出版社，2011 年 7 月。

25. 追求数学教育的真谛．首都师范大学出版社，2011 年 9 月。

26. 走向管理的文治境界．首都师范大学出版社，2011 年 9 月。

27. 年轻教师必听的讲座．华东师范大学出版社，2012 年 4 月。

28. 任勇中学数学教学主张．中国轻工业出版社，2012 年 3 月。

29. 中等生脱颖而出．清华大学出版社，2012 年 4 月。

30. 数学教育的智慧与境界．华东师范大学出版社，2014 年 7 月。

31. 优秀教师悄悄在做的那些事儿．华东师范大学出版社，2014 年 10 月。

三、主要活动

1. 1984 年 10 月，参加中国教育学会数学教育研究会第二届学术年会（安徽·绩溪）。

2. 1987 年 6 月，参加全国首届学习科学学术研讨会（江苏·南京）。

3. 1990 年 3 月，参加福建省学习科学研讨会成立大会（福建·龙岩）。

4. 1991 年 7 月，参加全国中学学习科学研究会第二届学术年会（黑龙江·哈尔滨）。

5. 1991 年 10 月，参加中国教育学会年会（上海）。

6. 1993 年 3 月，参加全国中学学习科学研究会第二届学术年会（广东·汕头）。

7. 1995 年 4 月，参加全国中学学习科学研究会第四届学术年会（河南·平顶山）。

8. 1995 年 8 月，参加全国第四届学习科学学术研讨会暨"八五"课题结题会（北京）。

9. 1997 年 11 月，参加全国中学学习科学研究会第五届学术年会（浙江·奉化）。

10. 1997 年 12 月，参加全国教育科学"九五"规划重点课题《中小学"学会学习"研讨会》开题会（上海）。

11. 1999 年 11 月，参加苏步青数学教育奖颁奖大会（上海）。

12. 2000 年 5 月，参加全国中小学课程导学研究会"创新学习"学术年会（云南·玉溪）。

13. 2000 年 10 月，参加中小学骨干教师国家级培训（北京）。

14. 2001 年 5 月，参加全国教育学科"九五"重点课题《重点中学实施素质教育研究与探索》结题会（北京）。

15. 2001 年 7 月，参加全国中小学课程导学研究会"创新学习暨课堂教学观摩"学术会议（福建·厦门）。

16. 2002 年 7 月，参加全国中小学校长论坛（北京）。

17. 2002 年 7 月，参加"全球学习大会"（The Ninth International Literacy and Education Research Network Conference on Learning）（北京）。

18. 2002 年 8 月，参加北京师范大学特级教师论坛（北京）。

19. 2002 年 12 月，参加数学教育高级研讨班（江苏·苏州）。

20. 2003 年 3 月，参加中国西部地区教育顾问工作会议（北京）。

21. 2003 年 4 月，参加刘彭芝教育思想研讨会（北京）。

22. 2003 年 10 月，参加教育部中学校长培训中心第 26 期研修班学习（上海）。

23. 2003 年 12 月，参加百年中国教育学术论坛（上海）。

24. 2004 年 1 月，参加教育部"十五"重点课题《学生学习潜能开发》课题会（福建·厦门）。

25. 2004 年 5 月，参加教育部高中课改实验区校长课改培训（北京）。

26. 2004 年 11 月，参加全国非智力因素学术研讨会（四川·成都）。

27. 2004 年 11 月，参加部分重点中学数学"激活课堂"研讨活动（上海）。

28. 2005 年 2 月，参加北京师范大学博士课程班学习（北京）。

29. 2005 年 4 月，参加厦门大学"高考改革——校长论坛"（福建·厦门）。

30. 2005 年 5 月，参加第一届国际名中学校长论坛（上海）。

31. 2005 年 9 月，参加由教育部中学校长培训中心组织的赴法国教育部校长培训活动（法国·巴黎）。

32. 2006 年 4 月，参加中央电视台科教频道"高考大咨询"节目录制工作（北京）。

33. 2006 年 10 月，主持福建省厦门一中百年校庆活动（福建·厦门）。

34. 2007 年 3 月，参加中国教育报刊社"教育家·玉溪行"讲学活动（云南·玉溪）。

35. 2007 年 4 月，参加福建省特级教师协会赴台湾教育考察活动（台湾）。

36. 2007 年 8 月，参加海峡两岸百名校长论坛（福建·厦门）。

37. 2008 年 5 月，由《厦门日报》组织，与易中天先生一起进行公益讲座（福建·厦门）。

38. 2008 年 9 月，参加教育部第 24 期局长培训班（北京）。

39. 2008 年 11 月，参加全国第六届非智力因素教育年会，主持朱永新教授讲座（北京）。

40. 2009 年 4 月，参加"全国名教育家论坛"讲学活动，主讲《走向卓越：为什么不?》（河南·郑州）。

41. 2009 年 4 月，在人大附中参加刘彭芝卓越校长基地揭牌仪式并讲话（北京）。

42. 2009 年 11 月，参加部分重点中学数学"激活课堂"活动，讲学并点评（海南·海口）。

43. 2010 年 2 月，参加教育部第三届中小学艺术展演活动，厦门承办第四届中小学艺术展演活动（上海）。

44. 2010 年 6 月，应上海黄浦区教育局邀请，为黄浦区教师作《教师发展之道》讲座（上海）。

45. 2010 年 8 月，参加人大附中 60 周年校庆活动和国际名校长论坛活动（北京）。

46. 2010 年 11 月，陪同李岚清副总理参观考察中央音乐学院鼓浪屿学校（福建·厦门）。

47. 2011 年 3 月，参加中国教育报刊社主办的第四届校长局长峰会并作两场讲学（河南·洛阳）。

48. 2011 年 4 月，为福建师范大学数学学院学生讲座《走向卓越：为什么不?》（福建·福州）。

49. 2011 年 5 月，到宁夏海原、新疆昌吉和吉木萨尔慰问厦门支教教师并巡回讲学
（海原·昌吉·吉木萨尔）。

50. 2011 年 7 月，参加基础教育高峰论坛并讲座《教师发展之道》（内蒙古·呼和浩
特）。

51. 2012 年 4 月，到西南大学为重庆市"未来教育家"培养对象作《在"学、思、
研、行、写"中成型》讲座（重庆）。

52. 2012 年 6 月，应中国教育报刊社邀请，到江苏省兴华文正学校作《教师发展之
道》讲座（江苏·兴化）。

53. 2012 年 7 月，应北京师范大学邀请为全国心理教育教师作《文化力、领导力、
执行力之修炼》讲座（北京）。

54. 2012 年 8 月，在全国初等数学研讨会上作《期盼数学教学"气"象万千》讲座
（福建·厦门）。

55. 2012 年 8 月，在华侨大学为东南亚学校校长作《试论学校文化管理》讲座（福
建·厦门）。

56. 2012 年 8 月，参加北京师范大学特级教师发展论坛，作《学校内涵发展之道》
讲座（北京）。

57. 2012 年 8 月，在上海书展上作《脱颖而出不是梦》讲座并签售《中等生脱颖而
出》专著（上海）。

58. 2012 年 9 月，在中国人民大学参加人大附中联合学校总校成立大会，作《大写
的人大附中》讲座（北京）。

59. 2012 年 10 月，应厦门大学邀请为厦大师生作《面向未来的学习》讲座（福建·
厦门）。

60. 2013 年 5 月，在北京大学参加教育部体卫艺司厅局长培训，作《艺术教育的理
性走向》讲座（北京）。

61. 2013 年 7 月，为福建省名校长讲座《校长教育思想的形成、提炼和表述》讲座
（福建·福州）。

62. 2013 年 8 月，参加大夏书系十年庆活动，作《做贴地远行的教育出版者》讲话
（上海）。

63. 2013 年 11 月，应北京师范大学邀请为北师大附校集团学校教师作《师者走向卓越的智慧》讲座（湖南·株洲）。
64. 2013 年 12 月，为海峡两岸数学素养大会教师作《数学教师发展之道》讲座（福建·厦门）。
65. 2014 年 3 月，在福建省数学名师汇报会上，作《要"数学味"还是要"文化味"?》讲座（福建·厦门）。
66. 2014 年 5 月，应人民教育出版社邀请，为人民教育出版社数学教师培训会作《从"数学好玩"到"玩好数学"》讲座（福建·厦门）。
67. 2014 年 7 月，参加海峡两岸课程美学研讨会，作《美在"好玩"到"玩好"间》讲座（福建·厦门）。

四、主要讲座

1. 听众为一般教师的有：（1）中小学学习指导的理论与实践；（2）中小学教育科研与教育写作；（3）世界课堂教学发展历史的启示；（4）超常教育研究；（5）为师八观；（6）教师如何提高自身素质与教学效果；（7）青年教师成才艺术；（8）中小学教学艺术探索；（9）非智力因素与学校教育；（10）面向未来的教育观；（11）从教为师之道；（12）中学生研究性学习；（13）成为名师：从自然到自觉；（14）面向未来的学习观；（15）师者：做更好的自己；（16）走向卓越：为什么不?（17）教师发展之道；（18）为学有道；（19）基于学生会学的师者之道；（20）时代呼唤新型教研员；（21）学校德育杂谈；（22）名师教育思想的形成、提炼与表述；（23）艺术教育的理性走向；（24）研名师之征，悟优秀之道；（25）优秀教师悄悄在做的事；（26）师者走向卓越的智慧。

2. 听众为数学教师的有：（1）中学数学学习指导的几个问题；（2）中学数学能力培养；（3）数学高考复习与数学思维训练；（4）数学全程渗透式学习指导初探；（5）数学多维教育的理论与实践；（6）数学作业再生法；（7）素质教育观下的数学课堂教学；（8）你能成为最好的数学教师；（9）数学方法论；（10）数学教师发展之

道；（11）数学文章的写作；（12）数学教学艺术；（13）数学问题解决；（14）数学教育实验设计；（15）数学美学；（16）数学超常教育；（17）数学新课程与数学学习；（18）影响数学学习的因素分析；（19）数学高考纵横谈；（20）新课程背景下数学课堂的激活；（21）数学校本课程建设；（22）感悟数学文化；（23）期盼数学教学"气"象万千；（24）数学教育的辩证思探；（25）做"业高一筹"的数学教师；（26）我的中学数学教学主张；（27）从"数学好玩"到"玩好数学"。

3. 听众为学校领导的有：（1）校长文化力、领导力、执行力之修炼；（2）学校文化：从自然到自觉；（3）中小学整体优化改革；（4）特色学校与学校特色发展；（5）高考教育管理的理性探索与科学实践；（6）为发展而教育；（7）名师成长的研究与探索；（8）校长的励师之道；（9）高考改革的辩证思探；（10）卓越校长努力在做的事；（11）校长教育思想的形成、提炼与表述；（12）追求学习后勤管理的文化意蕴；（13）班级管理新思路；（14）学校安全管理与安全文化；（15）试论学校文化管理；（16）试论校长影响力；（17）从"减负提质"到"轻负高质"；（18）基础教育：挑战中的抉择；（19）教学管理的成功之道；（20）校长走向教育家的智慧；（21）研究：让教育更精彩；（22）走向管理的文治境界；（23）学校内涵发展之道；（24）在"学、思、研、行、写"中成"型"；（25）中职"提质"的几个探域；（26）创建学习型社区；（27）理想校长的素质。

4. 听众为中学生的有：（1）新科技的发展现状与趋势；（2）你能学好数学，如果……（3）猜谜制谜诀窍；（4）数学·力量·美；（5）数坛英豪；（6）形形色色的数学猜想；（7）数学思维与解题；（8）数学的迷幻世界；（9）趣味数学与智力发展；（10）数学能力培养纵横谈；（11）生活中的数学；（12）男女智力差异与数学学习；（13）高考命题对数学学习的启示；（14）高考志愿填报；（15）影响学习成绩的因素分析；（16）学数学，就这几招；（17）走进中考，走向成功；（18）走进高考，走向成功；（19）给考生的"三十六"计；（20）调好心态迎高考；（21）沉着冷静，自信迎考；（22）目标正前方，成功正前方；（23）奥赛之路；（24）高中新课程数学学习法；（25）新高一，让我们智慧学；（26）努力请从今日始；（27）愿你成为会学习的人。